Theorie und Praxis der Diskursforschung

Herausgegeben von
R. Keller, Augsburg, Deutschland

Seit Mitte der 1990er Jahre hat sich im deutschsprachigen Raum quer durch die verschiedenen sozial- und geisteswissenschaftlichen Disziplinen eine lebendige Szene der diskurstheoretisch begründeten empirischen Diskurs- und Dispositivforschung entwickelt. Vor diesem Hintergrund zielt die interdisziplinär angelegte Reihe durch die Veröffentlichung von Studien und Diskussionsbeiträgen auf eine weitere Profilschärfung der Diskursforschung. Die aufgenommenen und aufzunehmenden Veröffentlichungen sind im gesamten Spektrum sozialwissenschaftlicher Diskursforschung und angrenzenden Disziplinen verortet. Die einzelnen Bände beschäftigen sich mit theoretischen und methodologischen Grundlagen, methodischen Umsetzungen und empirischen Ergebnissen der Diskurs- und Dispositivforschung. Zudem kommt deren Verhältnis zu anderen Theorieprogrammen und Vorgehensweisen in den Blick. Veröffentlicht werden sowohl empirische Studien wie theoretisch oder methodologisch ausgerichtete Monographien wie auch Diskussionsbände zu spezifischen Themen.

Herausgegeben von
Reiner Keller,
Universität Augsburg

André Biermann

Das diskursive Verschwinden der Religionsfreiheit

Der Moscheebau zu Köln-Ehrenfeld im Spiegel der politischen Kultur

André Biermann
Freiburg, Deutschland

ISBN 978-3-658-04837-2   ISBN 978-3-658-04838-9 (eBook)
DOI 10.1007/978-3-658-04838-9

Die Deutsche Nationalbibliothek verzeichnet diese Publikation in der Deutschen Nationalbibliografie; detaillierte bibliografische Daten sind im Internet über http://dnb.d-nb.de abrufbar.

Springer VS
© Springer Fachmedien Wiesbaden 2014
Das Werk einschließlich aller seiner Teile ist urheberrechtlich geschützt. Jede Verwertung, die nicht ausdrücklich vom Urheberrechtsgesetz zugelassen ist, bedarf der vorherigen Zustimmung des Verlags. Das gilt insbesondere für Vervielfältigungen, Bearbeitungen, Übersetzungen, Mikroverfilmungen und die Einspeicherung und Verarbeitung in elektronischen Systemen.

Die Wiedergabe von Gebrauchsnamen, Handelsnamen, Warenbezeichnungen usw. in diesem Werk berechtigt auch ohne besondere Kennzeichnung nicht zu der Annahme, dass solche Namen im Sinne der Warenzeichen- und Markenschutz-Gesetzgebung als frei zu betrachten wären und daher von jedermann benutzt werden dürften.

Gedruckt auf säurefreiem und chlorfrei gebleichtem Papier

Springer VS ist eine Marke von Springer DE. Springer DE ist Teil der Fachverlagsgruppe Springer Science+Business Media.
www.springer-vs.de

Inhalt

1	Einführung	9
2	Moscheebauten in Europa im sozialwissenschaftlichen Diskurs	14
3	Die Rahmung des diskursiven Feldes	21
3.1	Einleitung	21
3.2	Der europäische Kontext	22
	3.2.1 Religionsfreiheit im europäischen Recht	22
	3.2.2 Semantische Topographie des europäischen Religionsbegriffes	34
3.3	Der nationale Kontext: Deutschland als korporatistisches Modell?	39
	3.3.1 Bundesebene	40
	3.3.2 Ebene der Bundesländer	48
3.4	Regionale Dimensionen	58
	3.4.1 Institutionelle Rahmenbedingungen von Moscheebauten in Deutschland	59
	3.4.2 Kleine Soziologie regionaler Moscheebaukonflikte	65
	3.4.3 Moscheebaukonflikte im Spannungsfeld zwischen Lebenswelt und Rechtssystem: Beispiel Bobingen	70
3.5	Resümee	75
4	Wissenssoziologische Diskursanalyse	80
4.1	Einführung: Wissenssoziologische Diskursanalyse zwischen Handlungs- und Strukturtheorie	80
4.2	Diskursbegriff, Symbolische Ordnungen und Ziele der wissenssoziologischen Diskursanalyse	84

	4.2.1	Das Definiens des wissenssoziologischen Diskursbegriffes	84
	4.2.2	Ziele der wissenssoziologischen Diskursanalyse	87
4.3	Operationalisierungen grundlegender Begriffe der wissenssoziologischen Diskursanalyse		91
5	Forschungsdesign		95
5.1	Methodologie und Geltungsbegründung		95
5.2	Methodische Umsetzung: Vierstufiges Forschungsdesign		100
	5.2.1	Zusammenstellung des Datenkorpus	102
	5.2.2	Grobanalyse	103
	5.2.3	Feinanalyse	103
	5.2.4	Textübergreifende Hermeneutik	106
6	Auswertung		107
6.1	Moscheebau zu Köln-Ehrenfeld: Konfliktverlauf		108
6.2	Freilegung des diskursiven Feldes		111
	6.2.1	Diskursive Landkarte	111
	6.2.2	Der integrationspolitische Diskurs	114
	6.2.3	Der zivilisatorische Diskurs	124
	6.2.4	Der kulturrelativistische Diskurs	133
	6.2.5	Der Säkularitätsdiskurs	142
6.3	Symbolische Ordnungen der politischen Kultur		152
	6.3.1	Irritierte und relegitimierte Ordnungen im Diskursfeld Moscheebau	152
	6.3.2	Ausblick: Die Moschee als Transformationspotential der politischen Kultur?	156
7	Resümee		158
8	Quellenverzeichnis		162

Abbildungsverzeichnis

Abbildung 1: Assoziatives Feld mit Signifikat Moschee ohne Minarett 112

Abbildung 2: Assoziatives Feld mit Signifikat Moschee mit Minarett 112

Tabellenverzeichnis

Tabelle 1: Konfliktdimensionen bei regionalen Moscheebaukonflikten 68

Tabelle 2: Wesentliche analytische Elemente im Interpretationsrepertoire
eines Diskurses nach der wissenssoziologischen Diskursanalyse 92

Tabelle 3: Das Interpretationsrepertoire des integrationspolitischen
Diskurses 116

Tabelle 4: Das Interpretationsrepertoire des zivilisatorischen Diskurses 126

Tabelle 5: Das Interpretationsrepertoire des kulturrelativistischen
Diskurses 135

Tabelle 6: Das Interpretationsrepertoire des Säkularitätsdiskurses 144

1 Einführung

Nicht erst seit dem 11. September 2001 lässt sich in westeuropäischen Gesellschaften eine zunehmende Sichtbarkeit des Islams mit daran geknüpften Auseinandersetzungen, die von der Mikroebene der Lebenswelt bis hin zu makrostrukturellen Konfliktkonstellationen reichen, beobachten. Bereits Ende der 90er Jahre beschreibt Baumann (1999) die gesamtgesellschaftliche Dimension zunächst räumlich begrenzter Auseinandersetzungen um muslimische Symbole und Praktiken – so dem Muezzinruf – im öffentlichen Raum und resümiert, dass „lokale und im Hinblick auf den umstrittenen Gegenstand begrenzte gesellschaftspolitische Auseinandersetzungen um religiöse Verhaltensweisen eine emotionale und politische Auflading erfahren, die verwundert. Vorgänge von bestenfalls lokalem Kolorit geraten in nationale Schlagzeilen. Sie werden mitunter gar als Angriff auf die bestehende Gesellschaftsordnung, deren verfasste Werte und das nationale Selbst- und Identitätsbild interpretiert und generalisiert" (Baumann 1999, S. 194f.).

Dass bei Konflikten um muslimische Präsenz im öffentlichen Raum neben einer pragmatischen – so Fragen des Lärmschutzes oder des Verkehrsaufkommens – insbesondere *symbolische*[1] Dimensionen berührt werden, lässt sich auch über quantitative Erhebungen zeigen: So dokumentieren Dolezal u.a. in einer vergleichenden Inhaltsanalyse (Schweiz, Österreich, BRD) printmedialer Konstruktionen des Islams (N = 654; Zeitraum: 1998-2007), dass dieser in den vergangenen Jahren zumeist mit Rekurs auf universelle Wertvorstellungen (z.B. Religionsfreiheit oder Gendergleichheit; in der BRD: 48,5%) oder Identitätsvorstellungen (z.B. betreffs einer als bedroht antizipierten Leitkultur; in der BRD: 31,8%) problematisiert wurde (vgl. Dolezal u.a. 2010, S. 181).

Aktualisiert werden diese symbolischen Auseinandersetzungen auffallend oft über muslimische Präsenz in der *public domain*, in dem sich der *Populus* und seine – die *allgemeine* – Ordnung repräsentiert (vgl. Baumann 1999, S. 192). In dieser Konzeption ist der öffentliche Raum ein Forum privilegierter Staatsbür-

---

[1]'Symbolisch' wird dabei im Sinne von Berger und Luckmann benutzt, die den Symbolcharakter einer sprachlichen Verweisung in dem Potential verorten, verschiedene Wirklichkeitsbereiche zu überspannen: Der Symbolcharakter hat demnach eine transzendierende (den konkreten Kontext überschreitende) und eine integrierende (eine Verbindung zwischen verschiedenen Bereichen generierende) Funktion (Vgl. Berger 2004, S. 42).

ger, die sich im Ausdruck ihres „way of life" (ebenda) nicht in die Heimlichkeit – ins Privatum – zurückziehen zu brauchen. Diese Kopplung zwischen Identiät, Raum, Wert- und Ordnungsvorstellungen zeigt sich in den Forderungen nach dem Verbot islamischer Symbole und Praktiken – so dem Kopftuch – in denjenigen Öffentlichkeiten, die von den Identitätspolitiken der Mehrheitsgesellschaft beansprucht werden. Je nach politischer Kultur und gesellschaftlichem Inklusionsmodus – manifestiert bspw. in verschiedenen Staatsbürgerschaftskonzeptionen – werden dabei unterschiedliche Lösungen gesucht, das Partikulare – z.B. das Kopftuch – vom Allgemeinen als Privates, Individuelles, Fremdes, Pathologisches auszugrenzen (Exklusion) oder es im Allgemeinen aufgehen zu lassen (Inklusion).[2]

Wie in diesem Spannungsfeld über muslimische Praktiken gesamtgesellschaftliche Ordnungs- und Identitätsvorstellungen berührt werden und zugleich eine Relegitimierung erfahren, zeigte unlängst die Antiminarettinitiative der Schweiz. Hier waren es Minarette, die *Selbstverständigungsdiskurse* der Mehrheitsgesellschaft anregten und gesamtgesellschaftliche Ordnungsvorstellungen in Frage stellten. Vgl. dazu den folgenden Auszug zur Legitimation der Antiminarettinitiative:

„Muslime genießen in der Schweiz umfassende Glaubensfreiheit. Sie können ihren Glauben innerhalb der für alle geltenden Gesetze frei praktizieren. [...] Angesichts des Islams unter uns erscheint die biblische Warnung in neuem Licht: «Die Fremden, die bei euch leben, werden ihren Besitz vergrössern und immer mehr Einfluss gewinnen, während es mit euch immer weiter bergab geht» (5. Mose 28,43). Minarette markieren Präsenz. Sie vermitteln im öffentlichen Raum für alle sichtbar die Botschaft: Der Islam ist hier angekommen und will im öffentlichen Leben eine Rolle spielen. «Die Minarette sind unsere Bajonette, die Kuppeln unsere Helme, die Moscheen unsere Kasernen und die Gläubigen unsere Armee», sagte der Bürgermeister von Istanbul und heutige türkische Ministerpräsident Tayyip Erdogan. Politische Grundwerte wie Meinungsfreiheit, Demokratie, Religionsfreiheit oder Rechtsgleichheit brauchen die gleiche Wertebasis. Das Wertesystem des Islams ist mit unserem nicht vereinbar. Das Minarettverbot ist ein klares Signal gegen die gesellschaftlichen und politischen Forderungen des Islams. [...] Ihr Ja zum Minarettverbot setzt klare Grenzen, in denen wir mit Muslimen zusammen leben wollen. Multikulti funktioniert nur innerhalb einer gemeinsamen Leitkultur."

Um Konstruktionen dieser Art in ihrer Vieldimensionalität und makrostrukturellen Relevanz erfassen zu können wurde sich in dieser Arbeit für eine wissenssoziologische Perspektive in Orientierung an der wissenssoziologischen Diskurs-

---

[2] Zolberg spricht im Kontext der Auseinandersetzungen über die sichtbare Präsenz des Islams in westeuropäischen Öffentlichkeiten von „public debates (...) [that] are emblematic of larger issues of inclusion and exclusion, which in the last instance are about identity" (Zolberg 1999, S. 28).

analyse nach Reiner Keller (Keller 2008) entschieden. Dieser Ansatz ermöglicht eine offene Herangehensweise, die sowohl gesamtgesellschaftliche Strukturen als auch Handlungen anvisieren zu vermag. Dabei werden Thematisierungen muslimischer Praxis als Konstruktionen von Wirklichkeit betrachtet, wobei diese als Qualität von Phänomenen gefasst wird, „die ungeachtet unseres Wollens vorhanden sind" (Berger 2004, S. 1). Als ein solches wird in dieser Arbeit die öffentlich sichtbare Moschee gesehen – die DITIB-Zentralmoschee in Köln-Ehrenfeld –, die sich in ihrer Sichtbarkeit unabhängig von ihrer Akzeptanz der Aufmerksamkeit ihrer Umwelt aufdrängt.

Als Umwelt gilt dabei die politische Kultur der BRD als Diskursfeld unterschiedlicher Akteure, die im Verfassen von Leitartikeln, Leserbriefen und anderen Diskursfragmenten die muslimische Praxis der DITIB-Zentralmoschee problematisieren. Sie erscheinen dabei als Konkurrenten einer diskursiven Arena, die – so die Unterstellung – ihre diskursiven Konstruktionen der Moschee zu gültigem Wissen[3] gerinnen lassen möchten. Die Fragestellung der Arbeit lässt sich auf einer abstrakten Ebene wie folgt formulieren:

Welche symbolischen Sinnwelten im kollektiven Wissensvorrat – operationalisiert als Diskursfeld der politischen Kultur – werden über das Irritationsereignis Moscheebau berührt?

Als Prämisse gilt dabei, dass Moscheen in ihren symbolischen Dimensionen Ambivalenz erzeugen, da sie einerseits als legale Religionsausübung muslimischer Bürger ein allgemein gültiges Prinzip verkörpern und andererseits als fremd erscheinende Praxis einer anderen Religion oder Kultur Räume der *public domain* besetzen, die bisher einer nicht-muslimischen Bevölkerung vorbehalten waren. Im Sinne dieser Ambivalenz werden Moscheen zu Irritationsereignissen, die für gegebene Wissensordnungen kategorisch uneindeutig erscheinen und in eben dieser Funktion gesellschaftliche Dynamiken anregen. Wissensordnungen – so die Annahme in Anlehnung an Marshall Sahlins (1986) – werden in dem Grade reflexiv, wie sie durch Irritationsereignisse in ihrer Gültigkeit und Gewissheit in Frage gestellt werden und neue Legitimierungen erfordern.[4]

Auf einer weniger abstrakten und damit einer Operationalisierung zugänglichen Ebene ließe sich die Ausgangsfrage in folgende Forschungsfragen übersetzen: Welche Werteordnungen werden durch diskursive Konstruktionen des Mo-

---

[3] Wissen wird dabei konzipiert als „Gewißheit, dass Phänomene wirklich sind und bestimmbare Eigenschaften haben" (Berger 2004, S. 1).
[4] Das Konzept des gesellschaftlichen Irritationsereignisses wird in Orientierung an Keller (2008) und Sahlins (1986) in Kapitel 4.2.2 näher ausgeführt.

scheebaus in Frage und gegenüber gestellt? Welche Strategien und Deutungsmuster zur Le-gitimierung gegebener Vorstellungen über die *gültige* – also faktisch gegebene und richtige – Gesellschaftsordnung zeigen sich im Diskursfeld Moscheebau? Welche legitimierenden Prinzipien liegen den jeweiligen diskursiven Konstruktionen zu Grunde? Welche Rolle spielen Rekurse auf formales Recht zur Legitimation diskursiver Festschreibungen des Moscheebaus?

Die Arbeit gliedert sich in sieben Kapitel. Nach dieser Einführung wird zunächst in Kapitel zwei ein Abriss darüber geboten, in welchen Dimensionen gegenwärtige sozialwissenschaftliche Literatur Zugang zum (erweiterten) Gegenstandsbereich dieser Arbeit findet. Ohne einen erschöpfenden Überblick anzustreben, sollte dabei deutlich werden, dass sich Moscheebauten auch im sozialwissenschaftlichen Kontext als diskursive Konstruktionen fassen lassen, die sich je nach theoretischem Paradigma und Forschungsinteresse deutlich voneinander unterscheiden.

In Kapitel drei wird versucht, den Lesern dieser Arbeit ein Wissen darüber zu bieten, vor welcher formal-institutionellen Hintergrundfolie öffentliche Diskurse über muslimische Präsenz in westeuropäischen Öffentlichkeiten stattfinden. Dieses Wissen soll einerseits dazu dienen, die im Auswertungsteil analysierten Diskursfragmente mit ihren unzähligen Verweisen kritisch betrachten zu können. Andererseits plausibilisiert es die angeführte Forschungsprämisse, indem hier muslimische Praxis als irritierende Wirklichkeit charakterisiert wird, die sowohl auf der Ebene formal-institutioneller Arrangements religiöser Vielfalt als auch im lebensweltlichen Kontext bestehende symbolische Ordnungen in Frage zu stellen vermag. Dabei sollte über das Kapitel deutlich werden, dass die symbolische Integration des Phänomens 'Moscheebau' als auch anderer Ausdrucksformen muslimischer Praxis mit „widersprüchlichen Erwartungsstrukturen" (Koenig 2007, S. 348) einhergeht. Während die Ausführungen über die europäischen (3.2) und nationalen Rahmungen des diskursiven Feldes (3.3) als für die im Bereich europäischer Religionspolitik vorgebildete Leserschaft zu vernachlässigender Exkurs zu verstehen sind, stellen die Ausführungen über die regionalen Rahmenbedingungen (3.4) ein Kernstück der Arbeit: Hier werden Moscheebauten als Gegenstandsbereich im engeren Sinne betrachtet und in ihren formal-institutionellen (z.B. baurechtlichen) als auch konfliktiven Dimensionen beleuchtet.

Nachdem in Kapitel vier der Forschungsansatz der wissenssoziologischen Diskursanalyse erörtert und dabei Operationalisierungen wesentlicher Konzepte angeführt wurden, erfolgt in Kapitel fünf die Vorstellung des der Arbeit zu Grunde liegenden Forschungsdesigns. Die eigentliche Diskursanalyse wird in Kapitel sechs vollzogen. Neben einer knappen Darstellung des Konfliktes um die DITIB-Zentralmoschee in Köln-Ehrenfeld finden sich hier die verschiedenen Diskurse in ihren zentralen Strukturen anhand zitierter Diskursfragmente erläutert, dabei wird auch die Ausgangsfrage zu beantworten versucht. Kapitel sieben stellt den Schlussteil, in dem die zentralen Ergebnisse rekapituliert werden.

Zur Leseorientierung sei angemerkt, dass in dieser Arbeit verschiedene Lesearten zu ermöglichen versucht wurden. Die vielen Fußnoten erschienen zum einen wichtig, um mit den angeführten Gesetzestexten und der Explikation wesentlicher Begriffe nicht den Fließtext der Arbeit unnötig zu stören. Zum anderen ermöglichen sie es, tiefer in die Thematik einzusteigen und damit der vorliegenden Studie einer kritischen Würdigung zu unterziehen. Leitfaden bei dieser Ausrichtung war ein Verständnis von Soziologie als hermeneutischer Wissenschaft, das dem Kriterium der Transparenz – als Ermöglichung einer intersubjektiv nachvollziehbaren und in diesem Sinne objektiven Wahrheit – einen zentralen Stellenwert einräumt. Um einen infinitiven definitorischen Regress zu vermeiden, wurde auf die Erörterung der als geläufig unterstellten Begriffe dennoch verzichtet.

2 Moscheebauten in Europa⁵ im sozialwissenschaftlichen Diskurs

Im folgenden Unterpunkt wird zunächst ein Abriss darüber geboten, in welchen Dimensionen gegenwärtige sozialwissenschaftliche Literatur Zugang zum (erweiterten) Gegenstandsbereich der vorliegenden Arbeit findet. Ohne einen erschöpfenden Überblick anzustreben, sollte dabei deutlich werden, dass sich Moscheebauten auch im sozialwissenschaftlichen Kontext als diskursive Konstruktionen erfassen lassen, die sich je nach theoretischem Paradigma und Forschungsinteresse deutlich voneinander unterscheiden. Moscheen als diskursiv ausgehandelte Konstruktionen, sozialräumliche Konfliktgegenstände oder institutionelle Praxis im öffentlichen Raum werden in den gesichteten Aufsätzen und Monographien zumeist in einem Metakontext betrachtet, in dem der Bau von Moscheen als ein Beispiel unter anderen Formen muslimischer Praxis und religiöser Diversität in Europa erscheint oder Diskurse um Moscheen als symptomatisch für tiefer liegende Phänomene betrachtet werden.[6] Dabei werden diskursive Verschränkungen – derart, dass Akteure in Diskursen über Moscheen explizit oder implizit auf weitere diskursive Felder wie Islamophobie, Xenophobie, Fundamentalismus, Terrorismus, Integration oder Aufklärung verweisen – von der Fachliteratur zuweilen unreflektiert[7] übernommen, so dass sich emblematische[8]

---

[5] Einen guten Überblick über die gegenwärtige sozialwissenschaftlichen Literatur zum Thema bietet Maussen 2005 und Maussen 2007.

[6] So kontextualisiert Baumann Moscheebaukonflikte neben der französischen Kopftuchaffäre (affaire des foulard) oder dem Bau eines Krishna-Tempels in Großbritannien und charakterisiert diese als Konflikte um religiöse Symbole im öffentlichen Raum europäischer Staaten in ihren unterschiedlichen Dimensionen (vgl. Baumann 1999, S. 187ff.); Maussen thematisiert Moscheebauten als nur eine von europäischen Staaten auf verschiedenen Governance-Ebenen zu regulierende muslimische Praxis neben anderen, so dem Kopftuchtragen, der Produktion von Halal-Fleisch, der Ausbildung und Organisation religiöser Autoritäten, dem Tragen des Kopftuchs im öffentlichen Raum oder der Etablierung muslimischer Friedhöfe (vgl. Maussen 2007, S. 3ff.). Ausnahmen – in der Form, dass hier Moscheebauten bzw. Moscheebaukonflikte im engeren Sinne betrachtet werden, als dass diese den Ausgangspunkt der jeweiligen Analysen bilden – finden sich in folgenden Arbeiten: Hüttermann 2006, Leggewie 2007, Allievi 2009, Galembert 2008, Tanner et al. 2009, Schoppengerd 2008, Schmitt 2003a.

[7] Hafez (2010) beispielsweise trägt in seiner Monographie „Islamophober Populismus. Moschee- und Minarettbauverbote österreichischer Parlamentsparteien" die diskursive Verschränkung Moschee- bzw. Minarettbau-Integration-Islamophobie als Analyseraster an seinen zu untersuchenden Daten-

Auseinandersetzungen um Moscheen (vgl. Maussen 2005, S. 4) nicht nur in alltäglichen und öffentlichen Diskursen finden lassen. Suchte man nach einem gemeinsamen Nenner der Literatur über muslimische Praxis in europäischen Gesellschaften, ließe sich dieser unter der Überschrift 'Institutionalisierung des Islams und religiöser Vielfalt in Europa' verorten. Dabei sind es weitestgehend folgende Metakontexte, in deren Rahmen Moscheen als Untersuchungsfelder erscheinen: Das Verhältnis vom Islam zur Moderne (vgl. Casanova 2006 und Oevermann 2006), zur Säkularisierung (vgl. Reuter 2008 und Franzmann 2006, Wohlrab-Sahr 2007, Sammet 2007), die verschiedenen Modi der institutionellen Inkorporation des Islams in demokratischen Verfassungsstaaten (vgl. Bader 2007, Koenig 2007, Bramadat 2009 und Maussen 2007), der Wandel des gelebten Islams in Einwanderungsgesellschaften (Ceylan 2006 und Schiffauer 2010), die Visibilität muslimischer Praktiken im öffentlichen Raum (vgl. Göle 2006; Shirin-Amir-Moazami 2007), Islam und Islamophobie (Hafez 2009) oder Verortungen des Islams im Feld der politischen Kultur (vgl. Schiffauer 1995/2007, Tezcan 2007). Zum engeren Themenbereich ′Moscheebauten in Europa′ lassen sich – der Darstellung von Maussen folgend (vgl. zu den folgenden Ausführungen: Maussen 2007, S 11 ff.) – drei Schwerpunkte der gegenwärtigen soziologischen Literatur identifizieren:[1]

1. Die Fokussierung auf verschiedene Moscheetypen und ihre sich wandelnden gesellschaftlichen, religiösen, edukativen und soziokulturellen Funktionen. Laut Maussen thematisieren die meisten der frühen Arbeiten der 70er und 80er Jahre Moscheen als Refugien und Räume identitärer und alltäglicher Vergemeinschaftung von Angehörgen einer „transplanted religion" (vgl. Dasseto und Bastenier 1984, zit. n. Maussen 2007, S. 12), die ihre religiösen Praktiken in einem nicht-muslimischen und säkular geprägten Kontext zu justieren versuchen. Dabei erscheinen den Autoren zufolge Moscheen in ihren Funktionen noch wenig ausdifferenziert, männliche Muslime, die als Arbeitsmigranten eingewandert sind, bilden nahezu die einzige Zielgruppe; separate Räumlichkeiten für Frauen blei-

---

korpus heran. Indem er bei seiner Identifizierung islamophober Einstellungen trotz Betonung der Mehrdimensionalität des Syndroms 'Islamophobie' bereits kognitive Inhalte als hinreichende Indizien für 'Islamophobie' charakterisiert, delegitimiert er bestimmte propositionale Akte und reproduziert damit typische Delegitimierungsstrategien, auf die von beteiligten Diskursakteuren selbst Rekurs genommen wird; seine Rolle als Forscher tritt dabei zeitweilig hinter seine Rolle als Diskursteilnehmer zurück (zur Operationalisierung von Islamophobie und der dabei entstehenden epistemologischen Probleme vgl. Stolz 2005, S. 548 ff.). Für eine Kritik der engen Verzahnung von öffentlichen und sozialwissenschaftlichen Diskursen bei der Analyse von Moscheebaukonflikten unter dem Aspekt der Islamophobie vergleiche auch Maussen 2005, S. 27f.).
[8]Marcel Maussen spricht im Kontext von Moscheebauten von „emblematic issues" (Maussen 2005, S. 4).

ben die Ausnahme, auch sind Moscheen zu dieser Zeit zumeist als Gebetsräume bzw. Stätten in der Nähe des Arbeitsplatzes – z.B. in alten Fabrikhallen – konzipiert.

Ab Mitte der 80er komme es zu einer allmählichen Diversifizierung der Angebote und zunehmender Differenzierung des Lebens um und in der Moschee. Die ersten „full fledged mosques" (Maussen 2007 S. 12) bilden sich heraus, diese werden Maussen zufolge nun als Zentrum der Netzwerkstrukturen eingewanderter Muslime betrachtet, das mit den entstehenden nicht-religiösen Migrantenorganisationen um die Interessenvertretung der muslimischen Immigranten konkurriert. Dabei interessiere sich die soziologische Literatur neben der emergierenden Rolle der Moscheegemeinden als sich etablierender gesellschaftlicher Akteur im Einwanderungskontext nun auch für die Funktionen der Moscheen auf der Mikroebene, findet das übliche Angebot derselben doch nach und nach eine Ausweitung auf Muslima, nachgezogene Familien und Kinder der nachfolgenden Generationen. Schiffauer beispielsweise spricht mit Blick auf die Rolle von Moscheen und Moscheevereinen in Deutschland von drei Phasen der Institutionalisierung: Einer Phase der Etablierung – geprägt von einer Konkurrenz der verschiedenen, überwiegend schon in der Türkei institutionalisierten Moscheevereine, bei der es auch zu „feindlichen Übernahmen" (Schiffauer 2003, S. 147) kommt – zwischen 1970 und 1985, der Konsolidierung ab Mitte der 80er – die Dachverbände nehmen hier die Kontrolle über die Mehrheit der Moscheegemeinden – und des Diasporaislams ab Mitte der 90er Jahre, als die spezifischen Probleme und Interessen eingewanderter Muslime inhaltlich in den Vordergrund rücken (vgl. ebenda).

2. Die Beleuchtung der öffentlichen und rechtlichen Dimensionen mit Blick auf die verschiedenen Aspekte der Institutionalisierung von Moscheen als Gebetstätten einer Minderheitenreligion:

– Auseinandersetzungen bezüglich der Übersetzung konstitueller Prinzipien wie der positiven und negativen Religionsfreiheit in geltendes Recht mit Blick auf den Anspruch, eine Minderheitenreligion und deren Institutionen, so den Moscheebau, in ein angemessenes Verhältnis zum Staat (bzw. einer supranationalen Institution) und den etablierten Religionen zu bringen: Wird beispielsweise die Anerkennung des Islams in korporatistischer Manier an einen öffentlich-rechtlichen Status gebunden (wie in Deutschland) oder ist ein anderer Modus der Inkorporation gegeben (Bsp. Niederlande)?

– Die Implementierung geltenden Rechtes auf die Möglichkeiten und Grenzen der Subventionierung von Moscheebauten und der Anwendung des Subsidiaritätsprinzips auf die Delegierung von öffentlichen Aufgaben an Moscheevereine und die öffentliche Auseinandersetzung zwischen den verschiedenen Akteuren darüber: Welche Aktivitäten von Moscheevereinen mögen als religiöse Handlungen (z.b. Angebot von Korankursen) gelten und welche als säkulare (z.b. das Angebot von Integrationskursen)? Wie werden die vorhandenen Rechtsnormen im Spannungsfeld zwischen religiöser und negativer Religionsfreiheit auf einen gegebenen Fall angewandt: Fällt bspw. der Ezan des Muezzins unter das geltende Statut zur positiven Religionsfreiheit oder greifen hier die Rechtsnormen zur negativen Religionsfreiheit?

– Die Diskurse um die verschiedenen Perspektiven auf die Unterstützung bei der Errichtung von Moscheen seitens anderer Staaten, transnationaler und internationaler Organisationen oder privater Geldgeber: So sehen beispielsweise einige westeuropäische Staaten die enge Verzahnung der dortigen muslimischen Organisationen mit den Herkunftsstaaten ihrer Mitglieder als Anreiz, Moscheevereine bei ihrer Errichtung von Moscheebauten und der Ausbildung von Imamen zu unterstützen, um deren Einfluss entgegenzuwirken.

– Ein vierter Aspekt betrifft Diskussionen um die architektonische Dimension von Moscheen und das jeweilige Stadtbild betreffende Fragestellungen: Welcher architektonische Stil und welche Größenordnungen werden dem Bebauungsplan und Stadtbild entsprechend als besonders geeignet gesehen? Welche Maßstäbe werden von der zuständigen Kommune und den beteiligten Akteuren in puncto Sicherheitsvorkehrungen (z.B. Brandschutz) und verkehrsbezogene Aspekte angesetzt? So erwähnt Allievi in seiner Überblicksarbeit über Moscheebaukonflikte in Europa die in einigen italienischen Kommunen praktizierte diskriminierende Strategie des „selective enforcement" (Allievi 2009, S. 66) von Sicherheitsvorkehrungen, um die Errichtung unpopulärer Moscheebauprojekte zu verhindern oder in die nächste Legislaturperiode zu verschieben (vgl. ebenda, S. 66f.).

3. Die Betrachtung von Moscheebaukonflikten und Moscheebaudiskursen in ihren symbolischen[14] (die Moschee als Metonym für den Islam), figurationssoziologischen und sozialräumlichen Dimensionen. Hier stehen die konkreten Aushandlungsprozesse der Akteure vor Ort oder die öffentlichen Diskurse im Fokus des Interesses: Wie generieren beteiligte Akteure und Interessengemeinschaften im Konfliktfeld Moscheebau Legitimität für ihre Anliegen? Welche

Rolle spielen hierbei Etabliertenvorrechte, Charisma, Arrangement mit den führenden politischen Funktionsträgern oder auch andere informelle Faktoren? Welche Ängste induzieren Moscheebauvorhaben in der angrenzenden Nachbarschaft und wie werden diese in den politischen Prozess kanalisiert? Welche Rolle spielen Strategien des *Otherings* oder der Konstruktion einer gemeinsamen Identität bei der Durchsetzung der eigenen Vorstellungen im Kontext eines Moscheebaukonflikts?

Galembert (vgl. zu den folgenden Ausfürungen: Galembert 2008, S. 314ff.) beleuchtet in ihrer Feldstudie in der Pariser Trabantenstadt Mantes-La-Jolie beispielsweise das Beziehungsgefüge vom örtlichen Moscheeverein zur Kommunalpolitik und zeichnet nach, wie sich die örtliche Moschee erst ein Jahrzehnt nach ihrer Gründung Anfang der 80er Jahre zu einem legitimen Akteur entwickelt: Im Kontext von gewalttätigen und dauerhaften Ausschreitungen zwischen Jugendlichen und der Polizei, während dessen die Legitimität der staatlichen Institutionen vor Ort zu schrumpfen droht, wird die Moschee von der Kommunalpolitik als Machtinstrument erkannt und an der Steuerung politischer Prozesse beteiligt. Galembert gelingt es hier – und das macht ihre Analyse für die sozialräumliche Dimension von Moscheebaukonflikten interessant – die Moschee als Ordnungsfaktor der Kommunalpolitik zu charakterisieren und damit zu zeigen, wie im Fallbeispiel der Islam in Form der Moscheegemeinde nicht als religiöse Institution, der eine hierokratisch verankerte Eigenrationalität zugestanden wird, konstruiert wird, sondern als Außenposten der Kommunalpolitik, dem ordnungspolitische Aufgaben für eine möglichst breite Zielgruppe aufertragen werden. Dass der Moscheevorsteher dabei nicht organisationsintern bestimmt wird, sondern die Legitimation seines Führungsanspruches aus der Vertrauenswürdigkeit bezieht, welche der Bürgermeister in persönlicher Beziehung attribuiert, spiegelt für Galembert ein problematisches Verhältnis zwischen muslimischer Praxis und den entsprechenden Gebietskörperschaften des französischen Staates wieder. Die symbolische Reproduktion des hierarchischen Gefälles zwischen dem „Magistratchef", dem Moscheevorsteher als ihm ergebenen „primus inter pares" (Galembert 2008, S. 46) – dessen Charisma mit der Legitimität des Stadtoberhauptes steht und fällt – und den Moscheegemeindemitgliedern als überwiegende Weisungsempfänger analysiert Galembert anhand von regelmäßig abgehaltenen 'Tafelrunden', zu denen der Moscheeverein verschiedene Parteien inklusive des Bürgermeisters lädt.

In ethnomethodologischer Manier betrachtet sie dabei Sitzanordnungen, Gestiken und andere symbolische Praktiken, so bringt sie die Sprache des Bürgermeisters auf den Begriff der „feudalen Metaphorik" (ebenda), präsentiere sich dieser doch paternalistisch als Hüter der Moschee, der den Moscheevorsteher gleichsam als edelmütigen Herrn und Diener stilisiert. De Galembert resümiert, dass ihre Analyse des Fallbeispiels nicht nur einen regulationsbedürftigen Islam offenbare, sondern eine politische Besetzung des Religiösen, mit der die Behörden zum Zwecke der Wiederherstellung ihrer Autorität über ein zu integrierendes Stadtgebiet dazu beitragen, ein religiöses Zentrum zu institutionalisieren.

Ein anderer akteurszentrierter Ansatz – im Unterschied zu de Galembert dezidiert konflikttheoretisch verankert – findet sich bei Jörg Hüttermann (Hüttermann 2006). Über eine offene Beobachtung der Implementierung eines Moscheebauvorhabens in einem norddeutschen Mittelzentrum (Halle in Westfalen) zeigt er, welchen informellen Prinzipien der örtliche Moscheebaudiskurs unterliegt (vgl. ebenda, S. 109ff.). Hüttermann zeichnet dabei figurationssoziologisch nach, wie die vor Ort gegebene Konstellation zwischen etablierten Platzanweisern und peripheren Fremden durch die Anerkennung der Moscheegemeindemitglieder als Konfliktakteure zur Disposition gestellt wird und sich der örtliche Moscheebaudiskurs demnach als Rangordnungskonflikt konstruieren ließe (ebenda, S. 129).[9]

Dass dieser asymmetrisch bleibt, zeigt Hüttermann u. a. daran, wie die Akteure während der Diskussionen auf den Bürgerversammlungen keineswegs auf universell codierte Grundrechte und nur selten auf positives Recht rekurrieren, die Moscheegemeindemitglieder beispielsweise die juristischen Möglichkeiten für ihre Anliegen nicht ausschöpfen: Vielmehr orientieren sie sich bei der Generierung von Legitimität an lebensweltlich sedimentierten Prinzipien, so dem „Gastrecht" und dem „Reziprozitätsprinzip" (vgl. ebenda, S. 109 und S. 114).[10] Die Asymmetrie des Moscheebaukonfliktes in Halle manifestiert sich zusätzlich in der ungleichen Verteilung kulturellen Kapitals und der symbolischen Reproduktion derselbigen, wie Hüttermann unter Rückgriff auf den Habitusbegriff von Bourdieu anhand der besuchten Bürgerversammlungen zeigen kann: Perlokutive[11] Effekte im Modus eines korporativen Habitus – via extrinsisch motivierter,

---

[9] Hüttermann folgt einer Typologie von Giesen, wonach sich Rangordnungskonflikte an der „Zuordnung von Individuen zu begehrten sozialen Positionen" (Giesen 1993, S. 104, zit. nach Hüttermann 2006, S. 16) entfachen. Mit Blick auf den untersuchten Moscheebaukonflikt spricht Hüttermann davon, dass die zu konzipierende Moschee als Konfliktgegenstand nicht nur den Islam symbolisiere, sondern zudem auch die gegebene Machtfiguration vergegenwärtige, die Konfliktparteien ringen damit auch um eine Neufiguration des örtlichen Beziehungsgefüges (vgl. Hüttermann 2006, S. 129f.).
[10] Mit dem Begriff 'Gastrecht' verweist Hüttermann auf die von ihm indizierte Selbstverständlichkeit der an die Moschee angrenzenden Nachbarschaft, dass sich Muslime als Gäste verstehen sollten, welche die Rolle der ersteren als Gastgeber zu akzeptieren und sich in ihren Ansprüchen an diese zu mäßigen haben.
[11] Perlokutive Effekte werden in der Sprechakttheorie als Folgen perlokutiver Sprechakte be-trachtet, wobei diese als diejenigen sprachlichen Äußerungen konzipiert werden, qua derer der Sprecher eine bestimmte Wirkung beim Hörer intendiert. Der Sprecher möchte hier den Hörer typischerweise von einer bestimmten Meinung überzeugen, wobei das jeweils Gesagte in einem bloß instrumentellen und kontingenten Zusammenhang zur angestrebten Wirkung steht. Ein perlokutiver Effekt wäre demnach

auf Überzeugung abzielender kommunikativer Strategien verbaler und nonverbaler Art, so der Inszenierung von Kompetenz durch persuasive Rhetorik – gelingen den Moscheebauinitiatoren, welche nicht über die Definitionsmacht der legitimen Kultur der Stadtgesellschaft verfügen, nur bedingt; das Überzeugungspotential ihrer Argumente wird durch vergleichsweise geringes kulturelles Kapital begrenzt und steht und fällt mit der Gunst des eloquenten Bürgermeisters (vgl. ebenda, S. 136ff.).

---

bspw. die Überzeugung des Hörers in der vom Sprecher beabsichtigten Weise (vgl. Austin 1972, S. 116, nach Habermas 1995, S. 390).

3 Die Rahmung des diskursiven Feldes

3.1 Einleitung

Auch wissenssoziologische Diskursanalysen schweben nicht im luftleeren Raum[12] über den verschiedenen freizulegenden diskursiven Beiträgen, sondern bedingen der Verankerung in einem näher oder weiter entfernten Wissenshorizont, damit die zu analysierenden Texte überhaupt interpretiert werden können. Um Forscher und Rezipienten neben dieser Interpretationshilfe zugleich einen nahen Gegenstandsbezug zu eröffnen, wird im Folgenden ein Metakontext beleuchtet, auf den verschiedene Zeitungsartikel implizit oder explizit rekurrieren, so dass von ihm als Rahmen oder Verweisungsraum der diskursiven Konstruktionen gesprochen werden kann. Als solcher wird die Institutionalisierung von religiöser Diversität im öffentlichen Raum auf den verschiedenen Ebenen betrachtet (lokal bzw. regional, national und transnational). Dabei stehen die Codierungen und Modi der Implementierung von Religionsfreiheit in ihren ambivalenten Konsequenzen für die Anerkennung und Ausübung muslimischer Praxis im öffentlichen Raum der BRD im Vordergrund. Es sollte über die Ausführungen zudem deutlich werden, dass die symbolische Integration des Phänomens Moscheebau als auch anderer Ausdrucksformen muslimischer Praxis nicht erst auf der Ebene diskursiver Aushandlungen, sondern bereits auf der relativ formalen Ebene europäischer und deutscher Religionspolitik mit Ambivalenzen und „widersprüchlichen Erwartungsstrukturen" (Koenig 2007, S. 348) einhergeht. Es geht in diesem Sinne darum, die der eigentlichen Forschungsarbeit zu Grunde liegende Prämisse – dass unter den gegebenen formal-institutionellen Arrangements öffentliche Diskurse über die Praxis des Moscheebaus gegebene symbolische Ordnungen reflexiv werden lassen – zu plausibilisieren.

Zunächst wird in Kapitel 3.2.1 dem makrostrukturellen Kontext von Religionsfreiheit mit den entsprechenden Codierungen, unterschiedlichen Implementierungen und der Semantik ausgewählter Rechtsstatuten im europäischen Kontext nachgegangen. Dabei sollte deutlich werden, dass die Transnationalisierung

---

[12] Oder mit den Worten von Hannelore Bublitz: „Die rekonstruierte Konstruktion von Diskursen erfolgt im 'Element des Archivs'. Das bedeutet: Sie können nur insoweit konstruiert werden, als sie im 'Archiv' der Gesellschaft bereits vorhanden sind" (Bublitz 2001, S. 225 - 258).

von Religionsfreiheit im Rahmen des europäischen Rechts widersprüchliche Auswirkungen auf die Opportunitätsstrukturen national bzw. regional agierender Akteure nach sich ziehen, die sich als Logiken der Konvergenz und Divergenz (vgl. Koenig 2007, S. 361) analysieren lassen.

Daran anschließend wird die Verankerung von Religionsfreiheit auf Bundesebene (3.3.1) und der Ebene der Bundesländer (3.3.2) umrissen. Hierbei wird von der Annahme ausgegangen, dass sich die Institutionalisierung muslimischer Praxis innerhalb Deutschlands so unterschiedlich zeigt, dass diese nicht unter Rückgriff auf ein *korporatistisches* Modell der religionspolitischen Ausrichtung Deutschlands erklärt werden kann.

In den Ausführungen über den regionalen Kontext (3.4) werden zunächst rechtliche Grundvoraussetzungen des Moscheebaus geklärt (3.4.1) und typische Konfliktlinien regionaler Moscheebaukonflikte vorgestellt (3.4.2), anschließend wird ein Fallbeispiel im Spannungsfeld zwischen lebensweltlicher und formalinstitutioneller Einbettung zu umreißen versucht (3.4.3). Anhand des exemplarisch dargestellten Moscheebaukonfliktes wird ausgeführt, wie unter den gegebenen institutionellen Voraussetzungen das Recht als Konfliktbearbeitungsmedium lebensweltlich verankerte normative Prinzipien eher untergräbt, als dass es diese konstruktiv – Legitimität generierend – ergänzen würde: Dass gegebene symbolische Ordnungen unter diesen Bedingungen der Asymmetrie zwischen lebensweltlichen und legalen Prinzipien der Konfliktaushandlung grundsätzlich irritiert werden können, sollte über diese Ausführungen deutlich werden.

3.2 Der europäische Kontext

3.2.1 Religionsfreiheit im europäischen Recht

Im Folgenden werden zunächst einige wichtige Dokumente positiven EU-Rechts zu Wort kommen: Werden in a) Rechtsstatuten angeführt, in denen Religionszugehörigkeit und Religionsfreiheit als positive Grundrechte betrachtet werden, finden sich unter b) diejenigen Artikel, in denen Religionsfreiheit als negatives Recht betrachtet wird, das unter bestimmten Umständen mit anderen Interessen und Grenzen des öffentlichen Raumes kollidiert. Im Anschluss an die jeweilige Auflistung und Zitation wesentlicher Auszüge des EU-Rechts gilt es in a) und b) in Anlehnung an die Lesearten von Tietze (2008) und Koenig (2007) die jeweiligen Implikationen der dargelegten Dokumente für die Legitimierungsmöglichkeiten muslimischer Praxis zu umreißen. Dabei wird gezeigt, dass die Transnationalisierungsprozesse religiöser Rechte im Rahmen der EU ambivalente Potentiale für die Legitimierungsoptionen muslimischer Praxis in Europa implizieren.

Die Rahmung des diskursiven Feldes 23

In Anlehnung an Koenig (2007) lässt sich dabei eine Gleichzeitigkeit von nationalstaatlichen Partikularismen folgenden „Logiken der Divergenz" (Koenig 2007, S. 361) und diese entgrenzenden „Logiken der Konvergenz" (ebenda) einer europäischen Religionspolitik konstatieren: Einerseits erweitern Rechtsstatuten des „europäischen Menschenrechtsregimes" (ebenda, S. 351) die Gelegenheitsstrukturen für muslimische Akteure in Europa bezüglich ihrer Möglichkeiten, religiöse Belange kraft Verweis auf EU-Recht zu legitimieren; das diskursive Legitimationsrepertoire findet sich hier von nationalstaatlichen Partikularismen entkoppelt (vgl. ebenda, S. 352ff). Andererseits bietet geltendes EU-Recht den betreffenden Staaten neue Instrumente zur Legitimierung ihrer Souveränität im Bereich der Religionspolitik, so dass hier gegebene nationale und regionale institutionelle Arrangements in ihren jeweiligen Partikularismen bestärkt werden (vgl. ebenda, S. 359ff.).

a. Positive Religionsfreiheit

Auf der supranationalen Ebene der EU lassen sich folgende Rechtstatuten identifizieren, die explizit auf den Begriff der Religionsfreiheit verweisen[13]:

– Die Grundrechtecharta der EU mit Artikel 10 (Gedanken-, Gewissens- und Religionsfreiheit)

Jede Person hat das Recht auf Gedanken-, Gewissens-und Religionsfreiheit. Dieses Recht umfasst die Freiheit, die Religion oder Weltanschauung[14] zu wechseln, und die Freiheit, seine Religion oder Weltanschauung einzeln oder gemeinsam mit anderen öffentlich oder privat durch Gottesdienst, Unterricht, Bräuche und Riten zu bekennen.

Neben diesem Kernstatut finden sich folgende Artikel, in denen Religionsfreiheit in den Schutzbereich des Diskriminierungsverbotes verortet wird[15]:

---

[13] Die Entsprechungen in der Europäischen Menschenrechtskonvention zur Religionsfreiheit als positives Recht finden sich unter Artikel 9 (1).
[14] Die juristische Konzeption des Weltanschauungsbegriffes lautet im Grundgesetzkommentar nach Starck (2005) wie folgt: „Von einer Religion oder Weltanschauung ist auszugehen, wenn Gedanken oder Handlungen aus einer Gesamtsicht der Welt oder aus einer hinreichend konsistenten, wenn auch wandelbaren Gesamthaltung zur Welt entspringen" (Starck 2005, Randnummer 33 zu Artikel 4, zit. nach einem Urteil des Bayerischen Verfassungsgerichtes (2007) mit dem Aktenzeichen (AZ) Vf. 11-VII-05, S. 9).
[15] Die Verortung der Religionszugehörigkeit in den Schutzbereich des Diskriminierungsverbots findet sich in der EMRK unter Artikel 14.

– Der Vertrag von Lissabon in den Artikeln 10 und 19:

Artikel 10: Bei der Festlegung und Durchführung ihrer Politik und ihrer Maßnahmen zielt die Union darauf ab, Diskriminierungen aus Gründen des Geschlechts, der Rasse, der ethnischen Herkunft, der Religion oder der Weltanschauung, einer Behinderung, des Alters oder der sexuellen Ausrichtung zu bekämpfen.

Artikel 19: Unbeschadet der sonstigen Bestimmungen der Verträge kann der Rat im Rahmen der durch die Verträge auf die Union übertragenen Zuständigkeiten gemäß einem besonderen Gesetzgebungsverfahren und nach Zustimmung des Europäischen Parlaments einstimmig geeignete Vorkehrungen treffen, um Diskriminierungen aus Gründen des Geschlechts, der Rasse, der ethnischen Herkunft, der Religion oder der Weltanschauung, einer Behinderung, des Alters oder der sexuellen Ausrichtung zu bekämpfen.

– Die Grundrechtecharta der EU mit Artikel 21:

Diskriminierungen insbesondere wegen des Geschlechts, der Rasse, der Hautfarbe, der ethnischen oder sozialen Herkunft, der genetischen Merkmale, der Sprache, der Religion oder der Weltanschauung, der politischen oder sonstigen Anschauung, der Zugehörigkeit zu einer nationalen Minderheit, des Vermögens, der Geburt, einer Behinderung, des Alters oder der sexuellen Ausrichtung sind verboten.

Ergänzend findet sich eine Elaborierung dieses Antidiskriminierungsgebots und Diskriminierungsverbots in der Beschäftigungsrahmenrichtlinie 2000/78/EG „zur Festlegung eines allgemeinen Rahmens für die Verwirklichung der Gleichbehandlung in Beschäftigung und Beruf" vom 27. November 2000. Daraus heißt es in Artikel 1:

Zweck dieser Richtlinie ist die Schaffung eines allgemeinen Rahmens zur Bekämpfung der Diskriminierung wegen der Religion oder der Weltanschauung, einer Behinderung, des Alters oder der sexuellen Ausrichtung in Beschäftigung und Beruf im Hinblick auf die Verwirklichung des Grundsatzes der Gleichbehandlung in den Mitgliedstaaten.

– Rahmenübereinkunft zum Schutz nationaler Minderheiten:

The Parties undertake to promote the conditions necessary for persons belonging to national minorities to maintain and develop their culture and to preserve the essential elements for their identity, namely their religion, language, traditions and cultural heritage (Framework Convention for the Protection of national minorities/European Treaty Series 1572[16]; vgl. Tietze 2008, S. 428).

Bevor an die vorausgegangenen Artikel eine Leseart herangetragen wird, stellte sich die Frage nach den Bedingungen, unter denen eine als religiös verstandene Praxis mit Verweis auf die genannten Artikel überhaupt legitimiert werden kann. Hinreichendes Kriterium für die Berufung auf Artikel 10 EuGH bei der Ausübung einer als religiös verstandenen Praxis ist nun ihr *weltanschaulicher* Bekenntnischarakter, der als juristisch relevantes Kriterium erst dann gegeben ist, wenn „eine zusammenhängende Sichtweise grundsätzlicher Lebensfragen, eine Sicht der Welt »als Ganzes«" (Blum 1990, zitiert nach Tietze 2008, S. 405) gegeben ist.

Wie lässt sich der auf EuGH Artikel 10 basierende Religionsbegriff nun in seinen Dimensionen rekonstruieren? Zunächst verweist er in gemeinsamer Erwähnung mit Gewissensfreiheit auf Religionsfreiheit als absolutes Individualrecht, sofern diese als negative Freiheit immer als *Freiheit von* der Indoktrination des Staates oder dritter Parteien gedacht wird. Insofern Religionsfreiheit als bekennende Religionsausübung (*„die Freiheit, seine Religion [...[einzeln oder gemeinsam mit anderen öffentlich oder privat durch Gottesdienst, Unterricht, Bräuche und Riten zu bekennen*" (EuGH, Artikel 10)) über Gewissensfreiheit hinausgeht, wird sie zu einem kollektiven Grundrecht, das eine öffentliche und private Dimension umschließt. Bemerkenswert erscheint hier die Verschränkung des Öffentlichen und Privaten in der Betonung des Bekenntnis- und Überlieferungscharakters von Religion, wird doch über die Erwähnung des Unterrichts als bekennende Praxis auf die Kontinuität und den *öffentlichen* Auftrag religiöser Praxis aufmerksam gemacht (vgl. Tietze 2008, S. 407f.). Damit wird die legitime Grenze des religiösen Raumes gerade nicht im Übergang vom Privaten zum Öffentlichen verortet, vielmehr erscheint die Religion hier als ein „durch die Religionsfreiheit geschütztes Privates im Öffentlichen" (ebenda, S. 433).

Spezifiziert das EU-Recht Religion im Kontext von Gewissensfreiheit als besondere Form der *Weltanschauung*, wird diese in den weiter genannten Rechtsstatuten in einen allgemeineren Bereich verschiedener gesellschaftlicher

---

[16] http://conventions.coe.int/Treaty/Commun/QueVoulezVous.asp?NT=157&CL=ENG, Abruf zuletzt am 12.06.2011.

Regulationsfelder verortet und verliert hier ihre Besonderheit (vgl. ebenda, S. 413f.). Sie erscheint dort als nur eine von verschiedenen Kategorien kollektiver Identität – so der Behinderung oder des Alters – unter dem Schutzbereich des Gleichbehandlungsgebots bzw. Diskriminierungsverbots (vgl. Koenig 2007, S. 354). Insbesondere in Artikel 21 EuGH erfährt der Religionsbegriff eine Nähe zum Konzept der Ethnizität, indem er als legitime Form kultureller Differenz – z.b. neben der Sprache – auf den Begriff der Kultur verweist und im gleichen Atemzug mit der 'Zugehörigkeit zu einer nationalen Minderheit' (EuGH (21)) den Begriff der Identität anklingen lässt.

Vor dem Hintergrund, dass die genannten Statuten über Antidiskriminierung und Gleichheit von diese forcierenden Policy-Prozessen begleitet werden – so implementieren EUMC (Europäisches Beobachtungszentrum für Rassismus) und ECRI bspw. eigene Monitoringprojekte über Islamophobie in Europa – lassen sich diese in ihren Konsequenzen wie folgt kommentieren: „Individuelle Rechte auf Religionsfreiheit wurden gestärkt und spezifische Kategorien kollektiver Identität, darunter auch »religiöse Identitäten«, als legitime Formen kultureller Differenz legitimiert" (Koenig 2007, S. 354).

Auch wenn der Religionsbegriff in den genannten Statuten je nach Fokussierung des Gleichheits- oder des Freiheitsaspektes unterschiedlich akzentuiert wird, lassen sie sich als institutionelle Repertoires fassen, welche die Legitimierungsoptionen religiöser Anliegen der vom EU-Recht betroffenen Akteure wie folgt ausweitet:

– Die Frage der Legalität kollektiver Religionsausübung im privaten und öffentlichen Raum wird strukturell vom Status der Staatsbürgerschaft und nationalstaatlichen Partikularismen entkoppelt.

– Die Religionszugehörigkeit fällt als spezifische Form kollektiver Identität unter den Schutzbereich der Antidiskriminierung, sie wird damit zu einem Merkmal von Ethnizität[17] aufgewertet und als solches zu einem das nationale Recht der Mitgliederstaaten transzendierenden Minderheitenrecht gedacht (vgl. Tietze 2008, S. 430).

---

[17] So heißt es im Jahresbericht der EUMC 2003/04: „European Muslims used to be perceived predominantly as racial, ethnic or national minorities, but now their identity is increasingly marked by faith – though this might mean nothing more than faith has become a symbol for race or ethnicity" (zit. Nach Tietze 2008, S. 430).

b. Negative Religionsfreiheit

Neben den bisher genannten, staatliche Partikularismen überschreitenden und die Religionsfreiheit als positives Recht akzentuierenden Artikeln, finden sich andere Statuten, welche Religionsfreiheit als negatives Recht fokussieren:

– Artikel 9 (2) der Europäischen Menschenrechtskonvention[18]:

Die Freiheit, seine Religion oder Weltanschauung zu bekennen, darf nur Einschränkungen unterworfen werden, die gesetzlich vorgesehen und in einer demokratischen Gesellschaft notwendig sind für die öffentliche Sicherheit, zum Schutz der öffentlichen Ordnung, Gesundheit oder Moral oder zum Schutz der Rechte und Freiheiten anderer.

– In Analogie zur Möglichkeit der Begrenzung von Religionsfreiheit verweist Artikel 23 2000/78/EG auf die Möglichkeit, den Antidiskriminierungsgrundsatz unter bestimmten Bedingungen einzuschränken:

Unter sehr begrenzten Bedingungen kann eine unterschiedliche Behandlung gerechtfertigt sein, wenn ein Merkmal, das mit der Religion, einer Weltanschauung, einer Behinderung, dem Alter oder der sexuellen Ausrichtung zusammenhängt, eine wesentliche und entscheidende berufliche Anforderung darstellt, sofern es sich um einen rechtmäßigen Zweck und eine angemessene Anforderung handelt. Diese Bedingungen sollten in die Informationen aufgenommen werden, die die Mitgliedstaaten der Kommission übermitteln.

– Der Vertrag von Lissabon mit Artikel 17 (1) (vgl. Koenig 2008, S. 358):

Die Union achtet den Status, den Kirchen und religiöse Vereinigungen und Mitgliedstaaten nach deren Rechtsvorschriften genießen, und beeinträchtigt ihn nicht.[19]

Die im hiesigen Unterpunkt genannten Statuten ermöglichen den Mitgliedstaaten der EU weite Spielräume, eigene Regulierungsformen religiöser Differenz mit Berufung auf eine übergeordnete Institution zu reproduzieren oder gar auszuwei-

---

[18] Im Folgenden: EMRK
[19] In diesem Artikel klingt – so Koenig – das Subsidiaritätsprinzip an, welches als Grundprinzip der Arbeitsweise der Europäischen Union in Artikel 5 (3) im Vertrag von Lissabon festgehalten wurde (vgl. Koenig 2008, S. 258).

ten. Der Bezug auf die öffentliche Sicherheit und den Schutz der Rechte anderer in Artikel 9 (2) EMRK verweist auf die negative Religionsfreiheit, die es als Grundrecht zu berücksichtigen gilt. Erst in Kombination mit der Ausnahme vom Diskriminierungsgebot (2000/78/EG/23) und den Bestandsgarantien des Subsidiaritätsprinzips in Artikel 17 (Vertrag von Lissabon) wird deutlich, dass es sich in den angeführten Statuten um eine asymmetrische Verankerung der negativen Religionsfreiheit handelt: Für etablierte kirchliche Institutionen – wie der römisch-katholischen Kirche oder der EKD in Deutschland – und dominierende symbolische Ordnungen wirkt diese den Einzelstaaten in Fragen negativer Religionsfreiheit zugestandene breite Souveränität als stabilisierender Faktor:[20]

– Die EKD und die katholische Kirche brauchen keine institutionelle Anpassung vorzunehmen, um von der Anwendung der negativen Religionsfreiheit – im bundesdeutschen Kontext beispielsweise eine Ausnahme vom Antidiskriminierungsgebot bei der Anwendung des Subsidiaritätsprinzips – zu profitieren. Gerade im Bereich der Wohlfahrtspflege erscheint die Praxis legaler Diskriminierung der potentiellen Arbeitnehmer als paradox, steht hier doch das Gebot der Nicht-Diskriminierung der Zielgruppe – es handelt sich bei der Wohlfahrtspflege um ein öffentliches Gut – dem Recht auf negative Religionsfreiheit des jeweils konfessionell gebundenen Arbeitgebers gegenüber. Muslimische, griechisch-orthodoxe oder Anhänger anderer Religionen – auch Atheisten und Agnostiker – sind in ihren Möglichkeiten, als Arbeitnehmer in der Wohlfahrt tätig zu werden, strukturell deswegen benachteiligt, weil die etablierten christlichen Wohlfahrtsträger (z.B. Caritas) der jeweiligen Konfession angehörige Arbeitnehmer legal bevorzugen dürfen.[21]

– Symbole, die im dogmatischen Kontext – so in den jeweiligen Katechismen – als religiös dechiffriert sind, können und werden in juristischen Semantiken europäischer Staaten kulturalisiert oder als legitimer Ausdruck einer Wertgemeinschaft stilisiert. Diese Umsetzung der negativen Religionsfreiheit erscheint einseitig, da es typischerweise Symbole der etablierten Konfessionen sind, welche als zumutbar gelten – es ist in europäischen Staaten wie Deutschland oder Italien

---

[20] Vgl. auch Amir-Moazami 2007, S. 148f.
[21] In diese Richtung weist die erst kürzlich vom EGMR (AZ 18136/02) implementierte Ablehnung der Klage einer vormals bei einer protestantischen Pfarrei angestellten Erzieherin, die aufgrund ihres Engagements bei einer anderen Konfession vom Dienst quittiert wurde. Das Gericht stellte keine Verletzung von Artikel 9 der EMRK fest (vgl. Siebeharr vs. Germany). vgl. http://echr.coe .int/echr/rss .aspx, Abruf zuletzt am 11.10.2011.

Die Rahmung des diskursiven Feldes 29

eben das Kruzifix und nicht das Kopftuch einer Lehrerin, das mit der Rahmung einer Betroffenengruppe (z.b. den Schülern einer staatlichen Schule) als Teilmenge einer imaginierten Wertegemeinschaft oder *Leitkultur* konform geht.
So ist bspw. die Vorstellung einer christlich-abendländischen Kultur in den Verfassungen einzelner Bundesländer als gut abgesichertes – vom jeweils zuständigen Verfassungsgericht in ihrer Verfassungskonformität bestätigten – Deutungsmuster verankert. Dem Deutungsmuster einer christlich-abendländischen Kultur entsprechend heißt es in Artikel 59(2) des BayEUG: *„Äußere Symbole und Kleidungsstücke, die eine religiöse oder weltanschauliche Überzeugung ausdrücken, dürfen von Lehrkräften im Unterricht nicht getragen werden, sofern die Symbole oder Kleidungsstücke bei den Schülerinnen und Schülern oder den Eltern auch als Ausdruck einer Haltung verstanden werden können, die mit den verfassungsrechtlichen Grundwerten und Bildungszielen der Verfassung einschließlich der christlich-abendländischen Bildungs- und Kulturwerte nicht vereinbar ist".*
Im Kopftuchstreit erlangte dieser Artikel eine gewisse Prominenz (siehe das erwähnte Verfahren AZ Vf. 11.-VII-05), als dass mit dem Verweis auf denselbigen die Anschlussfähigkeit einer Nonnentracht als *kulturelles* Symbol einer christlich-abendländischen Kultur und die damit einhergehende Rechtslage legitimiert wurde, als Lehrkraft in bayerischen Schulen eine christliche Ordenstracht tragen zu dürfen, nicht jedoch ein in seiner Symbolik mit den Grundwerten der Verfassung als möglicherweise nicht vereinbar antizipiertes Kopftuch:

„Demgegenüber [gegenüber dem Tragen eines Kopftuches] gestatte Art. 59 Abs.2 Satz 3 BayEUG, dass Klosterschwestern im Unterricht an öffentlichen Schulen das Nonnenhabit trügen. Hierin liegt kein Widerspruch zur verfassungsrechtlichen Gleichwertigkeit der Religionen. Das Nonnenhabit entspreche christlichen und abendländischen Bildungs- und Kulturwerten" (AZ Vf. 11-VII-05).

Eine hier anklingende Kulturalisierung christlicher Symbolik geht in diesem Fall mit einer Politisierung des Kopftuches einher, indem letzteres in seinem Potential, die „freiheitlich-demokratische Grundordnung" untergraben zu können, akzentuiert wird:

„Der Staat habe insbesondere bei seinen Beamten darauf zu achten, dass keine Zweifel an der Treue zur freiheitlich-demokratischen Grundordnung bestünden" (ebenda).

– Diese ausgeprägten nationalstaatlichen Freiheitsgrade in der Verankerung und Auslegung negativer Religionsfreiheit zeigen sowohl in der judikativen als auch legislativen Dimension einen ambivalenten Charakter, der oftmals zu Lasten der positiven Religionsfreiheit der religiösen Minderheiten ausgelegt wird. Die Betrachtung der juristischen Beurteilung verschiedener Kernfragen zur Organisation religiöser Diversität zeigt neben der Ambiguität religiöser Symbole und Praktiken auch die Kontextabhängigkeit der Auslegung derselben, welche sich beispielsweise im folgenden Auszug des Kopftuchurteils des Bundesverfassungsgerichtes manifestiert: „Neben dem Wunsch, als verpflichtend empfundene, religiös fundierte Bekleidungsregeln einzuhalten, kann es auch als ein Zeichen für das Festhalten an Traditionen der Herkunftsgesellschaft gedeutet werden. In *jüngster Zeit* wird in ihm verstärkt ein politisches Symbol des islamischen Fundamentalismus gesehen, das die Abgrenzung zu Werten der westlichen Gesellschaft [...] ausdrückt".

Urteile, beispielsweise zur Frage des Fernbleibens muslimischer Schülerinnen vom Schwimmunterricht oder der Anbringung von Kruzifixen in Klassenzimmern[22], zeigen sich nicht nur in ihren Entscheidungen, sondern auch in ihren Begründungen schon im Zeitraum weniger Jahre als gegensätzlich. Während beispielsweise das schweizerische Bundesgericht noch 1993 der Klage eines Vaters zur Dispensierung seiner Tochter vom Schwimmunterricht mit der Begründung stattgab, die religiösen Anliegen der Eltern und das Interesse des Kindes,

---

[22] Vgl. das Urteil des Europäischen Gerichtshofs für Menschenrechte (EGMR) zum Kruzifixstreit (Soile Lautsi vs. Italien, Beschwerdenummer 30814/06) vom 03.11. 2009 mit dem revidierten Urteil vom 18.03.2011: Wird im Falle des ersteren die Klage bestätigend – in dem Sinne, dass das Anbringen von Kruzifixen in Klassenzimmern staatlicher Schulen die negative Religionsfreiheit einer Minderheitenreligion oder dem Atheismus angehörigen Schüler verletze – stark auf die Bedeutung des Krzuzifix als religiöses Symbol rekurriert („La présence du crucifix peut aisément être interprétée par des élèves de tous âges comme un signe religieux et ils se sentiront éduqués dans un environnement scolaire marqué par une religion donnée. Ce qui peut être encourageant pour certains élèves religieux, peut être perturbant émotionnellement pour des élèves d'autres religions ou ceux qui ne professent aucune religion"), wird im revidierten Beschluss von 2011 die empirische Wirkung des Kreuzes als religiöses Symbol in Frage gestellt und dabei die Leseart des Kruzifix als Tradition gestärkt (so heißt es in der Urteilsbegründung: „In diesem Zusammenhang stellte der Gerichtshof fest, dass die gesetzliche Regelung in Italien, die das Anbringen von Kruzifixen in Klassenzimmern vorschreibt, der Mehrheitsreligion eine dominante Sichtbarkeit in der schulischen Umgebung gibt. (...) Der Gerichtshof verwies auch seine Rechtsprechung, nach der die Tatsache, dass einer Religion angesichts ihrer *dominanten Bedeutung in der Geschichte eines Landes* im Lehrplan mehr Raum gegeben wird als anderen Religionen, für sich genommen noch keine Indoktrinierung darstellt. Er hob hervor, dass ein an der Wand angebrachtes Kruzifix ein seinem Wesen nach *passives Symbol* ist, dessen Einfluss auf die Schüler nicht mit einem didaktischen Vortrag oder mit der Teilnahme an religiösen Aktivitäten verglichen werden kann"). Vgl. zu die beiden Urteilen des EGMR:
-Urteil der kleinen Kammer des EGMR von 2009:
http://www.strasbourgconsortium.org/document.php?DocumentID=4266, Abruf zuletzt am 12.07.2011
-Urteil der großen Kammer des EGMR von 2011:
http://www.kostenloseurteile.de/EuropGMR_3081406_EGMR-Kruzifixe-in-Klassenzimmern-staatlicher-Schulen-inItalien-zulässig.news11330.htm, Abruf zuletzt am 12.07.2011.

nicht übermäßigen Konflikten zwischen Eltern und Schule ausgesetzt zu sein, seien höher zu bewerten als die Schulpflicht bezogen auf die wenigen gemeinsamen Schwimmstunden; verweigerte das Bundesgericht 2008 das Gesuch eines muslimischen Vaters, seine Söhne vom gemeinsamen Schwimmunterricht zu befreien, mit dem Verweis auf zunehmende Integrationsanliegen in der Schweizer Öffentlichkeit und die wachsende Anzahl muslimischer Mitbürger gegenüber dem Zeitpunkt des Urteils von 1993 (vgl. Kälin/Wyttenbach 2009, S. 280f.).

In diesen sich wandelnden Urteilsbegründungen zu makrostrukturell relevanten religionspolitischen Fragestellungen, deren Entscheidungen mit Rekurs auf gesellschaftliche Aushandlungsprozesse legitimiert werden, manifestiert sich eine „ethische Imprägnierung des Rechtsstaates" (Habermas 1995, S. 137), die in ihrer Kontingenz an gegebene symbolische Ordnungen rückgekoppelt bleibt. Dabei zeigt sich – folgt man den Ausführungen von Pfaff-Czarnecka (2009) – ‚dass religiöse Diversität integrierende Praktiken des Rechtssystems in ihrer Ausrichtung jeweils die Mehrheit oder die Minderheit(en) des jeweiligen Staates privilegieren; die negative Freiheit der Mehrheit gewissermaßen im Spannungsfeld zur positiven Religionsfreiheit der Minderheiten steht.

Die tatsächliche Verankerung von Religionsfreiheit als relatives Mehrheits- bzw. Minderheitenrecht erscheint nun über Politiken vermittelt, welche die betreffende judikative oder legislative Praxis bei der Organisation religiöser Diversität begleiten. So identifiziert Kälin für die religionspolitische Ausrichtung der Schweiz fünf Politiken, die Pfaff-Czarnecka als juristische Prinzipien der Akkomodation religiöser Praxis kontuiert (vgl. Kälin 2000).[23] Legislative Verweise

---

[23] Diese lauten (vgl. Kälin 2000, S. 52-66 u. S. 83-87, zit. nach Pfaff-Czarnecka 2009, S. 233ff): *1. Policies of Neutrality:* The policy of neutrality (...) guarantees individual freedom and is conducive, at least in theory, to identification with the state.(...) In the negative sense, neutrality means distance, tolerance, and non-interference of the state in the religious sphere. In the positive sense, neutrality demands equal consideration of all" (Pfaff-Czarnecka 2009, S. 233). *2. Policies to Protect Own Identity:* „Policies designed to maintain the identity of a given policy (or nation) highlight the continuity of majority traditions within national frameworks" (ebenda). *3. The Policy of Minority Protection:* „This policy(...) aims to protect the identity of minorities from discrimination by the majority. (...) At schools, members of religious minorities are protected in that they cannot be forced to identify with other religions or to be judged according to other religions" (ebenda, S. 234). *4. Policies of Recognition:* „These policies focus attention on the importance of cultural identity and the need to protect it. Protection entails equal treatment as well as measures against discrimination. (...) Swiss Basic Law sees the necessity of recognition for the cultural identities of minorities and their members. Dissident and weak members of communities need to be protected (...) against the collective pressure of their in-group" (ebenda). *5. Policies of Multiculturalism*: „Kälin (2000, 83) uses the (...) concept of multiculturalism in a restricted sense as an overtly declared and legally sanctioned state policy aimed at the active maintenance and support of cultural diversity [..]. This vision of equality and coexistence endows all groups of people with the freedom to maintain their own identity and to participate in the polity on equal terms (...)"(ebenda, S. 235).

(implizit oder explizit) auf eine Mehrheitskultur – wie bspw. in der Schweizer Anti-Minarettinitiative – lassen sich in den Begriffen Kälins als „Policy to protect Own identity" (Pfaff-Czarnecka 2009, S. 233) begreifen, die insbesondere dann verfolgt werden, wenn die Inanspruchnahme von Grundrechten – so der positiven Religionsfreiheit – eine Identitätsbedrohung für die 'Mehrheitsgesellschaft' zu haben scheint.

In diesen Fällen (vgl. die Schweizer Antiminarett-Initiative) wird die institutionelle Anfälligkeit auch der europäischen Verfassungsstaaten für ethnische Partikularismen manifest: Die ethische und zuweilen ethnische Imprägnierung zeigt sich dann als Unterminierung fundamentaler Grundrechte der zu den betreffenden Selbstbeschreibungskategorie konstruiert wird.[24] Zur insgesamt häufigeren Verortung des Islams auf der anderen Seite symbolischer Grenzziehungen korrespondiert auch die im Vergleich zum Institutionalisierungsgrad kirchlicher oder christlicher Organisationen nur rudimentäre Repräsentation muslimischer Akteure auf der europäischen Ebene.[25]

c. Wie lassen sich die vorangehenden Ausführungen zur europäischen Institutionalisierung der positiven (a) und negativen Religionsfreiheit (b) zusammenführen?

Die Verankerung von Religion als individuelle und kollektive Freiheit und nicht zu diskriminierende Zugehörigkeit verweist auf ein „post-nationales bzw. multikulturelles Gesellschaftsmodell, wonach Individuen nicht nur als formal gleichberechtigte Bürger, sondern auch als Menschen mit unterschiedlichen, aber gleichermaßen zu achtenden kulturellen Attributen in die öffentliche Sphäre inkludiert werden" (Koenig 2007, S. 354). In diesem Sinne induziert die Trans-

---

[24]Tietze zeigt bspw. mit Verweis auf Berichte der europäischen Kommission, dass der Islam einerseits als Teil der europäischen Geschichte – im Kontext von europäischer Islamophobie und als Überbringer und Übersetzer der Ideen des antiken Griechenlands – gedacht wird. Gleichzeitig werde er allerdings zu einer „Beschreibungskategorie einer außereuropäischen Welt (...) mit der Europa in den Dialog treten und ein Kooperationsprogramm erarbeiten soll" (Tietze 2007, S. 427).

[25] So schreibt Koenig (2007): „Im Gegensatz zum Einfluss kirchlicher Organisationen ist die Präsenz muslimischer Organisationen in Straßburg und Brüssel nun allerdings auffällig begrenzt geblieben. Unter den 36 konfessionellen NGOs mit Konsultativstatus beim Europarat in Straßburg findet sich keine einzige muslimische Organisation. (...) Der politische Einfluss muslimischer Organisationen hat sich im Vergleich zu den christlichen Kirchen allerdings als höchst begrenzt erwiesen. Tatsächlich zeigen die in den neunziger Jahren intensivierten islampolitischen Praktiken der Europäischen Kommission (...) dass die Diskussion muslimischer Anerkennungsforderungen stärker von Experten, vor allem Juristen, Sozialwissenschaftlern und Kirchenvertretern, beeinflusst ist als von muslimischen Verbänden selbst. Muslime sind – ähnlich wie auf nationaler, aber anders als auf lokaler Ebene – also auch auf europäischer Ebene eher Objekt denn partizipierendes Subjekt politischer Regulierung" (Koenig 2007, S. 357f.).

nationalisierung der positiven Religionsfreiheit Logiken der Konvergenz über staatliche Grenzen hinaus – es werden Gelegenheitsstrukturen für Akteure muslimischer oder auch anderer Religionszugehörigkeit geschafften, ihre positive Religionsfreiheit von nationalstaatlichen Partikularismen entkoppelt zu praktizieren oder zumindest geltend zu machen.

Auf der anderen Seite zeigen die vorangehenden Ausführungen, dass insbesondere die Verankerung der negativen Religionsfreiheit den Nationalstaaten weitreichende Möglichkeiten bietet, eigene symbolische Ordnungen zu legitimieren – es zeigen sich hier Logiken der Divergenz, die mit einer Fortschreibung zwischenstaatlicher Differenzen in der institutionellen Organisation von Religionsfreiheit kovariieren. Auch wenn das Menschenrechtsregime der EU und des Europarates keine Ausweitung der Palette legaler Instrumente zur nationalstaatlichen Konzeption von Religionsfreiheit als Mehrheitsrecht bietet, erweitert es dennoch das diskursive Legitimationsrepertoire, dessen sich staatliche Akteure bei der Rechtfertigung eigener Rechtstatuten bedienen können. Die SVP mit der Stili-ierung ihrer Anti-Minarett-Initiative als ein der schweizerischen und europäischen Sicherheit dienendes Anliegen zur Wahrung der negativen Religionsfreiheit einer „alteingesessenen, christlich-abendländisch geprägte[n] Bevölkerung"[26], ist dabei nur das prominenteste Beispiel dafür, wie Nationalstaaten implizit (via Rekurs auf die Deutungsmuster in den relevanten Rechtstatuten zur negativen Religionsfreiheit) oder explizit (über konkrete Verfahren am EGMR) im europäischen Recht eine Ausweitung der Legitimierungsoptionen ihrer partikularistischen Religionspolitiken erfahren.

Die hier zu beobachtenden Logiken der Divergenz wirken der Herausbildung einheitlicher europäischer Erwartungsstrukturen, die sich in den verschiedenen Staaten als strukturell ähnliche Organisation religiöser Vielfalt zeigen würde, entgegen. Vor dem Hintergrund dieser eingeschränkten Isomorphie resümiert Veit Bader denn auch für die Mitgliedstaaten der EU, dass die dort andauernde institutionelle Diversität nicht in einem gemeinsamen Regime religiö-

---

[26] Im Argumentarium der Schweizer Minarettinitiative heißt es beispielsweise: Das Minarett bringt einen Anspruch zum Ausdruck. Von einer religiösen Minderheit wie den Muslimen darf verlangt werden, aus Rücksicht auf ein nachbarschaftliches Miteinander, auf die alteingesessene, christlich-abendländisch geprägte Bevölkerung und Kultur und im Bemühen um Ausgleich und Toleranz auf eine umstrittene Bauweise zu verzichten. Es kann nicht angehen, dass sich die Bürger im eigenen Land fremd fühlen. (...) Der tiefere Grund für die verhaltenen bis ablehnenden bisherigen Reaktionen auf Minarett ist wohl, dass der Islam von vielen Einheimischen als Bedrohung der freiheitlich-demokratischen Grundordnung wahrgenommen wird. Wobei von vielen übersehen wird, dass es nicht um den Bau von Minaretten an sich geht, sondern um den symbolischen Gehalt von Minaretten.(...) Längst nicht alle sehen in der Massenzuwanderung Integrationsunwilliger, und nur diese sind gemeint, und der damit einhergehenden Islamisierung der Schweiz und Europa (...) ein Verlust an Heimat, an Rechten, Sicherheit und Wohlstand (*www.minarette.ch/downloads/argumentarium_minarettverbot.pdf*, S. 2f. (Abruf zuletzt am 05.07.2011)).

ser *Governance* konvergiert (vgl. Bader 2007, S. 881).[27] Ein solches Regime setze neben der Emergenz einer einheitlichen formalen Regulierung (*government-Dimension*) von Religionen auch eine Angleichung von informellen Prozessen der Organisation religiöser Diversität (*governance-Dimension*) – bspw. der Ausbildung von Netzwerken, Verbänden, kommunalen und (semi-)privaten Modi der Organisation religiöser Praxis – voraus (vgl. ebenda).

Insofern die 'Europäisierung von Religionspolitik' im „Mehrebenensystem Europa" (Koenig 2007, S. 348) allerdings weiterhin in widersprüchlichen Erwartungsstrukturen ihren Ausdruck findet und weder als Transnationalisierung von Religionsfreiheit in den relevanten Rechtsstatuten noch in ihren nationalstaatlichen Rückkopplungen eine gemeinsame Form der Governance religiöser Vielfalt produziert, lässt sich die Einbettung der religiösen Praxis europäischer Muslime als eine *Double-Bind-Situation* charakterisieren: „Auf der einen Seite bietet die transnationale Institutionalisierung der Menschenrechte [...] zusätzliche Repertoires für die Artikulation von Protest und neue Kanäle der dezidiert religiösen Mobilisation muslimischer Minderheiten. Auf der anderen Seite legt die Neuinterpretation der Staat-Kirchen-Beziehungen als Symbole nationaler Identität die muslimischen Minderheiten auf den Resonanzraum nationaler Öffentlichkeiten fest, wollen sie ihre Forderungen nach Anerkennung tatsächlich verwirklicht wissen. Muslime stehen somit institutionellen Umwelten gegenüber, die widersprüchliche Erwartungen an diese richten: Einerseits wird von ihnen die Akklamation 'europäischer Werte' wie Menschenrechte, Demokratie, Geschlechtergleichheit etc. erwartet, andererseits aber Loyalität gegenüber historisch kontingenten nationalstaatlichen Arrangements von Religionspolitik verlangt. Gleich an welchen Erwartungen sie sich primär orientieren, sie werden zugleich inkludiert und exkludiert" (ebenda, S. 365).

3.2.2 Semantische Topographie des europäischen Religionsbegriffes

Ergänzend lässt sich mit Tietze eine mehrdimensionale „semantische Topographie des [europäischen] Religionsbegriffs" (Tietze 2008, S. 435) kontuieren, wie dieser in den unter 3.2.1 genannten Dokumenten konstruiert wird (vgl. zu den folgenden Ausführungen: Tietze 2008, S. 421-438).

Dieses Unterfangen erscheint für die folgende Diskursanalyse in zweierlei Hinsicht relevant. Zum einen erleichtert es die Betrachtung der Frage, ob und

---

[27] Stattdessen ließe sich bezüglich der EU wohl allgemeiner von einem emergierenden Modell des „nested citizenship" (Faist 2008, S. 122) sprechen: „Nested citizenship is a form of multiple citizenship, but one in which multiple citizenship connotes full membership on multiple governance levels" (ebenda).

wie das diskursive Feld Moscheebau von europäischen Semantiken durchdrungen ist und sich folglich von einer europäischen Dimension des Moscheebaudiskurses sprechen ließe. Zum anderen kann anhand der Ausführungen von Tietze nachgezeichnet werden, wie Konstruktionen muslimischer Praxis[28] in ihrem Offenheitsgrad[29] mit der Deutung religiöser Praxis als Ausdruck von Tradition, Kultur, Politik oder religiösem Bekenntnis variieren können: Die Frage, ob und gegebenenfalls durch welche diskursiven Rahmungen die Aufgeschlossenheit gegenüber der Praxis des Moscheebaus bedingt wird, kann über die Ausführungen von Tietze fokussiert werden. Der Religionsbegriff erscheint nun auf der semantischen Landkarte der von Tietze ausgewerteten Dokumente als Kultur, Identität, Bekenntnis, Politik sowie als ethischer Beitrag zum gesellschaftlichen Leben:

– Religion als Kultur und Identität:

Die Konzeption von Religion als Kultur lässt sich zwar idealtypisch von der Konstruktion derselbigen als Identität trennen, in den relevanten Dokumenten erscheinen beide Kategorien jedoch derart verwoben, dass Religion dort als Identität bzw. Zugehörigkeitskategorie an einen Kulturbegriff rückgekoppelt wird. Religion wird zunächst in der Kontextualisierung als religiöse Vielfalt in das Basisnarrativ des Pluralismus Europas und das Selbstverständnis Europas als „Einheit und Vielfalt" inkorporiert (vgl. Tietze 2008 S. 421f.). Daneben wird die Religion – wie in der Präambel des Lissaboner Vertrags festgeschrieben – als ideelles Erbe stilisiert, aus dem die europäischen Staaten „schöpfend" (Vertrag von Lissabon) Orientierung finden (vgl. ebenda, S. 422). Damit klingt zweierlei an: Zum einen wird die Religion hier als appräsentierbare Tradition zur Kultur, zum anderen zu einer Identitätskategorie, als dass hier der Kreativität und den Werten Europas eine religiöse Dimension zugefügt wird.

---

[28]Mit „muslimischer" bzw. „religiöser Praxis" werden hier Handlungen aufgefasst, die im *Selbstverständnis* der diese ausführenden Akteure als muslimisch bzw. religiös bezeichnet werden können.
[29]Der Offenheitsgrad bzw. Inklusionsgrad bezeichnet hier das Potential des jeweiligen Deutungsmusters (bspw. Religion, Tradition, Kultur oder Politik), die jeweils subsumierte religiöse bzw. muslimische Praxis als eigen bzw. vertraut (inklusive Zuschreibung) oder fremd (exklusive Zuschreibung) zu konstruieren. So zeigte sich bspw. in einer Studie von Kornelia Sammet (vgl. Sammet 2007, S. 179 - 197)) zu Gruppendiskussionen über Moscheebauten, dass den beteiligten christlichen Jugendlichen (Probanden) der Islam gerade dann als besonders fremd erschien, wenn sie den Moscheebau als Ausdruck einer Kultur verstanden, während ihnen der Islam als deutlich vertrauter erschien, wenn sie muslimische Praktiken wie den Moscheebau als Ausdruck von Religionsausübung bzw. eines religiösen Bekenntnisses betrachteten (vgl. Sammet 2007, S. 195f.). In diesem Fall wäre das Deutungsmuster 'Religion' demnach inklusiver als das Deutungsmuster 'Kultur'.

Ambivalenter wird die Religion als Zugehörigkeitskategorie in der Konstruktion der Entstehungsgeschichte Europas: Verweisen europäische Institutionen hinsichtlich ihrer Selbstthematisierung bspw. auf den Holocaust und die lange Geschichte des Antisemitismus in Europa und inkorporieren darüber 'das Judentum' als Eigenes, gilt dies nicht ohne weiteres für den Islam: Auf der einen Seite gibt es neuere Ansätze, eine europäische Tradition der Islamophobie als Selbstbeschreibung einzuführen, auf der anderen Seite wird der Islam zumeist als 'Beschreibungskategorie einer außereuropäischen Welt' eingefügt, mit dem Europa über Themen wie den islamischen Fundamentalismus oder die Demokratisierung der islamischen Welt in Dialog tritt (vgl. ebenda, S. 426f.).

Ein weitere Uneindeutigkeit bei der Konzeptionalisierung von Religion als Identitäts- und Herkunftskategorie ergibt sich bei der Bestimmung des Minderheitenbegriffs: Wird Religion bspw. auf europäischer Ebene in der Rahmenübereinkunft zum Schutz nationaler Minderheiten in einem Atemzug mit Sprache als wichtiges Element einer zu schützenden Identität verortet und eben damit zum Zeichen für Ethnizität, bleibt die Definitionsmacht von Minderheiten bei den einzelnen Staaten, wobei diese häufig gerade nicht auf Religion als *ethnic boundary marker* zur Bestimmung einer Gruppe als Minderheit zurückgreifen. Dies führt dazu, „dass die begriffliche Unterscheidung zwischen eingewanderten Bevölkerungs-gruppen und den sogenannten nationalen Minderheiten in den Dokumenten des Europarats [derart] verschwimmt" (Tietze 2008, S. 429), dass einzelne Staaten vom Europarat für eine Minderheitenpolitik kritisiert werden, welche aus der Perspektive des einzelnen Staates gar keine Minderheitenpolitik ist.

Was bedeutet es nun, wenn der Herkunftsaspekt bei der Frage der Anerkennung von Minderheiten auf der Ebene einzelner Staaten – im Unterschied zur erwähnten Rahmenübereinkunft – weitaus stärker als die religiöse Zugehörigkeit Berücksichtigung findet? Es mag heißen, dass der Religionsbegriff noch nicht ausreichend mit einer Forderung nach Gleichbehandlung von Identitäts- und Herkunftsgruppen verknüpft ist, um Religionsfreiheit – bspw. von Muslimen – erfolgreich über Politiken der Antidiskriminierung oder des Minderheitenschutzes zu institutionalisieren, die Möglichkeiten zur Konstruktion von Religionsfreiheit als Minderheitenrecht werden demnach nicht ausgeschöpft.

– Religion als Ethik und Politik (vgl. zu den folgenden Ausführungen: ebenda, S. 433ff.):

Die Rahmung des diskursiven Feldes 37

Um zu zeigen, wie Religion von wichtigen europäischen Institutionen – hier dem Europarat – als Ethik konzipiert wird, werden zunächst zwei Empfehlungen des Europarates zum Thema Religion und Demokratie zu Wort kommen gelassen:

• „Democracy and religion need not be incompatible; quite the opposite. Democracy has proved to be the best framework for freedom of conscience, the exercise of faith and religious pluralism. For its part, religion, through its moral and ethical commitment, the values it upholds, its critical approach and its cultural expression, can be a valid partner of democratic society" (PA[30], Rec[31] 1396, S. 1).[32]

• „Religion provides an enriching relationship for the individual with himself and his god, as well as with the outside world and the society in which he lives" (PA, Rec 1202, S.1).[33]

Religion wird zunächst in *Rec1396* als Wertegemeinschaft zu einem integrativen Faktor der demokratischen Gesellschaft erhoben. Dabei wird ihr Demokratiefähigkeit nicht bloß als im privaten Raum vollzogenes Bekenntnis oder in der Kultur gegenwärtige Tradition, sondern als „valid Partner of democratic society" (PA, Rec 1396) zugesprochen. Als solcher könne sie – wie in Rec1202 ausgeführt – zur Beziehung der Individuen zur Gesellschaft einen konstruktiven Beitrag leisten. Aufgewertet wird diese als „ethical commitment" (PA, Rec 1396, S. 1) titulierte Werteorientierung von Religion durch die Feststellung, Europa erlebe eine ethische Krise des Mangels an Werten: „There is a recognizable crisis of values (or rather the lack of them) in present-day Europe. The pure market society is revealed as inadequate as was communism for individual well-being and social responsibility" (Rec 1202, S. 1).

Dabei sind es insbesondere die drei Monotheismen, welche als Werteträger funktionalisiert werden; explizit wird dabei in den Dokumenten des Europarates auch auf muslimische Werte rekurriert: „The Assembly is aware of [...] the valuable contribution that Islamic values can make to the quality of life through a renewed European approach on an overall basis to the cultural, economic, scientific and social fields".[34]

---

[30]Public Assembly
[31] Recommendation
[32] http://assembly.coe.int/Mainf.asp?link=/Documents/AdoptedText/ta99/EREC1396.htm [Abruf zuletzt am 06.08.2011] (PA, Rec 1396, 1999, S. 1).
[33] http://assembly.coe.int/Main.asp?link=/Documents/AdoptedText/ta93/EREC1202.htm [Abruf zuletzt am 06.08.2011] (PA, Rec 1202, S. 1).
[34] http://assembly.coe.int/main.asp?Link=/documents/adoptedtext/ta91/erec1162.htm [Abruf zuletzt am 06.08.2011] (PA, REC 1162, 1991, S. 2).

Trotz der integrativen Funktionen, welche der Religion als Ethik hier zugeschrieben werden, lässt sich die offizielle europäische Betrachtung des ethischen Potentials von Religion als ambivalent bezeichnen. So wird Religion als eigenständige und instrumentalisierte Variable bezüglich verschiedener Konflikte recht global als Gewalt eskalierender Faktor präsentiert[35] und als Wertesystem ausdrücklich nur in ihrer Versöhnung mit den Prinzipien von Demokratie und Menschenrechten als legitim betrachtet.[36] Dabei wird Religion als möglicher Gegenspieler der Politik stilisiert und davor gewarnt, sie könne politische Funktionen in Anspruch nehmen.[37] Religion als potentiell politische Macht wird denn auch zum auszuschließenden *Anderen*, welche das Säkularitätsprinzip zu untergraben in der Lage zu sein scheint (vgl. Tietze 2008, S. 434f.).

– Religion als Bekenntnis (vgl. ebenda, S. 433ff.):

Als Bekenntnis wird Religion zu einem von der positiven Religionsfreiheit „geschützte[n] Private[n] *im* Öffentlichen" (Tietze 2008, S. 433), dabei wird sie der öffentlichen Relevanz entkleidet, welche ihr als Ethik in ihrer eine Werteorientierung bietenden, ganzheitlichen Funktion noch zugestanden wird. In diesen Schutzbereich der positiven Religionsfreiheit fällt die Religion als Bekenntnis allerdings nicht, wenn sie als öffentlicher Faktor gedacht wird, der zur Gegenöffentlichkeit werden könnte und damit sowohl den pluralistischen als auch säkularen Charakter des Europäischen untergraben könnte. Als solche wird sie zum Antonym: „Democracy is pluralism, while religion is uniqueness. Democracy is power by the people, for the people; it is thus based on the diversity of 'truths' and on possible compromises between them. Religion is based on the word of God, which is not a matter for people to vote on" (PA Doc 8270, S. 5)[38].

Bei der Verankerung religiöser Praxis im öffentlichen Raum wird dieser Logik folgend dem universell anzuwenden Gleichheitsgebot der Religionsfreiheit Vorrang geboten (unter dem Aspekt der Antidiskriminierung), während die

---

[35] Rec http://assembly.coe.int/Main.asplink=/Documents/AdoptedText/ta93/EREC1202.htm, Abruf zuletzt am 08.08.2011: „Religion often reinforces, or is used to reinforce, international, social and national minority-conflicts" (PA, REC 1202, 1999, S. 1).

[36] The recourse to religion as an alternative has, however, to be reconciled with the principles of democracy and human rights (Rec 1202, S.2).

[37] It is not upon politicians to decide on religious matters. As for religions, they must not try to (...) grasp political power (Rec1396, S. 1). Damit würde hier der Leseart von Tietze widersprochen werden, nach der in den zentralen europäischen Dokumenten der Religion eine gesellschaftspolitische Funktion zugewiesen wird. Vielmehr erwecken verschiedene Stellen den Eindruck, als sollten die beteiligten Staaten die Religion nur in ihren sozialen und kulturellen Funktionen fördern.

[38] http://assembly.coe.int/Main.asp?link=/Documents/WorkingDocs/Doc98/EDOC8270.htm, Abruf zuletzt am 10.08.2011.

auf das Partikulare des Religiösen verweisende positive Religionsfreiheit als institutionalisierte Möglichkeit, sich zu *einer* religiösen Weltanschauung zu bekennen, gerade nicht betont wird (vgl. den Bericht der EUMC[39] „The Fight against Antisemitism and Islamophobia" 2003, S. 104[40]).[41] In diesem „horizontal approach" (ebenda) wird die Selbstthematisierung Europas als *pluralistisch* – die verschiedenen Religionen gleichermaßen berücksichtigend – und *säkular* – der Religion *einen* Platz *in* der Gesellschaft zuweisend – harmonisiert.

3.3 Der nationale Kontext: Deutschland als korporatistisches Modell?

Um sich der Regulierung religiöser Diversität[42] in Deutschland analytisch zu nähern und aufzuzeigen, dass unter den gegebenen institutionellen Arrangements öffentliche Diskurse über religiöse Praxis ein emblematisches Potential implizieren, wird im Folgenden die Charakterisierung der bundesrepublikanischen Organisation religiöser Vielfalt als korporatistisches Modell kritisch beleuchtet und schließlich in ihrem Erklärungswert für die unterschiedlichen Ausprägungen religiöser Praxis in Frage gestellt. Dafür wird zunächst in Kapitel 3.3.1 die institutionelle Verankerung des Religiösen auf Bundesebene in ihrer Widersprüchlichkeit und Streuung zu umreißen versucht. Hierbei wird mit der These operiert, dass die institutionellen Arrangements auf Bundesebene nicht dazu in der Lage sind, dem ambivalenten Charakter öffentlicher Diskurse über religiöse und insbesondere muslimische Praxis (bspw. die Kopftuchdebatte) entgegenzuwirken, vielmehr scheint dieser von ihnen reproduziert zu werden. Daran anknüpfend wird in 3.3.2 die uneinheitliche und zuweilen widersprüchliche Verankerung muslimischer Praxis in Deutschland näher zu charakterisieren versucht, indem am Beispiel des muslimischen Religionsunterrichtes die unterschiedliche Ausgestaltung der Regulierung religiöser Vielfalt über verschiedene Bundesländer hin-

---

[39] European Monitoring Centre on Racism and Xenophobia
[40] http://fra.europa.eu/fraWebsite/research/publications/publications_per_year/previous_publications/ pub_tr_fight_antisemitism_islamophobia_03_en.htm
[41] So Robert Purkiss (vorsitzendes Mitglied a.d. des Verwaltungsrats der EUMC 2003): „I think what is needed to counter religious hatred and discrimination is not so much a renewed focus on the role of faith in our societies, but rather on social cohesion and equal rights. (...) Often, our approaches to racial and religious conflicts have been geared more towards providing protection for particular groups than setting a common standard for Europe as a whole. But the new horizontal approach to equal treatment adopted by the Commission signals that this might change" (European Commission/EUMC 2003, The Fight against Anti-Semitism and Islamophobia, S. 104:).
[42] *Governance of religious diversity* wäre das in der Forschungsliteratur gebräuchlichere englischsprachige Pendant.

weg herausgestellt wird. Dabei wird der Kritik von Claus Hofhansel (2010) am Erklärungswert der Annahme eines korporatistischen Modells für Deutschland gefolgt, welcher bezüglich der institutionellen Ausrichtung der BRD von einem „case of multiple establishment" (Hofhansel 2010, S. 191) spricht und konstatiert, „that there is not one but several German models" (ebenda).

3.3.1 Bundesebene

In der gegenwärtigen politischen Philosophie und Literatur zu Fragestellungen religionssoziologischer Coleur erscheint es umstritten, welche institutionellen Rahmenbedingungen die Beziehungen zwischen Politik und Religion am besten zu justieren vermögen und wie sich überhaupt unterschiedliche religionspolitische Modelle konstruktiv – z.B. als Erklärungsvariable für die Vielfalt der Ausprägungen religiöser Praxis – erfassen lassen (vgl. Bader 2007, S. 875ff.). Mit Blick auf Deutschland werden institutionelle Arrangements zur Regulierung religiöser Praxis von verschiedenen Autoren mit dem Begriff *korporatistisch* zu beschreiben versucht[43], wobei sich im GG der BRD nach Lepsius drei Dimensionen von Religionsfreiheit unterscheiden lassen (vgl. Lepsius 2010, S. 322f.): Die *individuelle als forum internum* nach Artikel 4 Abs.1 GG, die *kollektive* Dimension der Religionsausübung nach Artikel 4 Abs.2 GG und die *institutionelle bzw. organisationsrechtliche* Dimension nach Artikel 140 GG, welche in Deutschland korporatistisch ausgerichtet ist.[44]

Die Anerkennung als Religionsgemeinschaft in Deutschland ist demnach an die Voraussetzung gebunden, Artikel 140 GG folgend als eine 'Körperschaft des öffentlichen Rechtes' organisiert zu sein. Um diese korporatistische Organisationsform erlangen zu können, bedarf es neben einer ganzheitlichen Weltsicht – unabhängig davon, ob es sich um eine 'Weltanschauung' oder eine 'Religion' handelt –, die 'Gewähr der Dauer' welche sich für die Legislative über zeitliche Kontinuität und ein (nicht expliziertes) Mindestmaß an Mitgliedern manifestiert.

Muckel (2010, S. 252f.) konkretisiert weitere Voraussetzungen, die üblicherweise an religiöse Gemeinschaften gestellt werden, die eine Anerkennung gemäß Artikel 140 GG erlangen wollen. So zeige die juristische Praxis, dass Religionsgemeinschaften i. d. R. etwa 30 Jahre Bestand haben müssen, um den

---

[43] Zur Diskussion siehe Fetzer/Soper (2006) und Hofhansel (2010).
[44] Erwähnt sei dabei auch die Codierung der Religionsfreiheit als Antidiskriminierungsgebot nach Artikel 33(3) GG(3): Der Genuss bürgerlicher und staatsbürgerlicher Rechte, die Zulassung zu öffentlichen Ämtern sowie die im öffentlichen Dienste erworbenen Rechte sind unabhängig von dem religiösen Bekenntnis. Niemandem darf aus seiner Zugehörigkeit oder Nichtzugehörigkeit zu einem Bekenntnis oder einer Weltanschauung ein Nachteil erwachsen.

Körperschaftsstatuts zu erlangen. Dabei äußere sich für die Judikative die von der betreffenden Religionsgemeinschaft verübte gemeinsame Pflege eines (weltanschaulichen bzw. religiösen) Bekenntnisses in Kultushandlungen, dem Feiern religiöser Feste, als auch in der Verkündung des Glaubens und der Glaubenserziehung. Als typisches Kriterium werde Muckel zu Folge auch eine vertikal ausdifferenzierte Hierokratie aufgefasst, so dass die Gemeinschaft zur Anerkennung nach Artikel 140 GG von einem geistigen Oberhaupt – dessen Weisungen die untergeordneten Würdenträger binden – regiert werden sollte (vgl. BVerwG 2005, S. 2101; in: Neue juristische Wochenschrift, 8/2005, zit. nach Muckel 2010, S. 253). Mit dem Status einer Körperschaft des öffentlichen Rechtes werden nun weitreichende Privilegien und „Schutzbereichsbestimmungen" erworben, die sich vorwiegend auf die Regulierung religiös motivierten Handelns im öffentlichen Raum beziehen:

Zu diesen über die Anerkennung als Religionsgemeinschaft erwerbbaren Sonderrechten gehören u.a. die Bevorzugung im Bereich der Wohlfahrt nach dem Subsidiaritätsprinzip, die Möglichkeit der Erhebung von eigenen Steuern (sogenannte „Kirchensteuer", vgl. Art. 140 GG i.V. m. Art. 137 Abs. 6 WRV [Verfassung der Weimarer Republik], die Berechtigung zum Religionsunterricht an öffentlichen Schulen nach Artikel 7 (3), arbeitsrechtliche Sonderregelungen und eine von den Kommunen zu berücksichtigende Eigenbedarfsermittlung bezüglich der Erfordernisse von Gottesdienst und Seelsorge bei der Aufstellung von Bauleitplänen, bspw. für die Errichtung von Moscheen. Muckel (2010) zählt weitere mit der Anerkennung nach Artikel 140 verknüpfte Privilegien an, so die Befugnis, über eine eigene Beamtenschaft zu verfügen und öffentlich-rechtliche Dienstverhältnisse zu begründen (die nicht dem Arbeits-und Sozialversicherungsrecht unterliegen), Vergünstigungen und Befreiungen im Steuer-, Kosten- und Gebührenrecht sowie verstärkte Einflussmöglichkeiten im Bereich des Rundfunks und der Jugendfürsorge (vgl. Muckel 2010, S. 252). Mehrere muslimische Vereinigungen haben bei den zuständigen Kultusverwaltungen der Länder Anträge auf Verleihung der Körperschaftsrechte gestellt, doch blieben diese Anträge bislang ohne Erfolg (ebenda). Unter Schutzbereichsbestimmungen im Kontext von Religionsfreiheit können die Möglichkeiten verstanden werden, eine als religiös verstandene Handlung unter Berufung auf Artikel 4 GG (2) zu legitimieren und juristisch abzusichern, häufig betrifft dies sozial abweichendes Verhalten, das mit anderen Rechtsbereichen – im Falle des Schächtens bspw. mit dem Veterinärrecht – kollidiert (vgl. zu den folgenden Ausführungen: Lepsius 2006, S. 323ff.). Nimmt sich die deutsche Legislative im internationalen Vergleich darin zurück, Schutzbereiche von Grundrechten *ex ante* zu konkretisieren – es wird im Fall der Religionsfreiheit bspw. nicht ausgeführt, welche Verhaltensweisen als religiös zu gelten haben und als solche zu schützen sind – , verknüpft sich im Grundrecht der Religionsfreiheit diese inklusive Konzeption des Schutzbereiches mit einer sogenannten Vorbehaltlosigkeit. Letztere besagt, dass gegenüber der Religionsfreiheit im Unterschied bspw. zur Meinungsfreiheit[45] keine Grundrechtsvorbehalte als explizit formulierte Gründe institutionell verankert sind, dasselbige – z.B. zu Zwecken der öffentlichen Sicherheit – einzuschränken: „Zur Rechtfertigung von Eingriffen kann bei der Religionsfreiheit nur auf so genannte grundrechtsimmanente Schranken und kollidierendes Verfassungsrecht zurückgegriffen werden" (ebenda, S. 325).

Religionsfreiheit erscheint damit auf den ersten Blick als ein besonders geschütztes Grundrecht, das eine zahllose Anzahl von potentiell religiös motivierten Verhaltensweisen subsumiert und nur unter hohen Rechtfertigungshürden einzuschränken ist. Diese Perspektive verliert allerdings bei näherer Betrachtung ihre Eindeutigkeit: Die weitreichenden Schutzbestimmungen unterliegen demnach einer 'Plausibilitätskontrolle' der Judikativen, die individuelles Verhalten, das von einem Kläger als religiös motiviert tituliert wird, nur dann unter den Schutzbereich von Artikel 4 Abs. 2 GG fallen lässt, wenn die betreffende Handlung von einer Religionsgemeinschaft – die ihrem „geistigen Gehalt und äußeren Erscheinungsbild" nach als solche von der Judikativen zu identifizieren ist – als legitimiert anerkannt wird. Von Akteuren als religiös bezeichnete Verhaltensweisen werden also von der Judikativen „mit institutionalisierten Verhaltensanforderungen" (Lepsius, 2006, S. 329) – beispielsweise dem Katechismus einer anerkannten Religionsgemeinschaft – verglichen, „allein die Behauptung und das Selbstverständnis, eine Gemeinschaft sei eine Religionsausübungsgemeinschaft" reichen demnach nicht aus, um sich als Kläger auf Artikel 4 (2) GG zu berufen. Das Geltendmachen der prinzipiell weiträumigen Schutzbestimmungen setzt demnach eine institutionelle Verankerung der beteiligten Akteure voraus, für nicht-organisierte religiös motivierte Akteure zeigt sich dagegen die positive Religionsfreiheit weniger großzügig – oder in den Worten von Lepsius ausgedrückt: „Wer sich [in Deutschland] auf die Religion beruft, unterliegt einem unterschwelligen Druck zur Verrechtlichung" (ebenda).

Diese institutionellen Voraussetzungen erfüllen nun die Religionsgemeinschaften nach Artikel 140 GG, eine Anerkennung nach besagtem Artikel bringt gewissermaßen den Ausweis weitreichender Schutzbereichsbestimmungen nach sich: Mitglieder dieser Religionsgemeinschaften brauchen bei der Ausübung ihrer religiösen Praxis nicht mehr die Zensur einer Plausibilitätskontrolle zu fürchten, da sie vom BVerfG – welches das Religiöse selbst nicht begrifflich

---

[45] Die Möglichkeiten, die Meinungsfreiheit einzuschränken, finden sich im GG konkretisiert: „Diese Rechte [der Meinungsfreiheit] finden ihre Schranken in den Bestimmungen der Vorschriften der allgemeinen Gesetze, den gesetzlichen Bestimmungen zum Schutze der Jugend und in dem Recht der persönlichen Ehre" (Art. 5 Abs. 2 GG).

konkretisiert – eine weitreichende Definitionsmacht darüber delegiert bekommen, welche Handlungen als religiös zu bestimmen sind und welche nicht.[46] Vor diesem Hintergrund – dass es die Religionsgemeinschaften selbst sind, die religiöses Handeln zu legitimieren staatlich autorisiert sind – ließe sich sagen, dass die Unübersichtlichkeit der potentiell unzähligen Einzelfallentscheidungen (so müsste jede mit positivem Recht nicht-konforme Handlung, welche über eine Anrufung von Artikel 4 (2) GG zu legitimieren versucht wird, vom BVerfG auf ihre religiöse Fundierung überprüft werden) über eine ausgeprägte Selbstkontrolle und Selbstverwaltung der Religionsgemeinschaften absorbiert wird.

Wie lassen sich diese vorausgehenden rechtswissenschaftlich anmutenden Abschnitte nun auf die gesellschaftliche Praxis rückbeziehen? Gerade vor dem Hintergrund der ambivalenten Ausrichtung der Religionsfreiheit im GG – wenige Freiheitsgrade für die öffentliche Religionsausübung von nicht organisierten Akteuren und hohe für Religionsgemeinschaften nach Artikel 140 GG – in Kombination mit einem inklusiven Religionsbegriff, der potentiell eine unbegrenzte Anzahl an Handlungen als religiös motiviert gelten lässt, sofern es dem Selbstverständnis anerkannter Religionsgemeinschaften entspricht – lässt sich vermuten, dass öffentliche Diskurse über die Verortung des Religiösen als wesentliche Variable Einzug in rechtspolitische Diskurse bspw. des Bundesverfassungsgerichtes haben. Diese strukturelle Offenheit der formal-institutionellen Umwelt gegenüber diskursiven Konstruktionen des Religiösen lässt es plausibel erscheinen, dass in Deutschland die Dialektik zwischen formalen Strukturen und informeller gesellschaftlicher Praxis vergleichsweise dynamische Züge trägt.

Dieser Prämisse folgend wäre über verschiedene Bundesländer hinweg eine ausgeprägte Streuung der Institutionalisierungsformen religiöser Praxis – hier des Islams – zu erwarten, welche den Erklärungswert der Annahme eines korporativen Modells für Deutschland in Frage stellen würde: Weniger ein einheitlicher Modus als gerade die zu Ambivalenzen und Ambiguitäten einladende Offenheit institutioneller Arrangements wäre demnach als Erklärungsfaktor für die unterschiedlichen Institutionalisierungspraktiken des Islams in Deutschland zu betrachten.

Diese angenommene Unterschiedlichkeit und Offenheit der institutionellen Verankerung des Religiösen plausibilisiert die Vermutung, dass die institutionellen Arrangements auf Bundesebene gesellschaftliche Konstruktionen religiöser

---

[46] Eine für den Autor skurril klingende Manifestation dieser Definitionsmacht ist die sogenannte 'Lumpensammler-Entscheidung' des BVerfG (Geschäftszeichen 1 BvR 59/56, Jahr 1968): Hier wurde gar die Praxis der Altkleidersammlung einer katholischen Landjugend als Religionsausübung anerkannt mit dem damit einhergehenden Privileg, vom Bundeskartellamt im damals vorliegenden Fall der Monopolstellung gegenüber anderen privat organisierten Mitstreitern der Recycling-Branche als Ausnahme betrachtet zu werden (vgl. Lepsius 2006, S. 327).

Praxis in ihrem konfliktiven Potential zu absorbieren[47] nicht in der Lage sind, sondern diese vielmehr in ihren eigenen Dispositiven (z.B. den Urteilsbegründungen) reproduzieren.

Den Ausführungen von Marcel Maussen (2009) folgend wird unter den erörterten Voraussetzungen angenommen, dass Diskurse über Moscheebauten und andere als religiös definierbare Praktiken in der bundesrepublikanischen Öffentlichkeit einen emblematischen Charakter annehmen und darüber sozialen Wandel – hier wissenssoziologisch gefasst als Transformation symbolischer Ordnungen – zu induzieren in der Lage sind: Maussen konstatiert, dass Moscheebauten nicht alleine aufgrund ihrer Funktionalisierung als Symbol zu symbolische Ordnungen irritierenden „contentious issues" (Maussen 2009, S. 15) werden: Vielmehr können sie dieses Potential zur Irritation gegebener symbolischer Ordnungen nur entfalten, „if they are socially constructed in such a way that institutional arrangements are insufficiently capable of accomodating the social situations and latent social conflicts associated with mosque creation" (ebenda, S. 16).

In der vorliegenden Arbeit wird dieses Zitat dahingehend übersetzt, dass Maussen die Relation zwischen öffentlichen (Maussen spricht von „socially constructed") und (formal-)institutionellen Semantiken des Religiösen als Angelpunkt für die Funktion von Moscheebaudiskursen betrachtet. Auf der Bundesebene gibt es nun Beispiele dafür, wie öffentliche Semantiken des Religiösen als Praxis konkurrierender Diskurse in ihren Ambivalenzen durch institutionelle Semantiken reproduziert und in ihrem konfliktiven Potential bestärkt werden. Bei zwei Fällen von überregionaler Prominenz – dem Kruzifixurteil und dem Kopftuchbeschluss – zeigte sich dieses emblematische Potential darin, dass die jeweiligen Urteilsbegründungen über die Konstruktion des betreffenden Sachverhaltes als legale bzw. illegale Praxis hinaus auf öffentliche Diskurse über die Verortung des Religiösen rekurrierten und sich mit diesen verschränkten. So wurden über die Kruzifix- und Kopftuchurteile diskursive Selbstreflexionen über das „Verständnis von der Rolle und des Ortes des Religiösen im öffentlichen Raum, von Konzeptionen von Säkularität und Vorstellungen von Integration und

---

[47] Als Absorption wird hier die Möglichkeit der Judikativen verstanden, diskursiv konstruierte Differenzen – dazu gehören Ambivalenzen und Mehrdeutigkeiten – öffentlicher Diskurse wieder aufzuheben. Notwendige Bedingung dafür ist die Verfügbarkeit von Deutungsmustern – z.B. in Urteilsbegründungen –, die Diskurs übergreifend als legitimierende Referenzen betrachtet werden können. So können institutionelle Semantiken symbolische Grenzen des Ethnischen verschieben und Differenzen des Eigenen und Fremden entdifferenzieren bzw. aufheben, indem bspw. – wie in Deutschland geschehen – Staatsbürgerschaft *de jure* offener codiert und ein *ius sanguinis* zum *ius solis* wird. Diese transformierte institutionelle Semantik scheint sich auch in öffentlichen Diskursen niederzuschlagen, verdrängt doch seit der Änderung des Staatsbürgerschaftsrechts die Konstruktion des 'Menschen mit Migrationshintergrund' den zuvor etablierten Begriff des 'Ausländers' und damit die Gegenüberstellung 'Ausländer – Deutscher'.

Staatsbürgerschaft" (Moazami 2007, S. 17) angeregt, was sich in verschiedener Hinsicht zeigt:

– Die relevanten juristischen Akteure divergieren sehr in ihren Rahmungen der von den klagenden Akteuren als religiös titulierten Praxis, deuten diese als kulturell, traditionell, politisch oder religiös motiviert und verweisen damit auf ein weites semantisches Feld, das sich in öffentlichen Diskursen manifestiert. Während das Kruzifix in seiner Funktion als kulturelles Symbol in öffentlichen Schulen zum Ausdruck einer toleranten gewordenen christlich-jüdisch geprägten Kultur stilisiert und damit legitimiert wird[48], wurde es bisher in der Rahmung als religiöses Symbol – so zumindest im Beschluss des EGMR zum Kruzifixstreit in Italien vom 03.11.2009(AZ 30814/06) verboten.

– Klingen in den Urteilsbegründungen nicht nur verschiedene, sondern sich zugleich voneinander abgrenzende diskursive Rahmungen an, bieten diese institutionellen Semantiken einen fruchtbaren Nährboden für das konfliktive Potential öffentlicher Diskurse. Ein Beispiel für diese Durchlässigkeit des formal-institutionellen Diskurses gegenüber dem öffentlichen Diskurs findet sich in folgender Passage des bereits zitierten Kopftuchurteils von 2003, wo sich zudem Verschränkungen mit dem sozialwissenschaftlichen Diskurs finden lassen. Auch klingt in den dortigen Zeilen der widersprüchliche und nur schwer zu integrierende Charakter der juristischen Konstruktionen des Kopftuches an, das als politisches, traditionelles und kulturelles Symbol einer identitären Praxis (das Kopftuch als Identitätsbekundung in der Diaspora) zugleich stilisiert wird:

> „In jüngster Zeit wird in ihm [dem Kopftuch] verstärkt ein politisches Symbol des islamischen Fundamentalismus gesehen, das die Abgrenzung zu Werten der westlichen Gesellschaft, wie individuelle Selbstbestimmung und insbesondere Emanzipation der Frau, ausdrückt. Nach den auch in der mündlichen Verhandlung bestätigten tatsächlichen Feststellungen im fachgerichtlichen Verfahren ist das jedoch nicht die Botschaft, welche die Beschwerdeführerin mit dem Tragen des Kopftuchs vermitteln will. Die in der mündlichen Verhandlung gehörte Sachverständige Frau Dr. Karakasoglu hat auf der Grundlage einer von ihr durchgeführten Befragung von etwa 25 muslimischen Pädagogikstudentinnen – davon zwölf Kopftuchträgerinnen – dargelegt, dass das Kopftuch von jungen Frauen auch getragen werde, um in

---

[48]So heißt es im Urteil des Karlsruher Verfassungsgerichts zur Klage von Fereshta Ludin bezüglich des Anbringen eines Kreuzes: „Wenig verbinden Kinder mit einem bloßen und all-täglichen Gegenstand an der Wand, der keine unmittelbare Beziehung zu einem konkreten Menschen oder Lebenssachverhalt aufweist. Zu sehr ist das Kreuz – über seine religiöse Bedeutung hinaus – ein allgemeines Kulturzeichen für eine aus jüdischen und christlichen Quellen gespeiste wertgebundene, aber offene und durch reiche, auch leidvolle historische Erfahrung tolerant gewordene Kultur"(2 BvR 1436/02).

einer Diasporasituation die eigene Identität zu bewahren und zugleich auf die Traditionen der Eltern Rücksicht zu nehmen; als Grund für das Tragen des Kopftuchs sei darüber hinaus der Wunsch genannt worden, durch ein Zeichen für sexuelle Nichtverfügbarkeit mehr eigenständigen Schutz zu erlangen und sich selbstbestimmt zu integrieren" (AZ 2 BvR 1436/02).

– In beiden Fällen bedienen sich die relevanten Urteile einer soziologischen Semantik und rekurrieren darin auf als gegenwärtig antizipierte symbolische Ordnungen. Dabei unterscheiden sich diese soziologischen Gegenwartsdiagnosen der Judikative darin, ob sie die jeweiligen Urteile in dem Verweis auf *Transformation* oder *Kontinuität* symbolischer Ordnungen legitimieren: Zeigen sich Verweise auf den *Wandel* symbolischer Ordnungen insbesondere im zitierten Urteil des Bundesverfassungsgerichtes – beispielsweise im Rekurs auf das Kopftuchtragen als identitäre Praxis in einer ungewohnten Diaspora-Situation – wird in den länderbezogenen Kopftuchverboten und Kruzifixurteilen eher auf die Kontinuität symbolischer Ordnungen verwiesen. So heißt es zur Legitimierung des in der Popularklage eines Moscheevereins beklagten Kopftuchverbots für Lehrerinnen an bayerischen Schulen und zur Legalität der Praxis, christliche Ordenstrachten im Unterricht zuzulassen in einem Urteil des Bayerischen Verfassungsgerichtes 2007 mit Verweis auf eine gegebene christlich-abendländische Werteordnung:

> „Die angegriffene Regelung [Kopftuchverbot bei gleichzeitiger Zulassung christlicher Ordenstrachten im Unterricht] setzt voraus, dass die Symbole oder Kleidungsstücke bei den Schülerinnen und Schülern oder den Eltern auch als Ausdruck einer Haltung verstanden werden können, die mit den verfassungsrechtlichen Grundwerten und Bildungszielen der Verfassung einschließlich der christlich-abendländischen Bildungs- und Kulturwerte nicht vereinbar ist. Der Begriff „christlich" ist dabei so zu verstehen, wie ihn auch die Bayerische Verfassung verwendet. Gemäß Art. 135 Satz 2 BV werden die Schüler nach den Grundsätzen der christlichen Bekenntnisse unterrichtet und erzogen. Hierunter sind nicht die Glaubensinhalte einzelner christlicher Bekenntnisse zu verstehen, sondern die Werte und Normen, die, vom Christentum maßgeblich geprägt, auch weitgehend zum Gemeingut des abendländischen Kulturkreises geworden sind (VerfGH 55, 189/196f.; BVerfG vom 17.12.1975=BVerfGE 41, 65/84f.)". Ungeachtet seiner Herkunft aus dem religiösen Bereich bezeichnet der Begriff somit eine von Glaubensinhalten losgelöste, aus der Tradition der christlich-abendländischen Kultur hervorgegangene Wertewelt, die nach der Verfassung unabhängig von ihrer religiösen Fundierung Geltung beansprucht (vgl. BVerwG vom 24.6.2004 = BVerwGE 121, 140/151). Das Wort „abendländisch"

seinerseits nimmt Bezug auf die durch den Humanismus und die Aufklärung beeinflussten Grundwerte der westlichen Welt" (AZ Vf. 11-VII-05, S. 8).[49]

Emblematisch können diese Ausführungen der Judikative genannt werden, da hier juristische Akteure die Exegese eines Einzelfalls an die Reflexion über gesamtgesellschaftliche Wissensordnungen – hier die unterstellte weitgehende Gültigkeit einer christlich humanistischen Wertewelt koppeln.

– Die besagten Fälle zeigen nicht nur, dass der ausgeprägte Unschärfebereich der Institutionalisierung des Religiösen in Deutschland auf Bundesebene besonders offen für konkurrierende Deutungsmuster ist und die damit einhergehenden unterschiedlichen Diskurse in Teilen reproduziert. Sie verweisen auch darauf, dass Deutungsmuster gerade dann, wenn sie als Schnittstelle zwischen Wissenschaft, Recht und politischer Kultur fungieren, in der Lage sind, als diskursive Verschränkungen zu einem Diskurs beizutragen, der „fest gefügt geglaubte Ordnungen des eigenen Selbstverständnisses in Frage stellt" (Moazami 2007, S. 17).

In der vorangehenden Charakterisierung der institutionellen Verankerung des Religiösen auf Bundesebene als ambivalent und mehrdeutig sollte folgende These plausibilisiert werden: Diskursive Verortungen des Religiösen im öffentlichen Raum der BRD (auf Bundesebene) werden in ihrem emblematischen Charakter durch die entsprechenden Rechtsdiskurse nicht relativiert, sondern reproduziert. Dies kann als Indikator dafür betrachtet werden, dass über die gegebenen institutionellen Arrangements mit Blick auf die öffentlichen Diskurse keine entlastende Funktion (im Sinne von Arnold Gehlen) realisiert wird. Daher kann die Annahme eines konsistenten korporativen Modells der BRD in ihrem Erklärungswert relativiert werden – die Streuung der auf Bundesebene wirkenden formal-institutionellen Praktiken erscheint zu hoch, als dass diese als gemeinsamer Faktor betrachtet werden könnten. Das folgende Unterkapitel gilt nun dem Vorhaben, die Annahme eines einheitlichen korporatistischen Modells als Erklärungsvariable für die Governance religiöser Praxis in Deutschland auch über die Betrachtung der breiten Streuung von Institutionalisierungspraktiken auf Bundesländerebene in Frage zu stellen.

---

[49] http://www.bayern.verfassungsgerichtshof.de/11-VII-05-Entscheidung.htm, Abruf zuletzt am 12.10.2011.

3.3.2 Ebene der Bundesländer

Bei der nun auszuführenden Umreißung der Bandbreite unterschiedlicher Ausprägungen des institutionalisierten Islams über die verschiedenen Bundesländer orientiert sich der Autor an folgender These von Freeman (2004):

> „Although one may find idiosyncratic incorporation mechanisms in particular countries, these cannot be labeled national models because they do not represent self-conscious, deliberate choices so much as the unintended consequences of subsystem frameworks that are weakly, if at all, coordinated. Attempts to stipulate more general and abstract typologies of incorporation regimes that produce cells into which particular states may more or less easily fit oversimplify an extremely messy reality" (Freeman 2004, S. 946, zit. nach Hofhansel 2010, S. 205).

Um diese These mit Blick auf Deutschland zu unterstützen, werden länderspezifische Formen der Institutionalisierung muslimischer Praxis herausgestellt. Dabei sollte die Bedeutung historischer Pfadabhängigkeiten einzelner Länder als auch der mögliche und realisierte Interpretationsraum landespolitischer Akteure bezüglich verfassungsrechtlicher Vorgaben zum Ausdruck kommen. Der Darstellung von Hofhansel (2010) folgend, wird dies vorwiegend anhand der je nach Bundesland unterschiedlich ausgestalteten Möglichkeit exemplifiziert, als muslimische Organisation an öffentlichen Schulen Religionsunterricht oder religiöse Unterweisung geben zu dürfen.[50]

Die Grundsätze zur Gestaltung des Religionsunterrichtes an öffentlichen Schulen werden in Deutschland in Artikel 7 (3) GG ausgeführt:

> Der Religionsunterricht ist in den öffentlichen Schulen mit Ausnahme der bekenntnisfreien Schulen ordentliches Lehrfach. Unbeschadet des staatlichen Aufsichtsrechtes wird der Religionsunterricht in Übereinstimmung mit den Grundsätzen der Religionsgemeinschaften erteilt. Kein Lehrer darf gegen seinen Willen verpflichtet werden, Religionsunterricht zu erteilen.[51]

Verfassungsrechtliche Einschränkungen findet diese Bestimmung allerdings durch die sogenannte Bremer Klausel nach Artikel 141 GG, die für einige neue Bundesländer als auch Bremen und Berlin gilt und Folgendes besagt:

---

[50] Dabei gilt es zu beachten, dass die bildungspolitischen Kompetenzen in Deutschland v.a. im Bereich der Bundesländer zu finden sind.

[51] Verfassungsrechtliche Einschränkungen findet diese Bestimmung allerdings durch die sogenannte Bremer Klausel nach Arikel 141 GG, die für einige neue Bundesländer als auch Bremen und Berlin gilt und Folgendes besagt: *„Artikel 7 Abs. 3 Satz 1 findet keine Anwendung in einem Lande, in dem am 1. Januar 1949 eine andere landesrechtliche Regelung bestand."*

Artikel 7 Abs. 3 Satz 1 findet keine Anwendung in einem Lande, in dem am 1. Januar 1949 eine andere landesrechtliche Regelung bestand.

Für sich als religiöse Gemeinschaft verstehende (muslimische) Gruppierungen stellt dieser Paragraph ähnlich hohe Anforderungen bezüglich der Erlaubnis, an öffentlichen Schulen Religionsunterricht zu erteilen, wie für die Möglichkeit, als Körperschaft des öffentlichen Rechtes Anerkennung zu gewinnen:

> „Thus, religious communities which meet the criteria of Article 7 III have the right to offer religious classes in public schools. It is not necessary that a religious community have the status of a corporation under public law before it can offer religion classes, but the requirements of Article 7 III and the requirements for public corporation status are similar" (Hofhansel 2010, S. 195).

Nach Muckel ergeben sich in Verknüpfung mit dem Status des Religionsunterrichtes als Pflichtfach (auch wenn die Eltern ihre Kinder nach Artikel 7 Abs. 2 GG vom Unterricht entbinden können) etwa folgende Voraussetzungen an eine Religionsgemeinschaft:

> Exakte Mitgliedschaftsregelungen[52] (vgl. Muckel 2010, S. 251), die Kooperationsfähigkeit und -bereitschaft, mit staatlichen Stellen den Unterricht zu gestalten, sowie eine Institution, *„die für den Staat als Ansprechpartner fungiert und befugt ist, für die Gemeinschaft verbindliche Erklärungen abzugeben und Aufgaben wahrzunehmen"* (Muckel 2010, S. 251).

Diese institutionellen Arrangements erscheinen insofern in korporatistischer Einfärbung, als dass der deutsche Staat auch auf dem Gebiet des Religionsunterrichtes einen hohen Grad an Selbstorganisation – eben als „Religiöse Gemeinschaft"– einfordert, bevor er (Muslimen) die Erlaubnis gewährt, an öffentlichen Schulen Islamunterricht zu geben. Dabei stellen die damit einhergehenden Anforderungen an sich als religiöse Gemeinschaft verstehende (muslimische) Gruppierungen eine ähnlich hohe Schwelle, die für die Anerkennung als Körperschaft des öffentlichen Rechtes zu überwinden ist:

> „Thus, religious communities which meet the criteria of Article 7 III have the right to offer religion classes in public schools. It is not necessary that a religious community have the status of a corporation under public law before it can offer reli-

---

[52] Die Angabe der Mitgliedschaftszahlen ergibt sich aus dem Status des Religionsunterrichtes als ordentliches Unterrichtsfach, so dass an die Teilnahme zunächst die Mitgliedschaft in der betreffenden Religionsgemeinschaft geknüpft ist. Auch wenn der Religionsunterricht zunächst verpflichtenden Charakter hat, können Eltern ihre Kinder nach Artikel 7 Abs. 2 GG vom selbigen befreien (vgl.Muckel 2010, S. 251).

gion classes, but the requirements of Article 7 III and the requirements for public corporation status are similar" (Hofhansel 2010, S. 195).

Niederschlag finden diese hohen Anforderungen zur Selbstorganisation auch darin, dass es bisweilen nur der alevitischen Gemeinde Deutschland e.V. (Almanya Alevi Birlikleri Federasyonu) gelungen ist, seit 2008 im Sinne von Artikel 7 III Religionsunterricht als ordentliches Schulfach an mehreren öffentlichen Schulen unterrichten zu dürfen (vgl. Hofhansel 2010, S. 201; Muckel 2010, S. 250).

Bezieht sich Artikel 7 GG ausdrücklich auf *Religionsunterricht* als ordentliches Schulfach, so ist davon die sogenannte *Religiöse Unterweisung* abzugrenzen, für dessen Bereitstellung als optionales Zusatzfach geringere Voraussetzungen gelten. Bei Soper and Fetzer findet sich in Anlehnung an Ulrich Pfaff folgende Differenzierung:

„At its core, Religionsunterricht does not aim simply to convey facts. Rather, it is guided by the conviction that the religious doctrines being taught are true. It uses denominationally specific arguments and gives students a self-conscious and goal-oriented belief system. [In contrast, Religiöse Unterweisung] describes the content of a religion, its culture and history, and its religious practices. It refrains from promulgating [religious] beliefs but instead highlights [objective] understanding and knowledge about religion" (Pfaff 2000, S. 42ff., zit. nach Fetzer und Soper 2006, S. 112).

Um von den vorangehenden recht formalen Ausführungen wieder den Bogen zur institutionellen Praxis zu spannen und diese in ihrer hohen Variationsbreite zu umreißen, werden die unterschiedlichen Verankerungen des muslimischen Religionsunterrichtes bzw. der muslimischen Unterweisung entsprechend der Darstellung von Hofhansel (vgl. zu den folgenden Ausführungen: Hofhansel 2010, S. 199ff.) anhand ausgewählter Bundesländer – Nordrhein Westfalen, Niedersachsen, Baden-Württemberg, Bayern und Berlin – in knapper Ausführung zu veranschaulichen versucht.

Nordrhein-Westfalen

Bereits seit 1986 gibt es in NRW als erstes Bundesland die Möglichkeit für muslimische Schüler, im Rahmen des staatlichen Herkunftsprachlichen Unterrichtes an dem Fach Islamische Unterweisung – das im Schuljahr 2009/10 in den Sprachen Türkisch, Albanisch, Arabisch und Bosnisch für ca. 63.500 Schüler bereitgestellt wurde – teilzuhaben. Nach einigen fehlgeschlagenen Versuchen – u.a. scheiterten vorangehende Vorhaben am Widerstand der protestantischen Kirche oder aufgrund mangelnden Konsenses zwischen türkisch geprägten Islamverei-

Die Rahmung des diskursiven Feldes 51

nen – zur Etablierung muslimischen Unterrichts an staatlichen Schulen auch als ordentliches Unterrichtsfach führte das Land 1999 Islamische Unterweisung in deutscher Sprache an öffentlichen Schulen ein. Um zu verdeutlichen, dass es sich dabei nicht um Islamunterricht im Sinne von Artikel 7 III (GG) handelt, wurde das besagte Fach 2005 in Islamkunde umbenannt, vom Schulministerium wird es als „religionskundliches Angebot ohne Verkündungscharakter" (Schulministerium NRW[53]) erläutert. Im Schuljahr 2009/10 werden gemäß offizieller Verlautbarung (vgl. ebenda) immerhin mehr als 10.000 Schüler an über 133 Schulen erreicht, die an dem versetzungsrelevanten Unterrichtsfach – das als Islamkunde auch für Schüler nicht-muslimischer Konfessionen offen ist – teilnehmen.

Dass bis dato kein zur Errichtung von Religionsunterricht (als Unterrichtung *im* und nicht Unterricht *über* den Islam) benötigter offizieller Gesprächspartner vorhanden war, liegt Hofhansel zufolge in verschiedenen Entwicklungen begründet: Zum einen erschweren Kompetenzstreitigkeiten unter den muslimischen Organisationen der heterogenen Landschaft muslimischen Lebens NRWs die Aussicht auf die Errichtung eines einheitlichen Islamunterrichtes unter Einbeziehung der größten muslimischen Vereine. So lud 2000 die SPD geführte Landesregierung die wichtigsten islamischen Dachverbände – darunter den Islamrat und den ZMD – zu einer Gesprächsrunde zum Thema religiöse Unterweisung. Da die DITIB[54] die Einladung nicht annahm, wurde die Idee einer gemeinsamen Koordination unter Einbeziehung der verschiedenen Dachverbände wieder verworfen. Unter der Ägide von Jürgen Rüttgers (CDU) setzte sich die Landesregierung 2005 zum Ziel, in der folgenden Legislaturperiode einen landesweiten Islamunterricht nach Artikel 7 III einzuführen. Bereits das vorläufige Zwischenziel, in Kooperation mit lokalen Moscheevereinen aus Duisburg und Köln diese in Form von „Shuras" als Religiöse Gemeinschaften zusammenzuschließen, um darüber in diesen Städten Islamische Unterweisung als Pilotprojekte zu institutionalisieren, scheiterte an der mangelnden wechselseitigen Vertrauensbereitschaft. In der Konsequenz vertagte die christdemokratische Landesregierung die landesweite Institutionalisierung des Islamunterrichtes.

Nimmt man die erwähnte Anerkennung der Alevitischen Gemeinde Deutschlands als Religionsgemeinschaft (was bisher für NRW einmalig ist) und

---

[53] http://www.schulministerium.nrw.de/BP/Unterricht/Fächer/Islamkunde/index.html, Abruf zuletzt am 06.05.2011.

[54] DITIB [Diyanet Işleri Türk Islam Birliği; zu deutsch: Türkisch-Islamische Union der Anstalt für Religion des türkischen Staates] ist der als eingetragener Verein organisierte Dachverband mit den meisten Mitgliederzahlen in Deutschland. Es finden sich dort von den etwa 3,5 Millionen in Deutschland lebenden Muslimen (davon etwa 1,7 Millionen mit deutscher Staatsbürgerschaft) ca 150.000 Muslime organisiert. Die Imame der von DITIB betreuten Moscheen bzw. Moscheevereine werden in der Türkei von der dortigen staatlichen Religionsbehörde *Diyanet* ausgebildet (vgl. zu den statistischen Angaben: Brettfeld/Wetzels 2007, S. 34 und S. 85).

der damit einhergehenden Errichtung eines alevitischen Religionsunterrichtes beiseite, sind es erst die jüngsten Entwicklungen, die nach über 30 (!) Jahren darauf hinweisen, dass es in NRW bald einen islamischen Religionsunterricht nach Artikel 7 GG geben wird. So heißt es als Fazit in einer Anfang 2011 abgegebenen gemeinsamen Erklärung von Schulministerin Sylvia Löhrmann und dem Koordinierungsrat der Muslime[55], die sich zusammen auf die Errichtung eines Beirates bestehend aus ausschließlich muslimischen Mitgliedern einigten, um diesen als Ansprechpartner des Landes für die Errichtung von Religionsunterricht nach Paragraph 31/Schulgesetz NRW[56] bzw. Artikel 7 GG zu bestimmen:

„Die Unterzeichnenden begrüßen die Einigung, weil mit dem Beirat ein institutionalisierter Ansprechpartner auf Seiten der Muslime eingerichtet werden kann. Die Vertreterinnen und Vertreter der Muslime und die Schulministerin bezeichnen es als Erfolg, dass nun in absehbarer Zeit für 320.000 muslimische Schülerinnen und Schüler Religionsunterricht vorbereitet werden kann. Damit kann die im Grundgesetz garantierte Religionsfreiheit auch für die muslimischen Schülerinnen und Schüler in Nordrhein-Westfalen umgesetzt werden".[57]

Bemerkenswert an der gemeinsamen Erklärung erscheint neben der vagen Bemerkung „in absehbarer Zeit" (ebenda) die Kluft zwischen dem Selbstverständnis der im Koordinierungsrat aktiven muslimischen Akteure als Religionsgemeinschaft („Die Mitglieder des KRM verstehen sich bereits als Religionsgemeinschaft"(ebenda) und der unverbindlichen Aussicht darauf, dass ihre Kooperation mit dem Land NRW tatsächlich in diesen gewünschten Status münden wird („Das Land begrüßt die Bemühungen und die Entwicklungen auf Seiten des KRM, die in den Status der Religionsgemeinschaft münden sollen" (ebenda)).

Es erscheint bemerkenswert, dass es nach über drei Jahrzehnten organisierten muslimischen Lebens im bevölkerungsreichsten Bundesland noch keiner Organisation sunnitischer Ausrichtung gelungen ist, eine Anerkennung als Religionsgemeinschaft zu erfahren. Dass die relevanten Artikel im Schulgesetz NRW den Begriff der Religionsgemeinschaft ähnlich vage halten wie die Ausführungen in den zuständigen Artikel des Grundgesetzes (Artikel 4, 7 und 140) mag ein wesentlicher Grund für diese institutionelle Unbestimmtheit sein. Folgt

---

[55] Der Koordinierungsrat der Muslime wurde 2007 auf der Islamkonferenz gegründet und umfasst folgende Mitglieder als nach Mitgliederzahl größte muslimische Dachverbände in Deutschland: Den Zentralrat der Muslime in Deutschland(ZMD), den Islamrat für die Bundesrepublik Deutschland (IRD), den Verband der Islamischen Kulturzentren (VIKZ) und die Türkisch-Islamische Union der Anstalt für Religion (D.İ.T.İ.B.).
[56] http://www.schulministerium.nrw.de/BP/Schulrecht/Gesetze/.../Schulgesetz.pdf, Abruf zuletzt am 10.07.2011.
[57] http://www.schulministerium.nrw.de/BP/Presse/Meldungen/Pressemitteilungen/pm_22_02_2011.html, Abruf zuletzt 10.06.2011.

Die Rahmung des diskursiven Feldes 53

man den Entwicklungen in NRW, scheint in der Organisation religiösen Lebens in Deutschland ein eklatanter Widerspruch zwischen dem hohen Selbstbestimmungsgrad *nach* der Anerkennung als Religionsgemeinschaft und dem hohen Grad an Fremdbestimmung durch staatliche Kontrollmechanismen *vor* einer solchen Anerkennung und als Bedingung für diese zu existieren.

Berlin

Einen deutlich anderen Fall als NRW stellt Berlin: Findet dort als Wirkung der Bremer Klausel Paragraph 7 (3) GG keine Anwendung, wird hier Religionsunterricht dennoch – aufgrund einer Einigung mit der Katholischen und Protestantischen Kirche im Jahr 1970 – als für die Versetzung nicht relevantes Wahlfach vom Land subventioniert. Während 2006 unter der SPD geführten Regierung Ethik als Pflichtfach für Schüler ab der siebten Klasse nach und nach institutionalisiert und zum Schuljahr 2010/11 endgültig eingeführt wurde, geht die Zahl der den parallel laufenden freiwilligen Religionsunterricht besuchenden Schüler zunehmend zurück. Im Einklang mit dieser Entwicklung steht auch die Ablehnung des Bürgerbegehrens der Initiative „Pro Reli" im Jahr 2009 und somit der Bürgerentscheid gegen die Einführung von Religion als Wahlpflichtfach neben dem Ethikunterricht.

Zurzeit unterrichtet die Islamische Förderation e.V. (IFB, ein Dachverband aus 26 Moscheegemeinden) Islamunterricht als Wahlfach (nach Paragraph 23 Berliner Schulgesetz) an ca. 40 staatlichen Schulen. Interessant daran erscheint zunächst die breite Zeitspanne vom Erstantrag 1980 bis zur Genehmigung der Erteilung von Religionsunterricht für das Schuljahr 2001/2002 und die in diese Zeit fallenden unterschiedlichen Reaktionen der politischen Akteure mit Blick auf das Anliegen der IFB: Ersuchte der besagte Dachverband den Islamunterricht von Beginn an gemäß Artikel 7 (3) GG (trotz der bestehenden Bremer Klausel in Berlin) als Wahlpflichtfach einzuklagen, erreichten ihn verschiedene Absagen seitens der Berliner Regierung – so 1994 von der CDU-geführten Regierung unter Eberhard Diepgen – mit Verweis darauf, dass die IFB keine Religionsgemeinschaft nach Paragraph 23 bilde. Wurde dieser Ablehnung in einem Urteil des Berliner Verwaltungsgerichtes 1997 zunächst gefolgt, kam es 1998 zu einer Revision von Seiten des Oberverwaltungsgerichtes Berlin, welche 2000 vom Bundesver-waltungsgericht[58] (BVerwG, 23.02.2000 -6 C 5.99) weitgehend bestätigt wurde. Demnach stehe der IFB aufgrund der gültigen Bremer Klausel einerseits kein Recht auf Islamunterricht nach Paragraph 7 (3) zu, andererseits dürfen keine den institutionellen Forderungen dieses Artikels entsprechend hohe

---

[58]http://dejure.org/dienste/vernetzung/rechtsprechung?Text=BVerwGE%20110,%20326 BVerwG, 23 .02.2000 - 6 C 5.99, Abruf zuletzt am 07.06.2011.

Bedingungen an den *Religionsgemeinschafts*charakter der IFB als Voraussetzung für die Erteilung zum Religionsunterricht geknüpft werden: Der Entscheidung des zuständigen Oberverwaltungsgerichtes entsprechend müsse der IFB – ausdrücklich auch ohne dem Vorliegen des Charakters einer Religionsgemeinschaft nach Artikel 7 (3) – die Möglichkeit gewährt werden, unter Subventionierung des Landes Berlin für zumindest zwei Stunden in der Woche an öffentlichen Schulen Islamunterricht (als Wahlfach) anzubieten.

Die Komplexität der Institutionalisierung der religiösen Praxis am Beispiel des Islamunterrichtes in Berlin zeigt sich in verschiedener Hinsicht, so anhand

- der Selbstorganisation muslimischer Akteure: Die Moscheevereine der IFB haben ihren Ursprung nicht nur in ideologisch unterschiedlich ausgerichteten Moscheevereinen, einige von ihnen – so die Mevlana Camii Berlin, die zugleich als Mitglied von Milli Görüş gilt[59] – gehören auch nach der Gründung der IFB verschiedenen Dachverbänden auf unterschiedlichen Ebenen an. Diese interne Heterogenität stellt hohe Anforderungen an die Handlungsfähigkeit als Dachverband und die für eine Anerkennung als Körperschaft des öffentlichen Rechtes erforderliche temporäre Beständigkeit.

- des sich an den genannten Punkt anschließenden Legitimitätsproblems, das gewissermaßen eine Innenseite – die von der muslimischen Zielgruppe (z.B. der türkischsprachigen Sunniten) zugeschriebene Legitimität betreffend – und eine Außenseite – die Akzeptanz muslimischer Akteure als legitime Gesprächspartner aus der Sicht politischer Akteure und anderer muslimischer Mitstreiter – aufweist. Gründet der zuerst genannte Aspekt des Legitimitätsproblems in den möglicherweise nicht integrierbaren unterschiedlichen dogmatischen Ausrichtungen, mag der zweite Aspekt des Legitimitätsproblems in der organisatorischen Intransparenz verortbar sein, die in interferierenden (Zugehörigkeit der Mevlana Camii Berlin zur IFB bei gleichzeitiger Bindung an Milli Görüş) institutionellen Verankerungen Ausdruck findet.

- der weitgehenden Institutionalisierung über die Judikative, die auf unterschiedlichen Ebenen sich widersprechende Rechtsdispositive produziert, in Kombination mit einer fehlenden proaktiven Kooperation der Exekutiven

---

[59] vgl. den Stellenwert der Mevlana Camii Berlin, einem Mitglied der IFB, die zugleich eine bedeutende Rolle innerhalb der Milli-Görüş-Bewegung zu haben scheint: http://www.berlin.de /sen/inneres/verfassungsschutz/aktuellemeldungen/am_jb2010_19.04.2011.html, Abruf zuletzt am 10.06.2011.

mit den beteiligten muslimischen Akteuren. Letztere bewegen sich häufig auf institutionellen Umwegen – wie die dauerhafte und ineffektive Bemühung um Anerkennung nach Paragraph 7 (3) GG trotz der in Berlin geltenden Bremer Klausel zeigt – und könnten von Hilfestellungen etablierter politischer Akteure profitieren.

Baden – Württemberg

Dass Institutionalisierungsprozesse auch dann nicht ohne Konflikt verlaufen müssen, wenn sie mehr über das Steuerungsmedium der Kommunikation als über das Steuerungsmedium Recht koordiniert werden, zeigt das Beispiel Baden Württemberg: Auf Initiative der damaligen CDU-geführten Landesregierung wurde 2001 in Kooperation muslimischer Dachverbände mit dem badenwürttembergischen Kultusministerium eine „Steuerungsgruppe Islamunterricht" gegründet, welche in weitestgehender Eigenregie einen Lehrplan für die Einführung eines bekenntnisgebundenen Religionsunterrichts vorbereiten sollte. In dieser Steuerungsgruppe waren anfänglich die Islamunterricht zuvor beantragten fünf sunnitischen Verbände samt einer Mediatorengruppe, bestehend aus zwei Professoren für Religionspädagogik. Diese ausgeprägte Zuweisung von Eigenverantwortlichkeit an religiöse Gemeinschaften – das Kultusministerium (damals: Annette Schavan (CDU)) übernahm bei den Treffen der Steuerungsgruppe eine passive Gastrolle – lässt sich für Baden-Württemberg als Kontinuität historischer Pfadabhängigkeiten betrachten. So gilt es in dem zuvor in Baden und Württemberg geteilten Land als „tradition of regarding religious instruction as a task and right of the religious communities rather than of the state" (Feuchte 1983: S. 477, zit. nach Hofhansel 2010, S. 200).

Trotz der geübten Praxis und der anfänglichen Kooperationsbereitschaft kam es bereits nach zwei Jahren bei den muslimischen Trägern zu internen Spannungen, so dass sich 2004 einige der ursprünglichen Antragsteller zusammen mit den bosnischen und albanischen Landesverbänden zum Zusammenschluss als Islamische Gemeinschaft Baden - Württemberg entschieden, die fortan die Rolle als Ansprechpartner übernahm und zur bereits gegründeten Religionsgemeinschaft des Islams in Baden - Württemberg in Konkurrenz zu treten begann. Zum Schuljahr 2006 wurde der Islamische Religionsunterricht alevitischer Richtung[60] seitens der Alevitischen Gemeinde Deutschland e.V. an zwei und in einer sunni-

---

[60] Es sei darauf hingewiesen, dass sich nicht alle alevitischen Gemeinden in ihrem Selbstverständnis als Muslime betrachten.

tischen Einfärbung an zehn Grundschulen eingeführt, dabei wurden über 200 Schüler erreicht. Die diesem Modellversuch zu Grunde liegenden Unterrichtspläne wurden von den beteiligten muslimischen Akteuren – der bereits erwähnten Religionsgemeinschaft des Islams in Baden-Württemberg e.V. (sunnitische Ausrichtung) und der Alevitischen Gemeinde Deutschland e.V. – weitestgehend selbstständig erarbeitet. 2010 beschloss das Kultusministerium Baden-Württemberg eine Verlängerung des Projektes um vier Jahre, womit eine Ausweitung des Modellversuches auf fünf weitere Grundschulen als auch die Einführung des Unterrichtes in die fünfte und sechste Klasse von einigen der bisherigen Schulen einherging. Neben der Ankündigung dieser Fortführung des Projektes heißt es in der Zwischenbilanz 2010 im Kultusministerium: „Für eine Ausweitung islamischer Religionslehre auf weitere Schularten sind wir auf die Kooperation mit einem autorisierten Ansprechpartner auf islamisch-sunnitischer Seite angewiesen. Insofern hoffen wir, dass die Diskussion über die Empfehlungen des Wissenschaftsrats, islamische Zentren zur Theologenausbildung einzurichten, bei den Muslimen im Land Initiativen zu einer religionsgemeinschaftlichen Organisation befördert".

Das Beispiel Baden-Württemberg zeigt nun einerseits die mögliche Gleichzeitigkeit eines proaktiven staatlichen Agenten mit einer weitgehenden Autonomie in Fragen der religiösen Selbstorganisation von nicht-staatlichen Religionsgemeinschaften – ein Hinweis darauf, dass es keiner grundlegend laizistischen Ausrichtung bedarf, um der negativen Religionsfreiheit religiös orientierter Akteure vom Staat zu genügen.

Andererseits klingt in den Worten der Kultusministerin bereits an, dass diese negative Freiheit von weitreichendem staatlichem Einfluss einer institutionellen Isomorphie qua Zwang nachgelagert ist – schließlich verweist das Kultusministerium mit seinem Wunsch nach „einem autorisierten Ansprechpartner" (Kultusministerium Baden-Württemberg 2010) implizit auf eine körperschaftliche Ausrichtung nach Artikel 140 GG: Um in den Genuss der (negativen) Freiheit von staatlicher Kontrolle – hier: der autonomen Gestaltung und Etablierung eines bekenntnisgebundenen Islamunterrichtes an potentiell allen staatlichen Schulen in Baden-Württemberg – zu gelangen, sollen sich die verschiedenen und untereinander durchaus an organisatorischer und dogmatischer Abgrenzung interessierten Religionsgemeinschaften zu einem übergreifenden Ansprechpartner organisieren. Diese bisher im Anfangsstadium verortbare Praxis – vorausgesetzt, der Religionsunterricht verliert den Modellcharakter und wird in den kommenden Jahren tatsächlich landesweit eingeführt – spiegelt eine in der Religionspolitik einiger Bundesländer erkennbare institutionelle Dialektik, die sich auf folgende Formel bringen ließe: Der Gewinn an *internal governance* muslimischer Religionsgemeinschaften in Deutschland bedingt einen Verlust an *external governance* – ähnlich wie es bereits für Nordrhein-Westfalen beobachtet werden konnte.[61] Zusammenfassend lässt sich für die Institutionalisierung muslimischer Praktiken am Beispiel des Religionsunterrichtes bezüglich der ausgewählten Länder sagen, dass es trotz ähnlicher Dynamiken – die Suche landespolitischer Akteure nach einem einheitlichen und übergeordneten muslimischen Ansprechpartner, die innermuslimischen Differenzen und Spannungen, die hohe und von sunnitisch ausgerichteten Vereinen noch nicht überwundene Hürde zur Anerkennung als Religionsgemeinschaft – im Bereich des tatsächlichen Institutionalisierungsgrades erhebliche Differenzen gibt. Wird in Berlin ein für die Versetzung nicht relevanter Islamunterricht angeboten, gibt es in NRW seit 1986 in der einen oder anderen Form muslimische Unterweisung, ohne dass es bisher zur Einführung von Islamunterricht gekommen wäre. Kann Baden-Württemberg unter Beteiligung einer nur geringen Anzahl muslimischer Träger und großer innermuslimischer Differenzen (vgl. Hofhansel 2010, S. 202) zwar seit 2006 das Angebot von Islamunterricht vorweisen, ist dieses allerdings aufgrund der Einbettung in ein auf ausgewählte Schulen beschränktes Modellprojekt nur von begrenztem und zudem nicht obligatorischem Charakter.

Pointiert formuliert könnte diese angenommene breite Streuung an landespolitischen Institutionalisierungsmodi muslimischen Unterrichtes (bzw. muslimischer Unterweisung) gerade darauf zurückgeführt werden, dass es in diesem Bereich de facto noch keine Umsetzung eines einheitlichen Staatskirchenrechtes gibt: Die ausgeprägten Freiheitsgrade der Governance muslimischer Praxis in Deutschland mit der Annahme eines korporatistischen Modells zu erklären, erscheint – zumindest die religiöse Erziehung muslimischer Glaubensangehöriger betreffend – vor diesem Hintergrund absurd.

---

[61] Vereinfachend kann das Konzept der *internal governance* als Binnenorientierung und Differenzierung der jeweiligen Organisation bzw. Religionsgemeinschaft aufgefasst werden, während *external governance* die Umwelt bezogene Ausrichtung und Differenzierung derselbigen bezeichnet. Mit Blick auf Steuerungsprozesse/Governance religiöser Vielfalt führt Bader (2007) dazu aus: „Religious governance refers to the internal and external regulation of religious diversity and to their dynamic interaction. Internal governance by the respective religious communities themselves (...) includes 'self-regulation by religious laws and customs (ecclesiastical law and nomos) of many aspects of life from the cradle to the grave. [...] External governance of religious diversity (...) includes more voluntary and democratic forms of self-regulation by interfaith networks, associations and ecumenical organisations, which are often neglected and cannot appropriately be captured by 'management of religious diversity'" (Bader 2007, S. 874).

3.4 Regionale Dimensionen

Auf den zuvor betrachteten Ebenen zeigten sich deutliche Ambivalenzen – auf europäischer Ebene bspw. die widerstrebenden Logiken der Konvergenz und Divergenz – bei den verschiedenen Praktiken der formalen Institutionalisierung religiöser Vielfalt. Es galt dabei, die an muslimische Akteure gerichteten Erwartungsstrukturen in ihrer Widersprüchlichkeit und Streuung zu charakterisieren: So zeigte sich auf der formal-institutionellen Ebene bereits, dass unvereinbar erscheinende Rahmungen muslimischer Praxis von Akteuren der Judikativen – z.b. die Konstruktion des Kopftuches als Religion, Tradition oder identitäre Praxis – mit ambivalenten Forderungen an muslimische Akteure einhergingen. Am Beispiel des Islamunterrichtes konnten diese miteinander konfligierenden Forderungen als Dialektik zwischen *internal* und *external governance* charakterisiert werden. Ein Mehr an *internal governance* – der Gewinn an Selbstverwaltungskompetenzen in Fragen des Islamunterrichtes – wurde durch ein Weniger an *external governance* – die am Islamunterricht interessierten Vereine verloren in dem ihnen abverlangten Zusammenschluss mit anderen Organisationen an Autonomie – bedingt. Dies widersprach der Logik des Körperschaftsrechtes, demzufolge ein Gewinn an *external governance* – z.B. die Möglichkeit, über den Staat Steuern zu erheben – eigentlich mit einem Mehr an *internal governance* – so die Forderung von Artikel 140 nach einer hierokratisch ausgerichteten Weltanschauungsgemeinschaft mit relevanter Mitgliederzahl – einhergehen müsste.

Die vorangehenden Reflexionen plausibilisierten die Forschungsprämisse, dass muslimische Praktiken gegebene symbolische Ordnungen und institutionelle Arrangements der Organisation religiöser Vielfalt zu irritieren vermögen. Im Folgenden soll diese Vorannahme über die Herausarbeitung einer Typologie von Moscheebaukonflikten auf regionale Moscheebaukonflikte übersetzt werden. Dabei wird erörtert, ob sich bereits bei der Analyse von Sekundärliteratur – ohne Beachtung der eigenen Datenauswertungen – Hinweise auf eine mangelhafte Kapazität institutioneller Arrangements zur symbolischen Integration der mit dem Phänomen Moscheebau einhergehenden Konflikte und Konstruktionen zeigen.

Im Unterschied zu den bisher betrachteten Ebenen weisen die regionalen Konflikte um die Praxis des Moscheebaus einen deutlichen Bezug zur Lebenswelt der beteiligten Akteure auf, entspringen diese doch zumeist einem lokalen Kontext. Dieser Lebensweltbezug ist konstruktiv für die Kontrastierung von institutionellen Arrangements mit den Wertvorstellungen der beteiligten Akteure, erscheinen symbolische Ordnungen im örtlichen und regionalen Kontext vergleichsweise übersichtlich und zugänglich. So können die von Hüttermann (s.o.) in seiner Analyse eines Moscheebaukonfliktes in Halle entdeckten lebens-

Die Rahmung des diskursiven Feldes 59

weltlichen Prinzipien der Etabliertenvorrechte und des Gastrechtes als Teil der Symbolischen Ordnung der nachbarschaftlichen Lebenswelt gesehen werden. Interessant erscheint nun die Frage des Verhältnisses dieser symbolischen Ordnungen zu den formal-institutionellen Arrangements, von denen erstere überformt werden können: Inwieweit decken sich die formalen Prozeduren – z.B. die Rechtsdispositive eines Verwaltungsgerichtes zum Moscheebau – mit den informellen Prinzipien und damit einhergehenden symbolischen Ordnungen der Lebenswelt beteiligter Akteure? Was bedeutet es für die Wirkung von Moscheekonflikten, wenn diese über Rechtswege ausgetragen werden, dabei jedoch die berührten symbolischen Ordnungen der Lebenswelt mit den qua staatlichen Zwang umsetzbaren Rechtsdispositiven kollidieren?[62]

Bevor auf ein in seinen symbolischen Dimensionen gut dokumentiertes Fallbeispiel eines vorwiegend institutionell – eben über das Rechtssystem – ausgetragenen Moscheebaukonfliktes eingegangen wird, folgen Ausführungen über die formal-institutionellen (v.a. baurechtlichen) Rahmenbedingungen von Moscheebauten und ein Exkurs über die Möglichkeiten, das Ereignis 'Moscheebau' in seinen konfliktiven Dimensionen zu analysieren. Hierbei sollte deutlich werden, wie bei symbolischen Moscheebaukonflikten unterschiedliche Konfliktebenen miteinander verschränkt sein können und über welche Konfliktgegenstände dabei mit Blick auf Deutschland typischerweise verhandelt wird. Der Autor orientiert sich bei dieser kleinen 'Konfliktsoziologie des Moscheebaus' vorwiegend an den Arbeiten von Schmitt (2003a, 2003b), Leggewie (2009) und Schoppengerd (2008).

3.4.1 Institutionelle Rahmenbedingungen von Moscheebauten in Deutschland

Fällt der Bau von Moscheen allgemein unter den Schutz der positiven Religionsfreiheit nach Paragraph 4 (2), entscheidet in concreto die kommunale Verwaltung – in Erscheinung der unteren Bauaufsichtsbehörde[63] – entsprechend dem

---

[62] Eine mögliche Wirkung könnte eine restriktivere politische Rahmung religiöser Vielfalt sein. So postuliert Pfaff – in Verweis auf Koenig (2007) – für den makrostrukturellen Zusammenhang zwischen politischer Kultur und formal-institutioneller Praxis im Kontext der Anerkennung religiöser Praxis: „If courts diverge too radically from public opinion in the granting of religious claims for recognition[im Moscheebaudiskurs: Wenn sie mehr Anerkennung und Freiheitsgrade als die politische Kultur zulassen], legal claims-making and litigation may even backfire and contribute to more restrictive policy-making" (Koenig 2007b, S. 4; zit. nach Pfaff 2009, S. 250).
[63] Formal zuständig für die Genehmigung einer Moschee ist die Untere Bauaufsichtsbehörde als zentrale Genehmigungsbehörde, die in größeren Städten vor Ort vorhanden, bei kleineren Städten und Gemeinden bei den Kreisen angesiedelt ist. (...) Der direkte Kontakt zwischen dem Moscheeverein und der kommunalen Verwaltung wird (...) in den meisten Fällen über die Bauaufsichtsbehörde hergestellt, die dann ggf. Anfragen an andere Ämter weiterleitet und um Stellungnahmen bittet. Die

Bauplanungsrecht, ob eine geplante Moschee im ausgewählten Gebiet realisiert werden darf. Ausschlaggebend für die Zulässigkeit eines Moscheebauvorhabens gelten dabei die Bestimmungen im Baugesetzbuch (im Folgenden: BauGB) und der BauNVO (im Folgenden: Baunutzungsverordnung), wobei das in den jeweiligen Landesbauordnungen verankerte Bauordnungsrecht der Einhaltung von Sicherheitskriterien gilt und bspw. die Frage nach den Mindestabständen zu angrenzenden Gebäuden oder die notwendige Anzahl der verfügbaren Stellplätze regelt.

Moscheen gelten baurechtlich betrachtet als Anlagen für soziale und kulturelle Zwecke (vgl. Schmitt 2003a, S. 84). Die institutionelle Verankerung muslimischer Vereine – ob sie bloß als Vereine oder nach Artikel 140 GG organisiert sind – bringt nun im letzteren Falle einige Privilegien mit sich:

„Bei der Aufstellung von Bauleitplänen[64] sind die von den Kirchen und Religionsgesellschaften des öffentlichen Rechts [...] festgestellten Erfordernisse von Gottesdienst und Seelsorge besonders zu berücksichtigen (vgl. Paragraph 1 (6) BauGB). Bedürfnisse, die von den Kirchen und Religionsgesellschaften des öffentlichen Rechts angemeldet werden, dürfen von der Kommune nicht in Frage gestellt werden" (Schoppengerd 2008, S. 61).

Dieses Sonderrecht gilt für keinen der großen, sunnitisch ausgerichteten Moscheevereine bzw. Dachverbände in Deutschland, von denen wie erwähnt keiner den Status einer Körperschaft des öffentlichen Rechtes innehat: Die Bedarfsermittlungen dieser Moscheevereine werden von der Kommune einer Prüfung unterzogen (vgl. ebenda, S. 61). Als wesentliche Orientierung für lokale Akteure der Verwaltung gilt bundesweit eine Entscheidung des Frankfurter Verwaltungsgerichtes (VG) im Urteil vom 27. August 2001, über welche Moscheen definitorisch erfasst werden:

---

untere Bauaufsichtsbehörde nimmt dabei eine Doppelrolle ein: Zum einen ist sie die zuständige staatliche Ordnungsbehörde. Sie ist zuständig für die Prüfung von Bauanträgen und die Prüfung der Einhaltung der Vorschriften bei Bau-und Umbaumaßnahmen. Die Anordnungsfunktion der Behörde und der Anordnungscharakter stehen dabei im Vordergrund. Zum anderen agieren Verwaltungen zunehmend „kundenorientiert". Die Untere Bauaufsichtsbehörde steht beratend zur Verfügung und unterstützt Bürger in ihren Anliegen" (Schoppengerd 2008, S. 53; vgl. auch Leggewie et al. 2002, S. 84 und 91).

[64] Bauleitpläne dienen als Grundlage für eine Baugenehmigung und können im Rahmen von Flächennutzungsplänen – welche für das ganze Gemeindegebiet zu entwickeln sind und die beabsichtigte Bodennutzung in ihren Grundzügen darstellt – von den jeweiligen Kommunen entwickelt werden (vgl. Schoppengerd 2008, S. 61) . Nach Paragraph 5 (2) Nr. 2 BauGB können dabei auch Anlagen und Einrichtungen des Gemeindebedarfs, wie Schulen und Kirchen sowie sonstigen kirchlichen und sozialen, gesundheitlichen und kulturellen Zwecken dienende Gebäude und Einrichtungen dargestellt werden (vgl. Schoppengerd 2008, S. 61).

Die Rahmung des diskursiven Feldes 61

„In allgemeinen Wohngebieten und in Mischgebieten sind Anlagen für kirchliche und soziale Zwecke allgemein zulässig (BauNVOParagraph 4 Abs. 1 Nr. 3 und Paragraph 6 Abs. 2 Nr. 5). Da als Ausfluss der staatlichen Neutralität auch die Baunutzungsverordnung weltanschaulich neutral ausgelegt werden muss, ist die geplante Moschee unter diesen Vorschriften zu subsumieren und damit nach ihrer Art am vorgesehenen Standort allgemein zulässig" (VG Frankfurt 27. August 2001, zit. nach Schoppengerd 2008).

Moscheen werden demnach Anlagen für kirchliche und soziale Zwecke subsumiert, wobei für diese grundsätzlich folgende Gebiete in Frage kommen:

„Anlagen für kirchliche, kulturelle und soziale Zwecke sind nach der BauNVO [...] in allgemeinen Wohngebieten, Besonderen Wohngebieten, Dorfgebieten, Mischgebieten und Kerngebieten zulässig. Allerdings sind sie in Kleinsiedlungsgebieten, Gewerbegebieten und in Industriegebieten nur ausnahmsweise zulässig. Ebenso sind Anlagen für kirchliche, kulturelle und soziale Zwecke nur ausnahmsweise in Reinen Wohngebieten zulässig, sofern sie den Bedürfnissen der Bewohner des Gebietes dienen" (vgl. Paragraph 2-14 BauNVO).

Für das konkrete Moscheebauprojekt bedeuten diese institutionellen Vorgaben zwar nicht, dass die Feststellung der Zulässigkeit eines ausgewählten Baugebietes zur Genehmigung desselbigen ausreichen – „im Einzelfall kann [...] auch in einem grundsätzlich zulässigen Gebiet die Nutzung durch eine Moschee versagt werden, wenn von ihr Belästigungen oder Störungen ausgehen, die mit der Eigenart des Baugebietes oder dessen Umgebung nicht vereinbar sind (vgl. BauNVO Paragraph 15(1), zit. nach Schoppengerd 2008, S. 63) –, grundsätzlich gilt entsprechend eines Urteils vom Bundesverwaltungsgericht (Entscheidung des BVerwG vom 27. Februar 1992) jedoch der Vorrang der Gewährleistung freier Religionsausübung vor dem Nachbarschutz. Dies bedeutet, „[dass] der Grundstücksnachbar einer in einem Baugebiet allgemein zulässigen kirchlichen Anlage [bzw. Moschee] die mit deren Benutzung üblicherweise verbundenen Beeinträchtigungen grundsätzlich hinzunehmen [hat]" (BVerwG 27. Februar 1992, zit. nach Schoppengerd 2008, S. 63). Im konkreten Fall gilt es demnach zwischen den mit einem Moscheebau verbundenen Belastungen für die Anwohner und der Bedeutung der diese Störungen induzierenden Aktivitäten für die Religionsausübung der betreffenden Moscheegemeinde abzuwiegen.

Auch auf Rechtsdispositive, welche die in verschiedenen Moscheebaukonflikten und Moscheebaudiskursen wiederholt von Anwohnern vorgebrachten Einwände und Störungen betreffen, soll im Folgenden kurz eingegangen werden. Ein wiederholtes Moment – auch im Moscheebaudiskurs zu Köln-Ehrenfeld – betrifft die ästhetische Dimension der Einfügung der Moschee in ein bestehendes Ortsbild. Beliebte Einwände betreffen bspw. die als zu dominant empfundene

Kuppel oder das als unverhältnismäßig hoch – im Vergleich zu einer in der Nähe befindlichen Kirche oder eines angrenzenden Gebäudekomplexes – antizipierte Minarett. Als grundlegend gilt auch hier das erwähnte Urteil vom Verwaltungsgericht Frankfurt, nachdem weder ein als ungewöhnlich empfundener Charakter von Kuppeldach und Minarett einer Moschee, noch ihre die angrenzenden Gebäude überragende Höhe als solche ein hinreichendes Kriterium für die Feststellung einer unzulässigen Beeinträchtigung des Ortsbildes sind:

„Entscheidender noch ist aber auch hier wieder der Hinweis, dass es sich um ein religiöses Gebäude handelt und Kuppel sowie Minarett, die als einzige einige Häuser in der Nachbarschaft überragen, Ausdruck der spezifischen Nutzung des Gebäudes sind, die zulässig ist, so dass seine Besonderheiten hinzunehmen sind. Beim Bau einer christlichen Kirche würde die Forderung, ihr Kirchturm dürfe benachbarte Wohnhäuser nicht überragen, als abwegig abgetan werden" (VG Frankfurt a.M. 27.8.2001, zit. nach Schoppengerd 2008, S. 64).

Vielmehr seien an Moscheen in ihrer Funktion als Sakralbauten besondere Maßstäbe anzulegen, indem festgestellt wird, „dass ein für religiöse Zwecke vorgesehenes Gebäude regelmäßig einen größeren Platzbedarf hat als Wohnhäuser und dieser – sofern er nicht völlig außer Verhältnis zur umgebenden Bebauung steht – hingenommen werden muss, da derartige Anlagen in Wohngebieten zulässig sind" (VG Frankfurt a.M. 27.8.2001, zit. nach Schoppengerd 2008, S. 64).

Die hier anklingende rechtliche Gleichberechtigung von Kirchturm und Moschee findet ihre Fortschreibung in der grundsätzlichen Rechtmäßigkeit des Baus von Moscheen samt Kuppel und Minarett auch in Gebieten, wo diese den Anwohnern als ungewöhnlich fremd bzw. unangenehm erscheinen mögen:

„Dass es durch seine für die Gegend ungewöhnlichen Besonderheiten wie Kuppeldach und Minarett bei der Annäherung an den Ortsteil die Aufmerksamkeit auf sich ziehen wird, ist nicht mit der ästhetischen Störung des sich bietenden Gesamtbilds gleichzusetzen" (VG Frankfurt a.M. 27.8.2001, zit. nach ebenda).

Ein letzter Punkt, der in diesem Abschnitt angerissen wird, betrifft die Frage des Gebetsrufes. In verschiedenen Moscheebaukonflikten – so 1999 in Lauingen (vgl. Schmitt 2003a, S. 166) oder 1995 in Duisburg-Marxloh und Duisburg-Lahr (vgl. Schmitt 2003a, S. 274ff.) – findet sich das Ausbleiben des muslimischen Gebetsrufes bzw. die Reduktion desselbigen auf das Moscheegelände als an die muslimischen Akteure gerichtete zentrale Forderung.[65] Juristisch zu klären ist

---

[65] Es zeigte sich im Rahmen einer Bevölkerungserhebung (N der Gesamtstichprobe=1300) zu den Einstellungen gegenüber der Möglichkeit eines wöchentlich einmal erklingenden Muezzinrufs in der unmittelbaren Nachbarschaft, dass sich diesem gegenüber nur zwischen 33,9% (Duisburg) und

Die Rahmung des diskursiven Feldes 63

dabei nur der Lautsprecher verstärkte Gebetsruf, während der unverstärkte Ruf über die menschliche Stimme keiner Genehmigung bedarf (vgl. Schoppengerd 2008, S. 67 und Schmitt 2003b, S. 3), dabei unterliegt der Muezzinruf der Bundesregierung zufolge dem Schutzbereich der Religionsfreiheit nach Artikel 4 (2) GG (vgl. Schoppengerd 2008, S. 67). „Maßgeblich für die Genehmigung des lautsprecherverstärkten Gebetsrufs sind das Bundesimmissionsschutzgesetz (BImSchG), die Grenzwerte der Vorschriften der Technischen Anleitung zum Schutz gegen Lärm (TA Lärm), das [jeweilige] Landesimmissionsschutzgesetz (LImSchG) und Regelungen der Straßenverkehrsordnung (StVo)" (Schoppengerd 2008, S. 67).

Fallen Lautsprecheranlagen zunächst nicht unter genehmigungsbedürftige Anlagen, dürfen von ihr laut Paragraph 25 BImSchG jedoch keine Immissionen ausgehen, „die nach Art, Ausmaß oder Dauer geeignet sind, Gefahren, erhebliche Nachteile oder erhebliche Belästigungen für die Allgemeinheit oder die Nachbarschaft herbeizuführen" (Paragraph 3(1) BLmSchG, zit. nach Schoppengerd 2008, S. 68). Implizieren solche Störungen auch die negative Religionsfreiheit der betreffenden Anwohner, „als Recht keinen Glauben bilden zu müssen und deshalb nicht religiöser Suggestion ausgesetzt zu sein" (Muckel 1998, S. 3; zit. nach Schoppengerd 2008, S. 67), mag dies in juristischer Perspektive hinsichtlich des Gebetsrufes bedeuten, „dass dieser unterschiedlichen Beschränkungen je nach den spezifischen lokalen Gegebenheiten unterliegt und ggf. anders beurteilt wird als das Glockengeläut" (vgl. Muckel 1998, S. 4, zit. nach Schoppengerd 2008, S. 68). Muckel führt dementsprechend weiter aus:

„Danach ist der muslimische Gebetsruf in einem Gewerbegebiet anders zu bewerten als in einem reinen Wohngebiet, das zudem überwiegend von Christen, gleich welcher Konfession, bewohnt wird. In einem solchen Gebiet kann der Ruf des Muezzin trotz möglicherweise gleicher Lautstärke weitergehenden Beschränkungen unterliegen als kirchliches Glockengeläut. Der Gebetsruf ist in solchen Gebieten nicht in gleicher Weise herkömmlich und sozialadäquat wie Glockengeläut. Die allgemeine Akzeptanz wird von Fall zu Fall unterschiedlich sein" (Muckel 1998, S. 4).

Ob tatsächlich grundsätzliche Unterschiede zwischen Glockengeläut und Gebetsruf zu treffen sind, ist nach Schoppengerd in der juristischen Literatur umstritten.

51,5% (Münster) der Befragten aus den jeweiligen Teilstichproben tolerant zeigten, indem sie angaben, sich diesen vorstellen zu können (vgl. Heitmeyer 2000, S. 490). Von den als deutsch identifizierten Probanden der Ausgangsstichprobe erklärten über 47 Prozent, sich von einem Gebetsruf eher oder stark beeinträchtigt zu fühlen (vgl. Heitmeyer 2000, S. 131). Dementsprechend folgerten die Autoren aus dem Vergleich des Unbehagens gegenüber dem Gebetsruf mit den eruierten Vorbehalten der gegenüber anderen Symbolen und Praktiken von Minderheiten: „Am stärksten beeinträchtigt würden sich Teile der Deutschen durch einen lautsprecherverstärkten Gebetsruf fühlen" (ebenda).

Je nach Kriterium, unterstellter Wirkung und Abstraktionsgrad fällt der Vergleich unterschiedlich aus: Betont Muckel die Unterschiede, als dass der Ezan eine verbalisierte Information – die von vielen Anwohnern nicht verstanden werden kann – enthält und außerdem Heimatgefühle wecke, ergo nicht bloß einer religiösen Funktion diene, betonen Völpel und Ötting die Gemeinsamkeit von Gebetsruf und Glockengeläut dahingehend, „[dass] beide dazu dienen, die Gläubigen zum Gebet zu rufen und Präsenz in der Gesellschaft [zu] zeigen (vgl. Muckel 1998, S. 4 und Schmitt 2003a, S. 4, zit. nach Schoppengerd 2008, S. 68).

Die Frage nach den ungleichen institutionellen Voraussetzungen für Gebetsruf und Glockengeläut ließe sich vermutlich mit der Benachteiligung des ersteren beantworten: Zwar gelten bei Vorliegen eines öffentlichen oder überwiegenden Interesses Ausnahmebedingungen für den Muezzinruf als religiöse Praxis, doch ist dieser den Vorschriften des LImSchG (Paragraph 9) untergeordnet, nachdem zwischen 22 und 6 Uhr Betätigungen verboten sind, welche die Nachtruhe zu stören in der Lage sind. Gibt es gerade in den Sommermonaten sehr frühe Ezan-Rufe zum Morgengebet, erscheinen rechtlich zulässige Einschränkungen des Gebetsrufes zu diesen Zeiten als erwartbar (vgl. Schoppengerd 2008, S. 68).

In welchen Schritten die Genehmigung eines Moscheebauvorhabens – z.B. mit Blick auf den anzupassenden kommunalen Bauleitplan – typischerweise abläuft, kann an dieser Stelle aus Platzgründen nicht erörtert werden.[66] Wichtig erscheint in diesem Zusammenhang allerdings die Feststellung, dass nach Artikel 140 GG anerkannte Religionsgemeinschaften bei der Bedarfsermittlung mehr Autonomie zugesprochen bekommen und insoweit gegenüber bloßen religiösen Vereinen bevorteilt werden – schließlich bedeutet eine Eigenbedarfsfeststellung eine gewisse Unabhängigkeit gegenüber Akteuren der Exekutive (Verwaltung, politische Akteure): „Bei der Aufstellung der [Bauleit]pläne werden [...] Religionsgemeinschaften des öffentlichen Rechts [..] dadurch privilegiert, dass der von ihnen angemeldete Bedarf nicht von der Kommune in Frage gestellt werden darf" (Leggewie 2009, S. 186). Auch gibt es einige weitere Vorteile, die in diesem Zusammenhang eine Anerkennung als Religionsgesellschaft bringen würde, so bspw. bezüglich der Mindestanzahl verfügbarer Stellplätze: „Ob ein Moscheeverein durch die Kommune als Verein oder Kirche klassifiziert wird, ist in diesem Fall wichtig, da für eine Nutzung als Verein oder als Versammlungsstätte häufig eine größere Stellplatzzahl nachgewiesen beziehungsweise eingerichtet werden muss" (Leggewie 2009, S. 191).

---

[66] Siehe bei Interesse: Leggewie 2009, S. 186f.

3.4.2 Kleine Soziologie regionaler Moscheebaukonflikte

Den Arbeiten von Schmitt (2003a, 2003b), Schoppengerd (2008) und Leggewie (2009) zufolge lassen sich bei in der BRD bereits analysierten Moscheebaukonflikten verschiedene Konflikttypen ausmachen. Vor der Darlegung einer sich daraus ergebenen Typologie sei als grundlegende Konfliktdefinition auf eine Definition von Bonacker/Imbusch und Wasmuth verwiesen: „Konflikte lassen sich [...] definieren als soziale Tatbestände, an denen mindestens zwei Parteien beteiligt sind (Einzelpersonen, Gruppen, Staaten etc.), die auf Unterschieden in der sozialen Lage und/oder auf Unterschieden in der Interessenkonstellation der Konfliktparteien beruhen" (Bonacker/Imbusch 2006, S. 69). Dabei verfolgen diese „a) unterschiedliche, vom Ausgangspunkt her unvereinbare oder als unvereinbar scheinende Ziele [...] oder [wollen] b) unterschiedliche, vom Ausgangspunkt her unvereinbare Mittel zum Erreichen eines bestimmten Ziels [anwenden]" (Wasmuth 1992, S. 7f.; zitiert nach Schmitt 2003a, S. 91). Schoppengerd unterscheidet nun mit Blick auf Moscheebaukonflikte zunächst zwischen Ziel - und Mittelkonflikten:

- Zielkonflikte:

„Im Bereich der Zielkonflikte steht häufig das Ziel, eine repräsentative Moschee an einem bestimmten Standort zu errichten, dem Ziel gegenüber, ein bestimmtes Gebiet von Störung frei zu halten bzw. einen Status quo zu erhalten. Bei diesem grundlegenden Zielkonflikt kommt es häufig zu Auseinandersetzungen um die folgenden Punkte:

- den Standort der Moschee
- die Größe des Moscheebaus
- die Störungen, die vom Betrieb der Moschee ausgehen
- die Anzahl der Stellplätze
- den Gebetsruf und das Einfügen in die Umgebung und das Ortsbild"

(Schoppengerd 2008, S. 70, vgl. auch Leggewie et al. 2002, S. 83 u. S. 111 sowie Kapphan 2004, S. 248).

- Mittelkonflikte:

Diese „entstehen häufig im Bereich der Kommunikation zwischen den beteiligten Akteuren„ (Schoppengerd 2008, S. 70). Als typische Aspekte können dabei angeführt werden,

- „dass die Nachbarschaft sich unzureichend informiert fühlt
- dass die Kommunikation mit der lokalen Öffentlichkeit gescheitert ist
- dass Missverständnisse in der Kommunikation zwischen der Kommune und dem Moscheeverein auftreten" (Schoppengerd 2008, S. 70, vgl. Leggewie et al. 2002, S. 83 und 93-94).

Bei der Verortung der Konfliktursachen lassen sich Schmitt (2003a) zufolge raumbezogen-städtebauliche, ethnische und religionsbezogene Konflikte unterscheiden, wobei der konkrete Fall oftmals durch Verschränkung verschiedener Dimensionen gekennzeichnet ist. Auf einer abstrakteren Ebene könnte dabei der Ansatz von Bonacker/Imbusch anregend sein, zwischen Normenkonflikten (Konflikte, in denen Wertvorstellungen kollidieren bzw. zur Disposition stehen) und Konflikten um knappe Güter (Raum, Geld, Macht und andere knappe Ressourcen) zu unterscheiden (vgl. Bonacker/Imbusch 2006, S. 70).

Symbolische Moscheebaukonflikte[67] gehören nun typischerweise zu denjenigen Konflikten, wo sich Ressourcen- und Wertekonflikte miteinander verschränken. Die symbolischen Dimensionen können nun wie im Fall des Bobinger Minarettstreits manifest werden oder das Kleid eines *umgelenkten* Konfliktes tragen, in dem die symbolischen Dimensionen hinter dem Antlitz des Ziel- oder Mittelkonfliktes verborgen bleiben.[68] Aus Perspektive der Friedens- und Kon-

---

[67] So führt u.a. Kapphan aus, dass sich bei symbolischen Konflikten typischerweise die eigentlichen Dimensionen hinter den baurechtlichen Aspekten verbergen: „Gerade bei der Bewertung von Kuppel und Minarett zeigt sich jedoch eine starke symbolische Seite des Konflikts. Symbolisch ist der Konflikt, weil sich hinter den vorgetragenen baurechtlichen Einwänden andere Dimensionen des Konfliktes verbergen" (Kapphan 2005, S. 247, zit. nach Schoppengerd 2008, S. 71). Im Kontext von Moscheekonflikten zählen für Leggewie zu den symbolischen Dimensionen bspw. Identität bezogene Wertprinzipien der beteiligten Akteure: „Unlösbar erscheinen Streitigkeiten, bei denen es »ums Ganze« geht – um hehre Prinzipien und den Kern der Identität einer Gruppe. (...) Das zeigt: Moscheekonflikte sind jenseits der Streitigkeiten um Lärm und Parkplätze und jenseits der konkreten Funktion von Sakralbauten hochbrisante symbolische Anerkennungskonflikte" (vgl. Leggewie 2009, S. 122).
[68] Bonacker/Imbusch (2006) operieren mit einer Differenz zwischen manifesten und latenten Konflikten in Ergänzung der Kategorie des umgeleiteten Konflikts nach Ralph Dahrendorf: „Als manifest ließe sich ein Konflikt bezeichnen, der aufgrund seines Konfliktaustrags oder in Bezug auf die offeneArtikulation durch die Konfliktparteien als solcher erkennbar ist. Im Gegensatz dazu wäre ein

Die Rahmung des diskursiven Feldes

fliktforschung ist nun die Frage nach der Konstruktivität bzw. Destruktivität entscheidend[69], oder alternativ formuliert: Ob diese symbolischen Konflikte desintegrativ wirken oder im konkreten Kontext als Medium bzw. gar Form der Integration fungieren.[70]

Für die Beantwortung dieser Frage spielt Bonacker und Imbusch zufolge auch die Struktur des Konfliktgegenstandes eine tragende Rolle: Lässt sich dieser nach dem *Mehr-oder-Weniger-Prinzip* teilen oder orientieren sich die beteiligten Akteure aufgrund zu knapper Ressourcen oder einer antizipierten Inkommensurabilität zwischen verschiedenen Werteystemen an dem *Entweder-Oder-Prinzip* (vgl. Bonacker/Imbusch 2006, S. 74)? Um eine solche Struktur in concreto erkennen zu können, erscheint eine Verortung der bei symbolischen Moscheebaukonflikten typischerweise verhandelten Konfliktgegenstände (institutionell verhandelbare Gegenstände, knappe Güter, Normen) auf *unterschiedlichen* Ebenen als fruchtbar. Berücksichtigt werden neben dieser bei symbolischen Moscheebaukonflikten typischen Verschränkung verschiedener Konfliktdimensionen zudem die Aspekte des Manifestationsgrades[71] der Konfliktgegenstände als auch ihre Teilbarkeit bzw. Übertragbarkeit (Transformativität) in andere Güter (Bsp: Die Forderung nach der Kürzung der Minaretthöhe lässt sich mit dem Zugeständnis einer größeren Kuppel verknüpfen). Demnach läßt sich folgende Typologie[72] erstellen (siehe die folgende Seite):

---

latenter Konflikt nicht unmittelbar als solcher erkennbar, weil er (noch) nicht offen ausgetragen wird.(...) Ein umgelenkter Konflikt wäre einer, der aus bestimmten Gründen nicht ausgetragen werden kann, aber gleichsam in andere Konfliktbereiche oder Verhaltensweisen abgedrängt wird, in denen eine Austragungschance besteht" (Bonacker/Imbusch 2006, S. 71f.).

[69] Zur Differenzierung zwischen destruktiven und konstruktiven Konflikten schreiben Bonacker/Imbusch in Anlehnung an Morton Deutsch: „Ein Konflikt hätte einen destruktiven Charakter, wenn die Konfliktparteien mit dem Ausgang einer Auseinandersetzung unzufrieden sind oder sie das Ergebnis für sich als negativ perzipieren. Destruktive Konflikte bergen ein hohes Eskalationspotential in sich und verselbständigen sich häufig gegenüber ihren ursprünglichen Gründen. Dagegen hätte ein Konflikt konstruktive Konsequenzen, wenn alle Teilnehmer am Ende mit den erzielten Ergebnissen zufrieden sind oder etwas gewonnen haben" (Bonacker/Imbusch 2006, S. 73f).

[70] Vgl. Leggewie 2009, S. 123; zu den verschiedenen Funktionen von Konflikten vgl. Bonacker/Imbusch 2006, S. 73f.

[71] Es wird hier die Annahme vorausgesetzt, dass der Manifestationsgrad der bei Moscheebaukonflikten verhandelten Konfliktgegenstände sich proportional zur formal-institutionellen Relevanz (Anschlussfähigkeit an Rechtsdiskurse) derselbigen und umgekehrt proportional zu ihrem symbolischen Charakter verhält. Es ist dementsprechend zu erwarten, dass sich baurechtlich entscheidbare Fragestellungen – bspw. nach der Minaretthöhe – eher an der Oberfläche zeigen werden, als die Konkurrenz um normative Dimensionen symbolischer Ordnungen.

[72] Diese Typologie ersucht zentrale konfliktsoziologische Aspekte wichtiger Arbeiten zum Moscheebau (Schmitt 2003a, Hüttermann 2006, Schoppengerd 2008 und Leggewie 2009) zu kanalisieren und diese mit eigenen Ideen zu verknüpfen. Sie erhebt nicht den Anspruch, symbolische Moscheebaukonflikte empirisch abzubilden, sondern diese in einigen für die Konfliktdynamik relevanten Dimensionen zu beleuchten.

Tabelle 1: Konfliktdimensionen bei regionalen Moscheebaukonflikten (eigene Erstellung)

	Konflikt-dimension	Bei regionalen Moscheebaukonflikten typischerweise ausgehandelte Konfliktgegenstände					
Manifestationsgrad / **Transformativität/Teilbarkeit** ↓	*Institutionell*	Multifunktionalität[73] / Lärm	Moscheegröße / Verkehrsplätze	Minarett-(höhe) / Moscheestandort	Namensgebung / Gebetsruf	Baustil	Legalität der Strukturen des Trägervereins (Finanzierung etc.)[74]
	Knappe Güter	Sozialraum	Sicherheit	Symbolische Repräsentation	Macht	Status	Religionsfreiheit
	Normative Prinzipien	Etabliertenvorrechte	Gastrecht	Mehrheitsprinzip	Universalismus	Kulturrelativismus	Ethnozentrismus

Über die Betrachtung dieser Typologie sollte deutlich werden, dass bei symbolischen Moscheebaukonflikten verschieden dimensionierte Konfliktgegenstände verhandelt werden können, die als Variablen von Konflikt zu Konflikt unterschiedlich miteinander interagieren und zudem in ihrer Funktion als Konfliktgegenstand für den je konkreten Verlauf von unterschiedlicher Bedeutung sind. Die Frage der Teilbarkeit/Transformativität des jeweiligen Konfliktes erscheint dabei sehr komplex, da für deren Beantwortung auch die Gewichtung jeder der drei Ebenen samt zugehöriger Konfliktgegenstände für die beteiligten Akteure betrachtet werden müsste. Diese könnte über die Differenz von intrinsischem und extrinsischem Bezug zum Konfliktgegenstand erhoben werden: Wenn bspw. die Einwände gegen ein Minarett bloß als Rationalisierung tiefer liegender Wertvorstellungen über Etabliertenvorrechte fungieren, ließe sich von einem intrinsi-

---

[73] Mit 'Multifunktionalität' soll die institutionelle Ausrichtung der Moschee bzw. des Moschee-trägers gemeint sein, so ob dieser bspw. noch ein angrenzendes Gewerbe oder ein Jugendzentrum betreibt.

[74] In Köln-Ehrenfeld bspw. wird die Rolle von DITIB als legalem Trägerverein dahingehend in Frage gestellt, als dass DITIB als verlängerter Arm des türkischen Staates verstanden wird. So heißt es in einem Aufsatz von Nikolaus Schneider – damals Präses der Evangelischen Kirche im Rheinland – zur geplanten DITIB-Moschee: „Auch die Frage nach dem Bauherrn eines Gotteshauses ist zu stellen. DITIB, der Verein, der den Bau der Moschee in Köln-Ehrenfeld beantragt hat, ist (...) ein besonderer Verein, weil er eine Einrichtung des türkischen Staates auf deutschem Boden ist." (Sommerfeld 2008, S. 185f).

Die Rahmung des diskursiven Feldes 69

schen Bezug zum Konfliktgegenstand 'Wertvorstellungen' und einem extrinsischen Bezug zum institutionellen Konfliktgegenstand 'Minarett' sprechen. Vorausgesetzt, dass beteiligte Konfliktparteien institutionell verortbare Konfliktgegenstände eher als knappe Ressourcen und knappe Ressourcen eher als Wertvorstellungen[75] dem Prinzip der Teilbarkeit folgend verhandeln, könnten symbolische Moscheebaukonflikte ihrem konstruktiven Potential nach wie folgt formalisiert werden[76]:

- Integrativ:
  Institutionell/intrinsisch – Knappe Güter/extrinsisch –Wertvorstellungen/extrinsisch

- Konstruktiv:
  Institutionell/intrinsisch – Knappe Güter/intrinsisch – Wertvorstellungen/extrinsisch –

  Institutionell/intrinsisch – Knappe Güter/extrinsisch – Wertvorstellungen/intrinsisch

- Desintegrativ:
  Institutionell/extrinsisch – Knappe Güter/extrinsisch – Wertvorstellungen/intrinsisch –

  Institutionell/extrinsisch – Knappe Güter/intrinsisch – Wertvorstellungen/extrinsisch

- Destruktiv:
  Institutionell/extrinsisch – Knappe Güter/intrinsisch – Wertvorstellungen/intrinsisch

---

[75] Zeigt sich eine mögliche Unteilbarkeit bzw. Inkommensurabilität verschiedener Wertvorstellungen bereits bezüglich der Konfliktaustragungsmodi, verspricht dies ein besonders destruktives Potential. So schreibt Leggewie über vorwiegend symbolisch ausgetragene Moscheebaukonflikte: „Bei ihnen gilt nicht das <<Mehr oder Weniger>>, das einer materiellen Entschädigung zugrunde liegt, sondern das <<Entweder-oder>> einer unbeugsamen Überzeugung (...). Unteilbar scheinen Konflikte, wenn nicht nur ein Dissens in der Sache besteht (...) sondern wenn sich die Konfliktgegner nicht einmal über die Prozeduren der Streitschlichtung einig werden können, weil sie die gegnerische Position völlig ablehnen und am liebsten, bisweilen wortwörtlich: ausradiert sähen" (Leggewie 2009, S. 122).
[76] Dabei sei 'inkludierend' – naiv formuliert – die wünschenswerteste und desintegrativ die ungünstigste Konfliktkonstellation. Eine solche konflikttheoretische Formalisierung ist normativ eingefärbt und in einer Perspektive verankert, welche den potentiellen gesellschaftlichen Nutzen der betreffenden Moscheebaukonflikte zu klassifizieren sucht. Es sollte deutlich werden, dass diese normative Abstufung nicht den ethischen Vorstellungen des Autors entsprungen ist. Auch ist ihre empirische Relevanz nicht geklärt – dies bedürfte einer Faktorenanalyse.

Institutionell/intrinsisch – Knappe Güter/intrinsisch – Wertvorstellungen/intrinsisch

Folgt man der erwähnten Literatur, erscheint neben dem Faktor Teilbarkeit auch die Frage des dominierenden Handlungsstils der beteiligten Akteure untereinander als relevant für die Frage nach dem destruktiven bzw. konstruktiven Potential eines Konfliktes. Zur Erfassung des Handlungsstils bietet sich dabei Schmitt zufolge für Moscheebaukonflikte die Unterscheidung zwischen heißen und kalten Konflikten an: Während Erstere von einem „Handlungsüberangebot" charakterisiert sind, in denen die beteiligten Parteien über Mittel der persuasiven Kommunikation (z.b. Appell an Gefühle, Argument der großen Zahl, Framing etc.) die anderen Akteure von ihrer eigenen Position überzeugen wollen, diesen in Face-to-Face-Kontakten begegnen und ihre eigene Anhängerschaft zu vergrößern versuchen, kennzeichnet kalte Konflikte ein weniger konstruktiver Handlungsstil, bei dem sich die Konfliktparteien überwiegend meiden und ihre Handlungskoordinierung auf formal-institutionelle Prozeduren umstellen (vgl. Schmitt 2003a, S. 102f.). Der nun im Folgenden fokussierte Moscheebaukonflikt in Bobingen ist ein von Schmitt (vgl. Schmitt 2003a, S. 185ff.) gut dokumentiertes Beispiel für solch einen kalten Konflikt, bei dem zum einen nur schwer teilbar wirkende Konfliktgegenstände – symbolische Ordnungen der Bobinger Lebenswelt – verhandelt wurden und zum anderen die Handlungskoordination vom Medium Kommunikation zunehmend auf das Medium Recht umgestellt wurde.

3.4.3 Moscheebaukonflikte im Spannungsfeld zwischen Lebenswelt und Rechtssystem: Beispiel Bobingen

Dass es über einen Rechtsstreit bei entsprechenden Ressourcen der beteiligten Akteure wiederholt gerade nicht zu einem für alle Beteiligten tragfähigen Ergebnis kommt (vgl. Leggewie 2009, S. 191), deutet eine mangelhafte Fähigkeit der Judikativen an, bezüglich Moscheebaukonflikten zur Integration konkurrierender symbolischer Ordnungen beizutragen.[77] Auf eine zu erwartende Kollision der lebensweltlich verankerten symbolischen Ordnungen mit den formal-institutionel-

---

[77] Eine ausschließliche „Sozialintegration" (Habermas) über das Medium Recht erscheint bei Moscheebaukonflikten schon daher als unmöglich, als dass Rechtsinstitutionen hinsichtlich der Legitimation konfliktbezogenen Forderungen mit lebensweltlichen Bezug bloß eine regulative Funktion aufweisen und keine konstituierende Kraft besitzen können: „Rechtsinstitutionen bedürfen einer materiellen Rechtfertigung [eine Legitimation, die auf lebensweltlich relevanten Prinzipien rekurriert], weil sie zu den legitimen Ordnungen der Lebenswelt selbst gehören und zusammen mit den informellen Handlungsnormen den Hintergrund kommunikativen Handelns bilden (Habermas 1995, S. 536).

len Arrangements verweist dabei insbesondere die Entwicklung, dass Rechtsstreitigkeiten seit einigen Jahren – was Leggewie zufolge auch auf ein geändertes und professionelleres Planungsverhalten von Seiten der Moscheevereine zurückzuführen ist – zumeist im Sinne der Moscheevereine entschieden werden (vgl. Leggewie 2009, S. 137).

Dieser Erkenntnis folgend ließe sich vermuten, dass lebensweltlich verankerte Wertvorstellungen und symbolische Ordnungen der politischen Kultur im Kontext von Moscheebaukonflikten zunehmend auch von denjenigen Wissensordnungen irritiert werden, die sich in Dispositiven der Judikativen manifestieren.[78]

Ein interessanter Fall in diesem Zusammenhang ist der Moscheebaukonflikt in Bobingen, einer bayerischen Kleinstadt im Regierungsbezirk Schwaben: Nachdem die Stadtverwaltung und der Stadtrat – sowohl die Mehrheit der CDU/-CSU als auch der SPD – einen Antrag der seit 1974 ortsansässigen und zur DITIB gehörenden „Muslimgemeinde Bobingen e.V." auf den Bau eines 25 m hohen Minaretts an die schon bestehende Moschee (ein ehemaliges Gasthaus) ablehnte, zog die besagte Moscheegemeinde bis vor das Verwaltungsgericht in Augsburg. Dass sich hier eine Kollision verschiedener Wertvorstellungen bzw. symbolischer Ordnungen andeutete, legen die Begründungen des die Stadt vertretenden Anwalts und der Stadtverwaltung nah. Zur Abweisung der vom Moscheeverein eingereichten Klage führte der Anwalt der Stadt aus:

„Der Bevollmächtigte der beigeladenen Stadt Bobingen beantragte (...), die Klage abzuweisen. Ein Vergleich von Kirchturm und Minarett verbiete sich deshalb, weil der Islam als Religion sich anders als die christlichen Kirchen als totales Lebens- und Wertesystem verstehe. Ein Minarett sei auch nicht notwendiger Bestandteil einer Moschee. Die von ihm ausgehende Werbefunktion lasse erhebliche Bedenken hinsichtlich einer Sicherung der Erschließung des Baugrundstückes aufkommen. Auch hinsichtlich des Maßes der baulichen Nutzung ergäben sich durchgreifende Bedenken, weil ein 25 m hohes Minarett erheblich den Rahmen der vorhandenen Bebauung sprenge. Aus der orientalisch wirkenden Baugestaltung ergäben sich des Weiteren erhebliche Bedenken auf die zulässige Bauweise"(Urteil des Bayer. Verwaltungsgerichts Augsburg vom 14.7.1994 (Az: Au 2 K 93.00706), S. 13f.; zit. nach: Schmitt 2003a, S. 198).

Bemerkenswert daran erscheint – wie auch Schmitt feststellt – die Offenheit, in der kaum versucht wurde, die eigenen Vorstellungen über Etabliertenvorrechte hinter baurechtlichen Aspekten zu kaschieren: Der Verweis auf die „orienta-

---

[78] Normativ formuliert geht die Judikative in puncto Moscheebauten der politischen Kultur – unter der Annahme eines liberalen Politikverständnisses – deutlich voraus.

lisch" (ebenda) wirkende Bauweise wird als Argument gegen das Minarett angeführt, ohne dass eine weitere Erörterung beziehungsweise eine Vervollständigung der Argumentform – z.B. über die Anführung einer Meinungsumfrage zum Minarett – erfolgt.

Die Annahme, der 'orientalische Charakter' wirke als Störfaktor, scheint im Modus der *natürlichen Einstellung*[79] geäußert worden zu sein – selbstverständlich, einer näheren Begründung entbehrend. Diesem Deutungsmuster folgend würde mit dem Bau eines hohen Minarettes eine symbolische Ordnung gefährdet werden, in der das Fremde – hier als exotisches Antlitz eines orientalischen Architekturstils – einen untergeordneten Platz einzunehmen hätte. Auch die unverhohlene Stilisierung des Islams als totalitäres System und der daraus abgeleiteten Privilegierung christlicher Belange verweist auf symbolische Dimensionen des Konfliktes. Mit dieser Deutung der zitierten Äußerungen als Ausdruck einer Annahme von Etabliertenvorrechten korrespondieren auch die Kommentare der vom Anwalt repräsentierten Stadtvertreter (vgl. Schmitt 2003a, S. 211). So galt für den Stadtrat der Bau des erwähnten Minaretts als Störung der „Harmonie" des von historischen Gebäuden und der Liebfrauenkirche geprägten Stadtbildes, wobei der Bürgermeister betonte, die derart begründete Ablehnung des Minaretts als Ausdruck eines fremden und unerträglichen Baustils sei nicht diskriminierend, da es auch rechtlich unzulässig sei, „im Mittelschwäbischen" Ostfriesland typische Häuser zu errichten (vgl. ebenda).

Dass diese Legitimationen der Ablehnung des Minarettbaus – die mit Luckmann und Berger auf der Ebene der „Legitimationen zweiten Grades" (Berger 2004, S. 114) verortet werden können[80] – nicht (bei der Konstruktion des Islams als totales System) oder nur bedingt (im Fall des Bürgermeisters) in baurechtliche Argumente rationalisiert werden, kann als Ausdruck dafür verstanden werden, dass die Akteure der Stadtverwaltung und des Stadtrats über lebensweltlich

---

[79] Vgl. die Ausführungen von Schütz zum Konzept der natürlichen Einstellung (Luckmann/Schütz, S.29ff.): Die natürliche Einstellung bezeichnet einen auf die alltägliche Lebenswelt – „jener Wirklichkeitsbereich(...) den der wache und normale Erwachsene in der Einstellung des gesunden Menschenverstandes als schlicht gegeben vorfindet" (Luckmann/Schütz 2003, S. 29) – gerichteten Erfahrungs- und Erlebnisstil der „natürlichen Weltanschauung", in der jeder Sachverhalt als fraglos und vorerst unproblematisch erlebt wird.

[80] Dass die Privilegierung des Christentums mit der Totalität des Islams legitimiert wird, erinnert an die von Luckmann und Berger angeführten Beispiele für "Legitimationen zweiten Grades", die zur Stützung symbolischer Sinnwelten dienen und insbesondere dann verwendet werden, wenn die symbolischen Ordnungen in ihrer Gewissheit durch die Aufdringlichkeit anderer Wirklichkeiten gefährdet sind. Luckmann und Berger führen als Beispiel die „präzisen christologischen Formulierungen der frühen Kirchenkonzile" als Abwehr gegenüber konkurrierenden Heterodoxien (vgl. Berger 2004, S. 114f). (Kirchengeschichtlich könnte hier der Konflikt zwischen den Arianern und den Anhängern der Dreifaltigkeitslehre umd die frühen Konzile von Nizäa (325) und Konstantinopel (381) angeführt werden.

Die Rahmung des diskursiven Feldes 73

relevante Aspekte der symbolischen Ordnung verhandeln möch-ten, für welche sich das zuständige Verwaltungsgericht eben nicht zuständig sieht. Diese Asymmetrie zwischen lebensweltlich relevanten Fragestellungen und der juristischen Irrelevanz derselben wird besonders deutlich, wenn die angeführ-ten Argumente mit dem Urteil des Verwaltungsgerichts Augsburg kontrastiert werden. Dort heißt es auszugsweise:

„Auf Grund Art. 11 Abs 2 BayBO 1994 sind bauliche Anlagen mit ihrer Umgebung derart in Einklang zu bringen, dass sie das Straßen-, Orts oder Landschaftsbild nicht verunstalten (...) [Die Meinung der Behörden, T.S.] läuft darauf hinaus, einen vorwiegend im Orient anzutreffenden Baustil grundsätzlich abzuqualifizieren. Dies ist unzulässig. Verunstaltend ist eine Anlage dann, wenn sie das Geschmacksempfinden des für ästhetische Eindrücke offenen, sogen. gebildeten Durchschnittsbetrachters verletzt (...). Das Geschmacksempfinden des gebildeten Durchschnittsbetrachters wird gerade nicht durch unterschwellig religiös oder national motivierte Ängste bestimmt sondern durch auf entsprechende Bildung beruhende, zeitgerechte ästhetische Offenheit (Liberalität)" (Urteil des VG Augsburg vom 14. 7.1994, Aktenzeichen Au2 K 93.00706, S. 15-18;21; zit. nach Schmitt 2003a, S. 199).

Diese Diskrepanz zwischen lebensweltlicher Relevanz und juristischer Abstraktion eben dieses lebensweltlichen Kontextes verweist auf ein *Legitimationsproblem*, das in verschiedenen Moscheebaukonflikten zu beobachten ist und auf dysfunktionale Aspekte des Mediums Recht (zumindest in der gegenwärtigen Ausprägung) bei der Koordination lebensweltlich eingebetteter Handlungen verweist. So konnte die erstrittene Rechtsmäßigkeit im ausgewählten Beispiel Bobingen den Konflikt nicht im Sinne der beteiligten Akteure[81] lösen, da diese nicht für die nötige Legitimation der *Folgen* der betreffenden Urteile sorgen konnte, welche schließlich auf eine lebensweltliche Verankerung angewiesen ist. Um die im Spannungsfeld zwischen juristischer und lebensweltlicher Legitimität generierten und über das Rechtsmedium nicht aufzulösenden Ambivalenzen (in Bobingen: Das Minarett als legales und zugleich illegitimes Vorhaben) soziologisch zu fassen, liegt ein Rückgriff auf die These der Kolonialisierung der Lebenswelt von Jürgen Habermas nahe (vgl. Habermas 1995). In Anlehnung an diese ließe sich der Versuch, kalte Moscheebaukonflikte auf Rechtswegen zu

---

[81] Zu weiteren 'kalten' Moscheebaukonflikten gehören u.a. die Konflikte in Dillenburg/Hessen, München oder Rodstein (vgl. Leggewie 2009). Weitere im Sinne des Trägervereins ausgetragene Rechtsstreitigkeiten, die in ihren Urteilsbegründungen gut zugänglich sind, finden sich für Moscheebaukonflikte in Neuwied (2009)und Minden (2010). Vgl. die Urteile des Oberverwaltungsgerichtes Rheinland-Pfalz (AZ 8A10291/O9.OVG) und des Verwaltungsgericht Minden (AZ 9K 981/09).

lösen, als Ausdruck der Verrechtlichung von Legitimationsprozessen verstehen, die mit einer Konkurrenz zwischen Formen der System- und der Sozialintegration einhergeht. Diese Spannung zeigt sich dort, wo lebensweltlich verankerte Modi der Lösung von Handlungsproblemen – so bspw. ein zunächst über Bürgerversammlungen im Kiez ausgetragener Moscheebaukonflikt – zunehmend von Steuerungsmedien der Systemintegration (z.B. Recht) abgelöst werden. Das Moment der Kolonialisierung wird manifest, wenn lebensweltlich legitimierte Modi der Konfliktaustragung und damit einhergehende Ausprägungen kommunikativer Rationalität zunehmend von einer Zweckrationalität verdrängt werden, die sich an den *Folgen* der Konfliktaustragung im Sinne der Systemintegration, nicht jedoch an den *Begründungen* möglicher Folgen und Modi der Konfliktaustragung im Sinne der Sozialintegration orientiert. Dass das formale Ende des Moschee- bzw. Minarettstreits in Bobingen nicht zur Lösung des Legitimitätsproblems führte, zeigt sich u.a. daran, dass selbst nach fünf Jahren der Urteilsverkündigung der ortsansässige Moscheeverein aus einem antizipierten Mangel an Legitimität bei der Stadt und der örtlichen Bevölkerung – der Moscheeverein wollte erst abwarten, bis sich „die Gemüter der Stadt und der Bevölkerung beruhigen" (Schmitt 2003a, S. 206) – trotz der Rechtmäßigkeit noch kein Minarett installiert hatte (vgl. Schmitt 2003a, S. 206).

Es greift hier die mangelnde Kapazität der Legitimation durch (juristische) Verfahren, sich selbst zu begründen – sie hat zwar eine regulative Funktion, kann sich selbst allerdings nicht legitimieren. Für kommunikativ strukturierte Handlungsbereiche – in denen eben auch lokale Moscheebaukonflikte eingebettet sind – bedürfen juristische Austragungsformen „einer materiellen Rechtfertigung, weil sie zu den legitimen Ordnungen der Lebenswelt selbst gehören und zusammen mit den informellen Handlungsnormen das kommunikative Handeln bilden" (Habermas 1995, S. 536). In diesem Spannungsfeld zwischen Legalität und Legitimität bzw. Sozial- und Systemintegration lässt es sich verorten, wenn bei Moscheebaukonflikten der Legitimationsprozess im jeweiligen lebensweltlichen Kontext auch nach dem formalen Ende des Konfliktes gart und sich die beteiligten Akteure im Kon-fliktverlauf ablehnend – z.B. im Lamentieren über die 'Paragraphenreiterei' der auf positives Recht verweisenden Akteure – gegenüber der *Legitimation qua Verfahren* äußern. Wie sich die gegebenen institutionellen Arrangements ändern müssten, um die mit der Diskrepanz zwischen Legitimation und Legalität einhergehenden Ambivalenzen stärker als bisher abzumildern und sich der bei Moscheebaukonflikten zum Ausdruck kommenden „Umstellung der symbo-lischen Ordnung" (Leggewie 2009, S. 184) anzupassen[82], bleibt eine offene Frage.[83]

3.5 Resümee

Im vorangehenden Kapitel wurde auf verschiedenen Ebenen neben den eher statisch anmutenden Ausführungen zu den ambivalenten Logiken institutioneller Rahmenbedingungen religiöser Vielfalt das Verhältnis von formal-institutionellen Semantiken zu öffentlichen Semantiken des Religiösen – im Kontext der Lebenswelt oder der *politischen Kultur*[84]– zu beleuchten versucht. Gefolgt wurde dabei der Annahme, dass die symbolische Integration religiöser Vielfalt – insbesondere in der Form muslimischer Praktiken – nicht bloß auf der Ebene diskursiver Aushandlungen, sondern bereits auf der relativ formalen Ebene europäischer und deutscher Religionspolitik mit Ambivalenzen und „widersprüchlichen Erwartungsstrukturen" (vgl. Koenig 2007, S. 348) einhergeht.

Diese Ambivalenzen und Schwierigkeiten der (symbolischen) Integration religiöser Vielfalt zeigten sich auf europäischer Ebene sowohl in den widerstre-

---

[82] Leggewie formuliert die Legitimationsproblematik, die sich typischerweise bei Moscheebaukonflikten in Deutschland abzeichnet, als Problem der Güterabwegung: „Auch wenn also Gleichstellungsforderungen bei Moscheebauvorhaben kaum zurückgewiesen werden könnten, erfordert die damit verbundene Umstellung der *symbolischen Ordnung* der Gesellschaft Abwägungen mit anderen Rechtsgütern, die üblicherweise das 'einfache' Bau-und Immissionsschutzrecht betreffen, es aber auch überstrapazieren können" (Leggewie 2009, S. 184).
[83] So dürften Legitimationsprozesse im Kontext von Moscheebaukonflikten weniger ambivalent verlaufen, wenn sich die betreffenden juristischen Legitimationsverfahren bzw. „die Prozesse der Verrechtlichung an die vorgängigen Institutionen der Lebenswelt anschließen und sozial integrierte Handlungsbereiche rechtlich überformen", so dass diese formalen Institutionen sich „auch im Rechtsbewusstsein der Alltagspraxis spiegeln" (Habermas 1995, S. 537). Ein Weg dorthin könnte ein Plus an konkordanzdemokratischen Elementen mit ausgeprägtem Minderheitenschutz sein, um das deutsche Religionsrecht hinsichtlich der Frage nach der Errichtung von Sakralbauten in seiner Orientierung an stark positivistisch anmutende Rechtsbereiche – wie dem Bundesimmissionsschutzgesetz oder dem Baugesetzbuch – hin zu einer stärkeren gesinnungsethischen Ausrichtung zu korrigieren.
[84] Zum Begriff der politischen Kultur vgl. die Ausführungen von Schiffauer (1997, S. 67f.), der die politische Kultur einer Gesellschaft mit dem Konzept des Diskursfeldes zu fassen versucht: „Ist es überhaupt sinnvoll, von *einer* deutschen (bzw. französischen, englischen) politischen Kultur auszugehen? Wird damit nicht eine Ganzheit konstruiert, die es in dieser Form nicht gibt (...)? (...) Es scheint mir möglich, auch dann an einem Begriff von Kultur festzuhalten, wenn man sie nicht mehr als System (etwa analog zur Grammatik) versteht. Der entscheidende Begriff scheint mir derjenige des Diskursfeldes zu sein, in dem kulturelle Akteure sich über Deutungen, Normen und Werte, Stilfragen und Erinnerungen miteinander auseinandersetzen. Eine beliebige Position in diesem Feld (und sei sie auch noch so minoritär) muss einen Bezug zu anderen Positionen herstellen, wenn sie bestehen ist, sich durchzusetzen. Sie muss Kontinuitäten herstellen, Erinnerungen evozieren, an Ordnungskonzeptionen anknüpfen: Es müssen Bezugspunkte gefunden werden – Erfahrungen, Sorgen, Techniken, Handlungsstile –, um vermittelbar zu sein"(ebenda, S. 67).

benden Logiken der Konvergenz und Divergenz als auch in den Konstruktionen der relevanten Praktiken als Kultur, Tradition, Religion oder Politik, auf staatlicher Ebene in der im Rechtsdiskurs vollzogenen Reproduktion konkurrierender Verortungen religiöser Praxis und auf Bundesländerebene – am Beispiel des Islamunterrichtes – in den an muslimische Akteure widersprüchlich ausgerichteten Erwartungsstrukturen. Wollte man eine vertikale bzw. integrierende Perspektive über die vorausgehenden Ausführungen legen, erscheint die für jede Ebene anwendbare Leitdifferenz zwischen Mehrheits- und Minderheitenrecht als konstruktiv.[85]

Diese Frage nach der mit den jeweiligen Praktiken einhergehenden Verankerung von Religionsfreiheit als Minderheiten- oder Mehrheitsrecht zeigt bereits eine – eben sehr oberflächliche und darin sichtbare – *symbolische* Dimension der Organisation religiöser Vielfalt. Sie ist darin anschlussfähig an die Ausgangsfrage nach dem Bezug von Moscheebaudiskursen zu symbolischen Ordnungen. Fraugen nach der Organisation religiöser Vielfalt werden in diesem Sinne zu Fragen nach symbolischen Ordnungen, als dass konkrete Handlungen individueller Akteure ihres begrenzten Kontextes entkleidet (symbolisch im Sinne von Berger/Luckmann), gen einer abstrakteren Ebene transzendiert und dort mit anderen Wirklichkeitssphären zu integrieren versucht werden. In dieser symbolischen Sinnwelt berühren schließlich konkrete Religionsausübungen die abstrakte (Über-, Unter-) Ordnung der 'Mehrheit' im Verhältnis zur 'Minderheit'. Dass in diesem Spannungsfeld zwischen mehrheitsrechtlichen und minderheitsrechtlichen Aspekten der Verankerung von Religionsfreiheit gerade im Kontext muslimischer Praktiken symbolische Ordnungen und diese legitimierenden Sinnwelten in Konkurrenz miteinander stehen, zeigte das Beispiel Bobingen. So boten juristische Dispositive weitaus mehr Anerkennungsraum (allerdings mit ungenügender Legitimität) für muslimische Praxen als die betreffende Lebenswelt.

Auch die These, dass sich *innerhalb* der formal-institutionellen Organisation religiöser Vielfalt Divergenzen zwischen symbolischen Ordnungen im Spannungsfeld zwischen mehrheitsrechtlicher und minderheitsrechtlicher Ausrichtung abzeichnen, ließe sich über die vorangehenden Ausführungen plausibilisieren: Wirkt das Körperschaftsrecht – in dem bspw. muslimische Organisationen die mit einer Anerkennung nach Artikel – in der Dimension des Organisationsrechtes[86] und der Frage der Präsenz religiös dechiffrierbarer Symbole (Beispiel Kruzi-

---

[85] Konnte die Religionsfreiheit in der Dimension der Religionsausübung auf europäischer Ebene als Mehrheitsrecht stilisiert werden – den betreffenden Mitgliedstaaten wird ein großer Freiraum gelassen(siehe Kruzifixurteil zu Italien der großen Kammer des EGMR 2011) – nimmt sie in ihrer Konstruktion als Antidiskriminierungsgebot eher den Charakter eines Minderheitenrechts an.
[86] So untersucht Muckel die organisationsrechtlichen Probleme bezüglich der Ausübung der Religionsfreiheit muslimischer Akteure. Bei Fragen des Organisationsrechts geht es Muckel darum, „wie Muslime sich in Deutschland zusammenschließen können" (Muckel 2010, S. 245).

fix und Kopftuch) in staatlichen Institutionen de facto als *Mehrheitsrecht*[87] scheint dies für die kollektive Religionsausübung – siehe das Schächturteil 2002 zum Verzehr von Halal-Fleisch (vgl. Lepsius 2009, S. 332), die zunehmenden Möglichkeiten islamischer Bestattungen (vgl. Muckel 2010, S. 247) oder die juristisch betrachtet unter Grundrechtsschutz stehende Errichtung von Moscheen (vgl. ebenda) – nicht der Fall zu sein. Neben den unterschiedlichen Logiken und Auslegungen formal-institutioneller Arran-gements des deutschen Religionsrechtes sind es allerdings auch die gegebenen juristischen Kategorien selbst, welche auf eine Irritation dominierender symbolischer Ordnungen verweisen. Die Ordnung stiftende Funktion des Rechtssystems untergrabend, reichen diese Kategorien nicht aus, um muslimische Praktiken in ihrer Eigenlogik zu fassen, so dass Uneindeutigkeiten bzw. Ambivalenzen nicht aufgelöst, sondern (siehe das Kopftuchurteil des BverfG) reproduziert werden.

Diese mangelnde Kapazität der juristischen Kategorien, religiöse Diversität zu integrieren, zeigt sich bei der organisationsrechtlichen Dimension von Religionsfreiheit im folgenden Dilemma: Muslimische und andere nicht-christliche Praktiken werden über Artikel 140 GG zwar *de jure* als gleichberechtigt anerkannt, können jedoch mit den gegebenen Kategorien *de facto* nicht als gleichberechtigt betrachtet werden.[88] Welche Alternativen zu den dominierenden instituti-

---

[87] Diesem Postulat folgend resümiert Lepsius bezüglich der korporatistischen Ausrichtung des deutschen Religionsrechtes und der Frage, ob sich diese Religionsfreiheit eher als Minderheits- oder Mehrheitsrecht auffassen lässt: „Die Grundrechtsdogmatik zur Religionsfreiheit entstammt einer Zeit, die von Konflikten um die christlichen Mehrheitskirchen geprägt war. Auf religiöse Minderheiten und religiös motiviertes Individualverhalten ist sie nicht ausgerichtet" (Lepsius 2009, S: 331f.). „Ihrer Ausgestaltung nach ist die Religionsfreiheit in Deutschland kein Minderheitenrecht, sondern auf den Schutz der religiösen Selbstorganisation der Gesellschaft gegenüber dem Staat bezogen, also ein Mehrheitsgrundrecht" (Lepsius 2009, S. 340) Wobei zu betonen ist, dass es sich bei der körperschaftlichen Ausrichtung des deutschen Religionsrechtes bezüglich organisationsrecht-licher Aspekte nicht *de iure* (es gibt weder eine Staatskirche noch eine Auflistung potentiell anzuerkennender Religionsgemeinschaften), sondern *de facto* – als dass die Kriterien nach Artikel 140 GG nur schwer auf nicht-christliche Religionsgemeinschaften anzuwenden sind – um ein Mehrheitsrecht handelt.
[88] Dass muslimische Praktiken in die gegebenen Kategorien nicht oder nur unter der Bedingung eines hohen Konfliktpotentials eingeordnet werden können, verweist auch auf eine emische Seite des Problems. Einen kulturhistorischen Diskurs begehend, ließen sich dementsprechend die mit der körperschaftlichen Ausrichtung verbundenen organisationsrechtlichen Probleme bezüglich muslimischer Akteure auch mit der „Geschichtserfahrung des Islams" (Eisenstadt 1992, S. 155) begründen: „Da die religiöse Führung nicht als eigenständige Kirche organisiert war, keine geordnete, von den Herrschern unabhängige Körperschaft bildete und die breiteren Schichten auch keinen autonomen Zugang zum Zentrum hatten, oszillierte die Entwicklung zwischen einer begrenzten politischen Beteiligung, die sich meist auf Hofcliquen und Beamtenschaft beschränkte, und der Neigung zu sektiererischen Aufständen" (ebenda, S. 156). Dass neben der Organisation als Körperschaft auch die damit einhergehende starke Trennung zwischen öffentlichem und privatem Recht eine für muslimische Rechtskonzeptionen der verschiedenen Coleur des *al fiqh* (islamische Rechtswissenschaft) eine fremde oder zumindest schwer übersetzbare Institution zu sein scheint, führt Ludwig Amman im

onellen Arrangements könnte es geben? Der krampfhafte Versuch, in dem gegebenen, statischen Rahmen des Körperschaftsrechtes Uneindeutigkeiten aufzulösen, mag zur paradoxen Konsequenz führen, dass am Diskurs über den Islam beteiligte Akteure die mit der Statik und einem christlichen Bias verbundenen organisationsrechtlichen Probleme des deutschen Religionsrechtes auf einen als statisch bzw. konservativ stilisierten Islam zurückführen. Der Versuch zur Auflösung von Ambivalenz könnte dann zu einer Reetablierung der irritierten symbolischen Ordnung formal-institutioneller Arrangements führen, indem das geltende Religionsrecht eine zusätzliche Einkleidung mit nationalen Partikularismen erfährt. Andererseits liegt in den erörterten Uneindeutigkeiten und widersprüchlichen Logiken des formal-institutionellen Gefüges auch ein Potential zum grundlegenden Wandel der betreffenden symbolischen Ordnungen. So könnte der nach Baumann für die Moderne untypische Fall eintreten, dass im „Ordnungsprojekt der Moderne" (Baumann2005) gegebene Ambivalenzen nicht aufzulösen versucht werden, sondern diese über eine – wie von Oliver Lepsius gefordert – stärkere Ausrichtung an religiösen Minderheiten als legitime Differenz und Vielfalt verschiedener symbolischer Ordnungen anerkannt werden. Es könnte im Sinne dieser Alternative gelten, „die etablierten Strukturen am Maßstab der Idee gleichberechtigter Freiheit daraufhin zu überprüfen, ob sie auch für Minderheiten und hierzulande 'neue' religiöse Gruppierungen angemessene Partizipationsoptionen bieten" (Bielefeldt 2003, S. 120). Ein statischer Begriff von Ord-

---

gemeinsam mit Nilüfer Göle herausgegebenen Kompendium 'Islam in Public' (Ammann 2006) aus. Demnach liege es den verschiedenen muslimischen Rechtsschulen – so auch der für die meisten deutschen Muslime wichtigen sunnitischen Rechtsschule hanafitischer Ausprägung – fern, ein vom Individuum oder von Gott getrenntes Subjekt des öffentlichen Rechts zu konstruieren. Er schreibt: „Islamic law is predominantly private and individualistic .(...) Law is usually conceptualized in individualistic terms as right and duties of private subjects(...)(Ammann 2006, S. 88). In Anlehnung an Marshall G. S. Hodgson stellt er gar einen Islamischen Kontraktualisms in Gegenüberstellung zu einem okzidentalen Korporatismus: „The Occidentals tended to push the special status of public acts to an extreme point, in their emphasis on the fixed autonomy of an office; a point where there should be an unbridgeable cleavage between private and public realms, private and public law, such that the conclusion could eventually be drawn that the state had its own norms not subject to the ethical considerations applying to private actions. The Muslim principle, in contrast, denied any special status to public acts at all, stressing egalitarian and moralistic con-siderations to the point where it ruled out all corporate status and reduced all acts to the acts of personally responsible individuals" (Hodgson 1974, S. 347, zit. nach Ammann 2006, S. 89) Die-sen Ausführungen entsprechend akzentuiert Heiner Bielefeldt die emische Seite der organi-sationsrechtlichen Problematik, die sich bei einer engen – stark an christliche Traditionen orien-tierenden – Auslegung des deutschen Religionsrechtes ergibt, wie folgt: „Muslimische Vertreter haben (...) Forderungen nach einer weitreichenden Verkirchlichung des Islams als Zumutung, nämlich als Missachtung ihres Selbstverständnisses als einer „kirchenlosen Gemeinschaft" zurückgewiesen. Vom Primat der Religionsfreiheit her gedacht, kann der Staat religiösen Minder-heiten nicht legitimerweise abverlangen, dass sie sich entweder in die vorgegebenen staats-kirchenrechtlichen Strukturen einpassen oder sich mit einer marginalen Stellung in der Gesell-schaft abverlangen" (Bielefeldt 2003, S. 120).

nung, der in der Chiffre der Integration anklingt, mag dann von einem prozedualen Ordnungsbegriff abgelöst werden, der sich über ein am Begriff der Partizipation ausgerichtetes Inklusionskonzept implementieren ließe (vgl. Amir-Moazami 2007, S. 265).

Wie sich durch Moscheebau bedingte Irritationen symbolischer Ordnungen auf dem Feld der politischen Kultur zeigen, wird im Auswertungsteil diskutiert. Vorab werden im folgenden Kapitel grundlegende Züge des für die diskursanalytische Betrachtung der politischen Kultur benutzten Forschungsprogramms der Wissenssoziologischen Diskursanalyse (Kapitel vier) vorgestellt und im Anschluss das dem empirischen Ansatz der Arbeit zu Grunde liegende Forschungsdesign besprochen.

4 Wissenssoziologische Diskursanalyse

Zunächst folgt im kommenden Abschnitt eine knappe Einführung in die wissenssoziologische Diskursanalyse (im Folgenden: WDA) im Duktus der Frage, warum sich grade diese als Forschungsperspektive für die vorliegende Arbeit eignet. Um den Diskursbegriff der WDA noch näher zu fassen und mit dem spezifischen Forschungsinteresse dieser Arbeit zu verknüpfen, wird dieser im daran anschließenden Unterkapitel weiter ausgeführt und mit den Konzepten des Diskursfeldes und der symbolischen Ordnungen verknüpft. Dabei werden die wesentlichen, für die Arbeit wichtigsten Aspekte des Diskursbegriffes rekapituliert, bevor im letzten Unterpunkt die Operationalisierung einiger für die empirische Analyse als grundlegend betrachteten Kategorien der WDA erfolgt.[89]

4.1 Einführung: Wissenssoziologische Diskursanalyse[118] zwischen Handlungs- und Strukturtheorie

Die Wissenssoziologische Diskursanalyse kann in Anlehnung an Reiner Keller als Forschungsperspektive in der Tradition der hermeneutischen Wissenssoziologie charakterisiert werden, welche die „Objektivität der [symbolischen] Ordnungen und ihrer kommunikativen Konstruktion" (Sprondel 1994, zit. nach Keller 2008, S. 192) fokussiert. Dabei zeichnet sie die Genese kollektiv geteilter Wissensbestände nach, wobei die Produktion von Wissen in Diskursen verortet gesehen wird. Diese begreift sie als strukturierte und strukturierende Bedeutungsarrangements (vgl. Keller 2004, S. 205), die sich in einer abgrenzbaren Aussagepraxis bzw. Gesamtheit von Aussageereignissen kristallisieren und „im Hinblick auf institutionell stabilisierten Strukturmuster, Praktiken, Regeln und Ressourcen der Bedeutungserzeugung untersucht werden können" (Keller 2008, S. 234)). Das ihnen je eigene *Interpretationsrepertoire* begrenzt den Handlungsspielraum der im Diskurs agierenden Akteure bzw. der ihnen zur Verfügung stehenden *Sprecherpositionen*. Diskurse sind nach diesem Verständ-nis struktu-

---

[89] Dabei sei vorwegzunehmen, dass es an einigen Punkten der Ausführungen zu Redundanzen kommt, insbesondere die kursiv gefassten Begriffe des analytischen Instrumentariums (Bsp.: *Sprecherposition*) werden an verschiedenen Stellen auftauchen.

rierend, in dem sie erst „systematisch die Gegenstände bilden, von denen sie sprechen" (Foucault1981, S.74) und über ihre je spezifischen Formationsregeln den Möglichkeitsraum für diskursiv beteiligte Akteure abstecken. Dabei strukturieren diese Foucault zu Folge die Herausbildung der Gegenstände[90], der Äußerungsmodalitäten[91], der Begriffe[92] und der Strategien[93] eines Diskurses. In dieser begrenzenden Funktion werden sie als *Verknappungsmechanismen* verstanden, welche die legitimen Sprecherpositionen und semantischen Räume eines Diskurses umreißen. Allerdings – und hier wird der pragmatische und materialistische Charakter der Foucaultschen Diskurstheorie deutlich – sind es nicht bloß sprachliche Effekte, die in der strukturierenden Dimension von Diskursen erzeugt werden. So konzipiert Foucault die Formationsregeln und die Sprache des Diskurses als Praxis, die nicht bloß eine äußere Realität bezeichnet und diese als Menge von Signifikaten und Signifikanten wiedergibt, sondern diese aktiv gestaltet: „Zwar bestehen (...) Diskurse aus Zeichen; aber sie benutzen diese Zeichen für mehr als nur zur Bezeichnung der Sachen. Dieses mehr macht sie irreduzibel auf das Sprechen und die Sprache. Dieses mehr muss man ans Licht bringen und beschreiben" (Foucault 1981, S. 74).Vielmehr geht er von einer „eigenständigen Materialität diskursiver Praktiken" (Bublitz 2003, S. 7) aus, in denen sich „Diskursives und Physisches, Semantisches und Sozio-Technisches ineinander [verschränkt]" (ebenda)

Strukturiert sind Diskurse nun zunächst in ihrer Begrenzung durch diejenigen Regeln und Ressourcen (vgl. Keller 2004, S. 206), welche ihren Offenheitsgrad be- oder entgrenzen. Darüber hinaus können sie von anderen Diskursen

---

[90] „Die Formation der Gegenstände eines Diskurses lässt sich durch eine Rekonstruktion der Regeln erfassen, nach denen die Gegenstände gebildet werden, von denen die Diskurse sprechen: Welche wissenschaftlichen Disziplinen sind daran wie beteiligt? Welche Klassifikationsmuster kommen zum Einsatz?" (Keller 2008, S. 134).
[91] „Die Formation der Äußerungsmodalitäten verweist auf Fragen, wie etwa: Wer ist der legitime Sprecher bzw. von welchen institutionellen Orten und Subjektpositionen aus wird über einen Diskursgegenstand gesprochen? Wie hängen unterschiedliche Äußerungsformen – Statistik, Erzählung, Experiment u.a. – zusammen?" (ebenda).
[92] „Die Formation der Begriffe bezieht sich auf die Regeln, die den jeweiligen Aussagen zugrunde liegen: Wie werden bspw. Textelemente miteinander verbunden? Welche rhetorischen Schemata werden eingesetzt? Wie werden Argumente aufgebaut? Wie ist die Aussage im Gefüge anderer Text – bspw. durch die Zitierweise – verortet? Wie werden quantitative in qualitative Aussagen übersetzt?" (ebenda).
[93] „Die Formation der Strategien richtet sich auf die Außenbezüge eines Diskurses: Was sind Themen und Theorien des Diskurses? Wie beziehen sie sich auf andere Diskurse? Inwieweit geben sie vor, bessere Problemlösungen zu sein als jene? Was ist die Funktion eines Diskurses in nicht diskursiven Praktiken?" (ebenda).

durchdrungen, überlagert und verdrängt werden, als auch von den be-teiligten Akteuren und Diskurs externen Ereignissen eine Transformierung erfahren.[94]

Für das vorliegende Forschungsvorhaben zeigt sich die Perspektive der WDA gegenüber anderen Diskurs orientierten Ansätzen v.a. darin als angemessen, als dass sie das Problem von *Structure* und *Agency*[95] weder in die eine noch in die andere Richtung aufzulösen versucht: Im Horizont der WDA existieren sowohl handelnde Akteure als auch diese in ihrem Handeln entlastende und begrenzende Strukturen. In diesem Sinne werden Handlungen als performativ (in ihrer Wirkung als Auslöser sozialen Wandels) und strukturiert (an gegebene Ordnungen rückgekoppelt) zugleich verstanden. Den Akteurs-begriff gewinnt die WDA in Anlehnung an die Foucaultsche Diskurskonzeption, so legt Keller an die jüngeren Arbeiten Foucaults eine nur bedingt poststrukturalistische Leseart und zeigt, dass diese nicht von einem Strukturdeterminismus durchzogen sind (vgl. Keller 2008, S. 142ff.). Dass in der Foucaultschen Diskurskonzeption „der Mensch nicht völlig verschwindet wie am Meeresufer ein Gesicht im Sand" (Foucault 1974, S. 462) lässt sich allerdings bereits älteren Arbeiten Foucaults entnehmen. So heißt es in seiner Inauguralvorlesung am College de France über den Verknappungsmechanismus der *Doktrin*: „Die Doktrin führt eine zweifache Unterwerfung herbei: Die Unterwerfung der sprechenden Subjekte unter die Diskurse und die Unterwerfung der Diskurse unter die Gruppe der sprechenden Individuen" (Foucault 2010, S. 29).

Die WDA versucht also, strukturalistisch orientierte und Strukturen zu erklären vermögende Theoriebausteine der Foucaultschen Diskurstheorie mit stärker handlungstheoretisch ausgerichteten Ansätzen – so der Wissenssoziologie von Berger/Luckmann in der Tradition des symbolischen Interaktionismus – zu verknüpfen. Akteure erscheinen demnach im Diskurs nicht als Individuen, sondern als Träger einer im Diskurs *möglichen* sozialen Rolle, einer *Sprecherposition*. Der daran geknüpfte, jeweilige legitime Handlungsspielraum wird von

---

[94] Zur Differenz von Poststrukturalismus und Strukturalismus in diskurstheoretischer Leseart: ebenda, S. 107f.

[95] 'Structure' verweist im soziologischen Kontext – in Anlehnung an Emile Durkheim – auf die Gesellschaft als *Realität suis generis,* die sich nicht aus der Summe der einzelnen Elemente – Gesellschaftsmitglieder – ergibt, sondern eine eigene Emergenzebene – die im Zusammenspiel bzw. Beziehungsmuster der einzelnen Elemente, eben der Struktur, entsteht – aufweist. *Agency* bezieht sich auf den Möglichkeitsraum der einzelnen Gesellschaftsmitglieder, im Rahmen der vorgefundenen Strukturen *sinnvoll* aufeinander bezogen agieren – handeln – zu können. Da im Kontext methodologischer Grundlegungen theoretischer Ansätze ein Mehr an Strukturbezug ein Weniger an Handlungsbezug bedeuten kann, besteht immer die Möglichkeit, die Strukturdimension auf Kosten der Agency-Dimension aufzulösen und umgekehrt. In diesem Spannungsfeld steht das 'AgencyStructure-Problem'. Vgl. Keller 2008, S. 144f.

den erwähnten diskursiven Formationen und nicht durch idiosynkratische Eigenschaften der beteiligten Individuen abgesteckt.

Bei diesem Versuch, zwischen Akteur bezogenen und strukturtheoretischen Traditionen der Soziologie zu vermitteln, orientiert sich die WDA an der Theorie der Strukturierung von Antony Giddens. Dieser „begreift Handeln [...] als kreative und rekursive Reproduktion oder Veränderung von Strukturmustern, diese existieren im konkreten Handlungsvollzug, der sie aktualisiert, in ihrer Gültigkeit, bestätigt und fortschreibt, der sie aber unter bestimmten Bedingungen auch in Frage zu stellen, zu unterlaufen oder zu transformieren vermag" (Keller 2008, S. 189).

Aufgelöst wird das *structure-agency-Problem* im dialektischen Konzept der *Dualität von Struktur*: „Das tatsächliche Geschehen ist keine direkte Folge der zugrundeliegenden Strukturen bzw. Regeln und Ressourcen, sondern Ergebnis des aktiv-interpretierenden Umgangs sozialer Akteure mit diesen Orientierungsmustern" (ebenda).

In dieser praxeologischen[96] Fassung finden sich die Dimensionen der Struktur und der Handlungsfähigkeit in der semantischen Praxis – die Art und Weise, wie Akteure äußere und innere Reize mit Wörtern belegen und diese wiederum dechiffrieren – verwoben, ähnlich dem Konzept der Sprachspiele von Wittgenstein. So wird der Bereich der Semantik nicht einfach als kultureller Überbau einer materiellen Basis – wie in marxistisch orientierten Strömungen des Strukturalismus – gedacht, sondern als Teil einer 'harten' institutionellen Ordnung. Institutionen begreift die WDA dabei „im Sinne des interpretativen Pa-radigmas der Soziologie als umstrittene, vorübergehend kristallisierte symbolische Strukturen der Ordnung von Welt (Gusfield 1981), die Handeln zugleich ermöglichen und beschränken" (Keller 2008, S. 190).

---

[96] Das Attribut *praxeologisch* verweist auf die praxistheoretische Ausrichtung der Strukturierungstheorie von Giddens. Zum Begriff der Praxistheorie führt Knoblauch in Anlehnung an Schatzki aus: „Schatzki stellt einen gemeinsamen Nenner der Praxistheorien her, die seines Erachtens von Bourdieu über Giddens bis zur Systemtheorie reichen. In all diesen Theorien wird die Praxis als etwas konzipiert, das jenseits der subjektiv gefassten Vorstellung des Handelns liege. Handlungen gelten dabei als Aspekte von Praktiken. Praktiken sind Fertigkeiten, Hintergrundwissen und verkörperte Routinen, aus denen sich Wissen, Sinn, Institutionen, Macht usw. ableiten lassen. (...) Praktiken bilden (...) eine eigene, gleichsam vorab sozialisierte Schicht, die jedes einzelne Handeln sofort zum Moment des Apparats macht. Sie sind das zentrale Phänomen menschlichen Lebens" (Knoblauch 2005, S. 344).

4.2 Diskursbegriff, Symbolische Ordnungen und Ziele der Wissenssoziologischen Diskursanalyse

4.2.1 Das Definiens des wissenssoziologischen Diskursbegriffes

Um zu zeigen, wie der Diskursbegriff in der Wissenssoziologischen Diskursanalyse konzipiert wird, werden im Folgenden zunächst wesentliche Ausführungen von Reiner Keller zur Diskurskonzeption in der WDA zitiert:

- „Als Diskurs bezeichne ich einen Komplex von Aussageereignissen und darin eingelassenen Praktiken, die über einen *rekonstruierbaren* Strukturzusammenhang miteinander verbunden sind und spezifische Wissensordnungen der Realität prozessieren. Dieser Strukturzusammenhang umfasst die den Ereignissen gemeinsamen Regeln und Ressourcen der Diskursformation. [...] Im Anschluss an Michel Foucault nenne ich *Äußerung* das konkrete, für sich genommene je einmalige Aussageereignis. Demgegenüber meint *Aussage* bereits eine Ebene des Typischen und Typisierbaren: die gleiche Aussage kann in ganz unterschiedlichen Äußerungen und situativ-singulären Gestalten getroffen werden"(Keller 2008, S. 235f). „In der Diskursforschung haben einzelne Dateneinheiten [dabei] den Status von Diskursdokumenten oder „Diskursfragmenten" (Jäger 1999, S. 188ff., zit. nach Keller 2007a, S. 109). In einem solchen Dokument ist nicht notwendig nur ein einziger Diskurs, und dieser noch dazu vollständig repräsentiert. Diskursfragmente beinhalten kompatible Teilstücke von Diskursen" (ebenda).

- „Das diskursanalytische Untersuchungsinteresse richtet sich weder auf die situative Einmaligkeit noch auf die Summe der einzelnen Äußerungen, sondern auf ihren strukturellen Zusammenhang als diskursive Ereignisse (Aussageereignisse). Nicht jedes Sprachereignis – bspw. eine Begrüßung – ist automatisch Bestandteil eines Diskurses, nur weil es als soziale Praxis konventionalisiert ist. Im hier verfolgen Verständnis handelt es sich bei Diskursen um strukturell verknüpfte Aussagenkomplexe, in denen Behauptungen über Phänomenbereiche auf Dauer gestellt und mit mehr oder weniger starken *Geltungsansprüchen* versehen sind. [...] Diskurse sind Ausdruck und Konstitutionsbedingung des Sozialen zugleich, [...] sie kristallisieren und konstituieren Themen in besonderer Form als gesellschaftliche *Deutungs- und Handlungsprobleme*. [...] [Diskursive] Aussagen stiften nicht nur die *symbolischen Ordnungen* und Bedeutungsstrukturen unserer Wirklichkeit, sondern sie haben auch reale Konsequenzen: Gesetze, Statistiken, Klassifikationen, Techniken, Artefakte oder Praktiken bspw. können als Diskurseffekte analysiert werden. Die soziale Realität des Hirntodes entsteht aus dem *typisierbaren Gehalt der Summe aller Äußerungen* über den Hirntod [...]" (Keller 2008, S. 235f.).

- „Die Frage, wie viele unterschiedliche Diskurse in einem Diskursfeld um die Phänomenkonstitution ringen, muss empirisch und theoretisch geklärt werden: Je tiefer die Analyse in einen spezifischen Diskurs eindringt, desto größer ist wahrscheinlich die Zahl unterscheidbarer Subdiskurse. Ausschlaggebend ist hier die vor dem Hintergrund der Fragestellung zu bestimmende Abstraktionsebene für die jeweilige Einheit eines Diskurses" (Keller 2008, S. 264). „Je konkreter die Perspektive angelegt ist, desto eher treten dabei auch verschiedene inhaltliche Positionierungen *innerhalb* eines Diskurses hervor "(Keller 2008, S. 232). Als *Diskursfeld* kann dabei ein Arena verstanden werden, in der verschiedene Diskurse um die Konstitution bzw. Definition eines Phänomens wetteifern (vgl. Keller 2008, S. 234). Damit einhergehend lässt sich eine Interdiskursivität bzw. fortwährende Verschränkung verschiedener Diskurse vermuten, so stellt Schiffauer für seine Konzeption des Diskursfeldes fest: „Der entscheidende Begriff scheint mir derjenige des Diskursfeldes zu sein, in dem kulturelle Akteure sich über Deutungen, Normen und Werte, Stilfragen und Erinnerungen miteinander auseinandersetzen. Eine beliebige Position in diesem Feld (und sei sie auch noch so Minorität) muss einen Bezug zu anderen Positionen herstellen, wenn sie bestrebt ist, sich durchzusetzen. Sie muss Kontinuitäten herstellen, Erinnerungen evozieren, an Ordnungskonzeptionen anknüpfen: Es müssen Bezugspunkte gefunden werden[...] um vermittelbar zu sein" (Schiffauer 1997, S. 67).

Was lässt sich soweit über das Diskurskonzept nach der WDA aus diesen Ausführungen folgern bzw. über welche Aussagen ließe sich das Diskurskonzept aus Perspektive der WDA in seinen zentralen Bedeutungen bzw. in seinem Definiens erfassen?

- Nicht jede sprachliche Äußerung kann als Teilmenge eines Diskurses aufgefasst werden.

- In einer sprachlichen Äußerung bzw. einer Dateneinheit (z.B. Zeitungsartikel) können Fragmente verschiedener Diskurse gefunden werden, dabei manifestieren sich die jeweiligen Diskurse typischerweise nur unvollständig, eben fragmentarisch. Ein diskursiver Akteur kann daher nicht zwangsläufig als Vertreter *eines* Diskurses stilisiert werden – oder anders gesagt: Es gibt keine Identität zwischen Diskursen und bestimmbaren Akteuren.

- Diskurse werden vom Forscher rekonstruiert, sie sind der Forscherin nicht als abgeschlossene Entität der äußeren Realität gegeben, sondern streuen über die verschiedenen Äußerungen unterschiedlicher Akteure und Institutionen und werden erst während des Forschungsprozesses in ihrer Einheit konstruiert. Dabei verknüpft der Forscher verschiedene Äußerungen, die in einem strukturellen Zusammenhang miteinander stehen – aufeinander verweisen und miteinander kompatibel erscheinen – zu einer diskursiven Einheit.

- Diskurse haben eine nomische Funktion, als dass sie ihr jeweils zentrales Thema problematisieren und damit gesellschaftliche Wertvorstellungen berühren.

- In dem Diskurse ihren jeweiligen zentralen Gegenstand in seinen Dimensionen und Bestandteilen sowohl konstituieren als auch problematisieren, verschränken sie – analog zur Funktion der symbolischen Sinnwelten bei Berger/Luckmann – das Normative mit dem (kognitiv zugänglichen) Faktischen und integrieren verschiedene Wirklichkeitssphären zu einer gültigen und zusammenhängenden Erzählung mit einer vertikalen[97] und horizontalen Ausrichtung.

- Diskurse zeigen sich je nach Abstraktionsebene der Forschungsperspektive als Ober- bzw. Subkategorie über bzw. untergeordneter Diskurse.

- Diskurse konkurrieren im diskursiven Feld mit anderen Diskursen und können mit diesen verschränken.

- Diskurse können v.a. über die Art und Weise, wie die jeweiligen Äußerungen die zentrale thematische Referenz problematisieren und konstituieren –

---

[97] Es werden im Rahmen von Diskursen nicht nur Analogien zwischen Elementen verschiedener Wirklichkeitssphären generiert, so bspw. zwischen der Traumwelt und der Alltagswelt oder der Welt abstrakter Ideen – z.B. Menschenrechte – und ihrer lebensweltlichen Manifestation (horizontale Dimension), diese Elemente werden zudem in einer hierarchischen Anordnung an ihren jeweils 'rechten' Platz gerückt (vertikale bzw. normative Dimension).

z.B. den Moscheebau als kohärentes (nicht notwendigerweise konsistentes) Phänomen mit bestimmbaren Eigenschaften semantisch fassen – abgegrenzt werden.

- Diskursive Äußerungen sind performativ, als dass sie erst die Gegenstände bilden, von denen sie sprechen.

- Diskurse legen den beteiligten Akteuren semantische Grenzen auf, indem sie eine begrenzte Anzahl (ill)legitimer Sprecherpositionen zulassen, einen bestimmten Wissensvorrat als diskursive Zugangskompetenz präsupponieren und ihre je eigenen tabuisierten Unsagbarkeitsfelder (z.B. als political correctness) besitzen.

- Diskurse können außerdiskurse Realitäten generieren, bspw. in Form von infrastrukturellen Einrichtungen wie Jugendvollzugsanstalten, Krankenhäusern, Heilanstalten, Psychiatrien und den dazugehörigen Rechtsvorschriften.

4.2.2 Ziele der wissenssoziologischen Diskursanalyse

In dem Diskurse ihren jeweiligen zentralen Gegenstand in seinen Dimensionen und Bestandteilen sowohl konstituieren als auch problematisieren, verschränken sie – analog zur Funktion der *symbolischen Sinnwelten*[98] bei Berger/Luckmann –

---

[98] Durch die symbolische Sinnwelt werden „Erfahrungen, die verschiedenen Wirklichkeitssphären angehöhren, (...) durch Einbeziehung in ein und dieselbe überwölbende Sinnwelt integriert" (Berger/Luckmann 2004, S. 104). Die symbolische Sinnwelt wird bei Berger und Luckmann als höchste Ebene der Legitimation der gegebenen institutionellen Ordnung verstanden. Über symbolische Sinnwelten „werden alle Ausschnitte der insitutionalen Ordnung in ein allumfassendes Bezugssystemintegriert, das eine Welt im eigentlichen Sinne begründet, weil jede menschliche Erfahrung nunnurmehr als etwas gedacht werden kann, das innerhalb ihrer stattfindet. Die symbolische Sinnwelt ist als die Matrix aller gesellschaftlich objektivierten und subjektiv wirklichen Sinnhaftigkeit zu verstehen" (ebenda, S. 103). Beispiele für symbolische Sinnwelten sind theologische Systeme bzw. Weltanschauungen oder kosmologische Mythen, die als höchstmögliche Integrationsebene auch als widersprüchlich erscheinende Wirklichkeiten der Alltagswelt sinnhaft zu integrieren vermögen. Die Ambivalenzen von Grenzerfahrungen mit anderen symbolischen Ordnungen – z.B. die außeralltägliche Begegnung eines katholischen Seminaristen mit einer transsexuell orientierten Subkultur oder die Ankunft von Captain Cook auf Hawaii (vgl. Sahlins 1986) – können mit Verweis auf die für das betreffende Individuum gültige symbolische Sinnwelt aufgelöst bzw. integriert werden .Eine Abweichung von einer Erwartungserwartung wird damit nicht bloß zu einem sanktionierbaren Normbruch, sondern zu einem Verstoß gegenüber der qua symbolischer Sinnwelt legitimierten gültigen Ordnung. Die jeweilige symbolische Sinnwelt verschränkt in ihrem legitimierenden Charakter kognitive mit normativen Aspekten der Wirklichkeit, „sie sagt dem Einzelnen nicht nur, warum er eine Handlung

das *Normative* mit dem (kognitiv zugänglichen) *Faktischen* und integrieren verschiedene Wirklichkeitssphären zu einer gültigen und zusammenhängenden Erzählung. Es sind hier im engeren Sinne die eine kohärente (nicht notwendigerweise konsistente) *storyline* generierenden *narrativen Strukturen*, welche diese integrierende Funktion im Diskurs übernehmen. Dabei können als narrative Strukturen diejenigen (vom Forscher rekonstruierten) strukturierenden Momente von diskursiven Aussagen bezeichnet werden, qua derer die verschiedenen diskursiv relevanten Elemente der Wirklichkeit in spezifische Weise miteinander verbunden werden. Sie verknüpfen dabei in synchroner Hinsicht „die unterschiedlichen Deutungselemente eines Diskurses zu einem zusammenhängenden, erzählbaren Gebilde"(Keller 2008, S. 252). In diachroner Perspektive werden dadurch „die Aktualisierungen und Veränderungen der Diskurse im Zeitverlauf verbunden"(ebenda). „Sie liefern das Handlungsschema für die Erzählung, mit der sich der Diskurs erst an ein Publikum wenden kann (Poferl 1997) und mit der er seine eigene Kohärenz im Zeitverlauf konstruiert"(ebenda). Als Bestandteil symbolischer Sinnwelten verstanden, legitimieren und integrieren diese diskursiven Strukturen verschiedene, als wesentlich konstruierte Ausschnitte der Wirklichkeit und delegitimieren *gewisse*, jedoch unerwünschte Phänomene derselbigen.

In dieser Weise produzieren Diskurse symbolische Ordnungen, von der WDA als „historisch kontingente Fixierung von Sinnstrukturen" (Keller 2009, S. 290) aufgefasst, welche durch Diskurse, Praktiken und Dispositive hergestellt werden. In Abgrenzung zum erwähnten Konzept der symbolischen Sinnwelt kann der Begriff der symbolischen Ordnung als umfassenderes Konzept verstanden werden, das die verschiedenen bei Berger und Luckmann ausgeführten Ebenen der Legitimation institutioneller Ordnungen umschließt, von denen die symbolische Sinnwelt die höchste, die gesamtgesellschaftlich relevante oder den Kosmos betreffende Ebene darstellt.[99] Alle diskurs-spezifischen Aussagen ließen

---

ausführen soll und die andere nicht ausführen darf. Sie sagt ihm auch, warum die Dinge sind, was sie sind" (Berger/Luckmann 2004, S. 100). Die normative Dimension von symbolischen Sinnwelten wird deutlich in ihrer „nomischen Funktion" (ebenda, S. 105), „jedes Ding an seinen rechten Platz" (ebenda) zu rücken: „Wann immer man von der Gewissheit dieser Platzordnung abschweift (wenn man sich selbst in den Grenzsituationen der Erfahrung befindet),ermöglicht die symbolische Sinnwelt dem Bewusstsein 'zur Wirklichkeit zurückzukehren'" (ebenda, S.105).

[99] Dabei führen Berger/Luckmann neben der erwähnten symbolischen Sinnwelt folgende Legitimationsebenen an (vgl. Berger/Luckmann 2004, S. 100f.).
-Eine vortheoretische Ebene der noch nicht erklärten Versicherungen und Selbstverständlichkeiten im Stil des „So ist es eben"/ Berger/Luckmann 2004; S. 101). oder „Das macht man so" (ebenda). Berger und Luckmann geben folgendes Beispiel: „Wenn ein Kind (...) lernt, dass ein anderes Kind sein 'Vetter' ist, so ist dies ein Stück Information, das unmittelbar und als solches das Verhalten 'Vettern' gegenüber legitimiert, welches zusammen mit der Bezeichnung gelernt wird" (ebenda).

sich nach dieser Definition als Ausdruck einer bestimmten symbolischen Ordnung verstehen, wobei diese ihrem jewei-ligen Abstraktionsgrad nach als Bestandteil symbolischer Sinnwelten oder darunter liegender Legitimationsebenen gefasst werden können. Für funktional ausdifferenzierte Gesellschaften geht die WDA von der Existenz unterschied-licher konkurrierender symbolischer Ordnungen aus, die „in Abhängigkeit von ihrem Institutionalisierungsgrad eine mehr oder weniger starke hegemoniale Position einnehmen" (Keller 2008, S 290). In Anlehnung an Zygmunt Baumanns Konzeption der Moderne als Ordnungsprojekt kann dabei die diskursive (Re)-Produktion symbolischer Ordnungen als permanenter Versuch betrachtet werden, Ambivalenzen[100] – so in Form des Unvertrauten, das sich bspw. in der Figur des Fremden manifestiert, der weder als Freund bzw. Gruppenangehöriger noch als Feind stilisiert wird – über die Anpassung bestehender Kategorien bzw. Deutungsmuster in die bestehenden Ordnungen zu inkorporieren und damit aufzulösen.

Permanent und prozedual bleibt dieses Streben, die ungeordnete Wirklichkeit qua Kategorisierung zu „beherrschen" (Keller 2009, S. 32), da jegliches Ordnungsschaffen im Sinne der „Reflexivität der Moderne" (Beck 2007) „nicht - intendierte Nebenfolgen" (ebenda) bzw „unbeabsichtigte Konsequenzen" (Giddens 1996, S. 61f und S. 72f.) nach sich zieht, ergo neue Ambivalenzen produziert (vgl.Keller 2009, S. 32). Baumann drückt dieses Paradox des Ordnungsschaffen (Ordnung als Gegenbegriff zum Chaos) – dass die Problemlösungsstrategie des Ordnungsschaffens reflexiv wird, indem sie selbst Unordnung erzeugt – wie folgt aus: „Ambivalenz ist Nebenprodukt der Arbeit der Klassifikation; und sie verlangt nach immer mehr Bemühung um Klassifikation. Obgleich sie dem Drang zu benennen/klassifizieren entstammt, kann Ambivalenz nur durch ein Benennen bekämpft werden, das noch genauer ist, und durch Klassen, die noch präziser definiert sind: d.h. durch Eingriffe, die noch härtere (kontrafaktische) Anforderungen an die Diskretheit und Transparenz der Welt stellen und so noch mehr Gelegenheit für Mehrdeutigkeit schaffen. Der Kampf gegen Ambivalenz ist daher selbstzerstörerisch und selbsterzeugend" (Baumann 2005,S. 14).

-Eine zweite Ebene der Legitimation bestehend aus „theoretische[n] Postulate[n] in rudimentärer Form" (ebenda). In diesen Bereich fallen beispielsweise geläufige bzw. selbstverständlich weiter gegebene Sprichwörter und Alltagsweisheiten wie „Wer seinen Vetter bestielt, bekommt Warzen auf die Hände" (ebenda).
-Eine dritte Ebene der Legitimation, die „explizite Legitimationstheorien" (ebenda) umfasst, „die einen institutionalen Ausschnitt anhand eines differenzierten Wissensbestandes rechtfertigen" (ebenda).
[100] Baumann versteht Ambivalenzen als Ausdruck des „Anderen der Ordnung", des „Miasma des Unbestimmten und Unvorhersagbaren", der „Ungewissheit, (...) Ursprung und Archetyp aller Furcht" (Baumann 2005, S. 20). Entsprechungen dieser Unbestimmtheit sind neben Ambivalenzen „Undefinierbarkeit, Inkohärenz, Widersinnigkeit, Unvereinbarkeit, Unlogik, Irrationalität, Mehrdeu-tigkeit, Verwirrung, Unentscheidbarkeit" (ebenda).

Ein zentrales Problem der Moderne besteht Baumann zu Folge nun darin, dass über das Primat des Ordnungsschaffens ein lineares Problemlösungsverständnis verfolgt wird, das die grundsätzliche Kontingenz des Daseins negiere (vgl. Baumann 2005, S. 32f.): „Der Anspruch der Moderne, den Menschen Klarheit, Transparenz und Ordnung zu bringen – die Welt durchschaubar zu machen, war von vornherein zum Scheitern verurteilt, weil mit ihm die grundsätzliche Ambivalenz der Welt und die Zufälligkeit unserer Existenz, unserer Gesellschaft und Kultur geleugnet wurde" (ebenda). Die Ambivalenz werde damit ins Innere der Moderne verlagert, die Moderne zu einem ambivalenten Projekt.

Die wissenssoziologische Diskursanalyse fragt nun bei der Betrachtung öffentlicher Arenen bzw. Diskursfelder danach, „welche Mechanismen, Bedingungen oder Ereignisse überhaupt die gesellschaftliche Dynamik von diskursiven Auseinandersetzungen in Gang setzen, und welche Effekte davon ausgehen" (Keller 2008, S. 289). Es lässt sich in diesem Zusammenhang „aus soziologischer Perspektive [...] nach dem Verhältnis von symbolischen Ordnungen und gesellschaftlichen Ereignissen fragen:

Unter welchen Bedingungen passen sich letztere in bestehende Ordnungen ein? Wann zeigen sie 'transformierende' Qualitäten, generieren also neue Deutungsangebote?" (ebenda, S. 290) Die wissenssoziologische Diskursanalyse geht hier davon aus, „dass Irritationserfahrungen auf der Ebene kollektiver Wissensvorräte bzw. symbolischer Ordnungen zum Katalysator von Diskursen werden, die 'neue' Interpretationen generieren und damit in Konkurrenz und Herausforderung zu den etablierten Diskursformationen treten" (Keller 2008, S. 291). Solche Irritationserfahrungen können Keller zu Folge verschiedene Ausprägungen annehmen, so als „Begegnung mit Anderem, Fremdem, Unvertrautem" (ebenda), als „Ereignisse, die sich eindeutigen Routineauslegungen entziehen"(ebenda) – *Risikoereignisse* wie der *Störfall* Fukushima wären hier zu nennen – oder als „Bemühungen um Vertiefungen wissenschaftlichen und technischen Wissens, der Gestaltung bzw. Optimierung gesellschaftlicher Handlungsfelder" (ebenda) in Erscheinung treten. Er begründet diese These in Anlehnung an Schütz und Luckmann mit der Annahme, dass symbolische Ordnungen und die in diesen enthaltenen *Normalitätsunterstellungen*[101] erst dann problematisiert werden,

---

[101] Der Begriff Normalitätsunterstellung bezieht sich auf die Annahme, dass die eigenen Wirklichkeitsvorstellungen normal und daher nicht in Frage zu stellen sind. Schütz wählt den Begriff der „natürlichen Einstellung" (Schütz/Luckmann 2003), um zu illustrieren, wie und unter welchen Bedingungen die eigene Wirklichkeit als unproblematisch gegeben erscheint (vgl. ebenda, S. 30ff.). Dieser selbstverständliche Bezug zur den eigenen Wirklichkeitsvorstellungen werde ihm zufolge über die Normalitätsunterstellungen des „'Und-so-weiter' (Schütz/Luckmann 2003, S. 34)" und des „'Ich-kann-immer-wieder'" (ebenda) vollzogen: „Ich vertraue darauf, dass die Welt, so wie sie mir bisher bekannt ist, weiter so bleiben wird und dass folglich der aus meinen eigenen Erfahrungen gebildete und der von Mitmenschen übernommene Wissensvorrat weiterhin seine grundsätzliche Gültigkeit

wenn Phänomene der Wirklichkeit als „kategorial oder klassifikatorisch uneindeutig erscheinen und hinreichende Motivation zur Aufhebung dieser Uneindeutigkeit bestehen" (Keller 2008, S. 290, vgl. Schütz/Luckmann 2003, S. 35 ff). Gesamtgesellschaftliche *Irritationen* – Transformationen, Relegitimierungen oder Rekonfigurationen der relevanten symbolischen Ordnungen – entstünden dementsprechend „aus der Diskrepanz zwischen Ereignissen und gesellschaftlich verfügbaren Interpretationsschemata" (Keller 2008, S. 291, in Anlehnung an Sahlins 1986).

In Ergänzung zu Kellers Ausführungen wird in dieser Arbeit als Forschungsprämisse angenommen, dass nicht erst die Beantwortung der Frage nach dem Wandel symbolischer Ordnungen ausdifferenzierter Gesellschaften, sondern bereits die Suche nach den gegebenen symbolischen Ordnungen im Spannungsfeld zwischen den fortwährenden Bedeutungsüberschüssen und den momentan verfügbaren gesellschaftlichen Interpretationsschemata zu verorten ist. Bei der Betrachtung des Moscheebaus als Irritationsereignis stellt sich demnach die Frage, welche symbolischen Ordnungen im diskursiven Feld überhaupt berührt und damit manifest werden, bevor ein Ausblick auf den Wandel betreffender symbolischer Ordnungen gewagt wird.

4.3 Operationalisierungen grundlegender Begriffe der wissenssoziologischen Diskursanalyse

Um den Diskurs überhaupt als Entität erfassen zu können und das Konzept *Diskurs* operationalisierbar zu machen, scheinen einige grundlegende Prämissen nötig, qua derer deduktiv auf die Grundstruktur des Diskurses geschlossen werden kann. Um dieses Grundgerüst zu erfassen, wird sich an dem Konzept des Interpretationsrepertoires orientiert. Dieses umfasst den „typisierbaren Kernbestand an Grundaussagen eines Diskurses"(Keller 2001, S. 46) und enthält diejenigen Bausteine, welche innerhalb eines Diskurses „für die Interpretation von Handlungen, der eigenen Person und gesellschaftlicher Strukturen im Sprechen verwendet werden" (Potter/Wetherell 1995, S. 188f, zit. nach Keller 2001, S. 46). Diejenigen dieser analytischen Elemente, welche für das zu be-trachtende 'Diskursfeld Moscheebau' vom Autor vorausgesetzt werden, finden sich in der folgenden Übersicht in ihren möglichen Operationalisierungen erläu-tert:

---

beibehalten wird. Wir mögen das mit Husserl als die Idealität des 'Und-so-weiter' bezeichnen. Aus dieser Annahme folgt die weitere und grundsätzliche Annahme, dass ich meine früheren erfolgreichen Handlungen wiederholen kann" (ebenda).

Tabelle 2: Wesentliche analytische Elemente im Interpretationsrepertoire[102] eines Diskurses nach der Wissenssoziologischen Diskursanalyse

Element	Nominaldefinition	Funktion innerhalb des Diskurses	Operationalisierung/Beispiele
Deutungsmuster	• Organisation der Wahrnehmung von sozialer und natürlicher Umwelt in der Lebenswelt des Alltags (vgl. Lüders/Meyser 1997, S. 58; zit. nach Keller 2008, S. 240) • Deutungsmuster als „kollektive Sinngehalte" (Madeker 2007, S. 67) verknüpfen unterschiedliche Deutungselemente „zu einer kohärenten [...] Deutungsfigur, die in [...] manifester Gestalt(Keller 2008, S. 240) erscheint oder latent bleibt" (vgl. Keller 2009, S. 48)	• Einfache - da hoch konventionalisiert und unmittelbar verfügbar - Bewältigung von Handlungsproblemen (vgl. Keller 2008, S. 240) • Wahrnehmung, Bewertung und Interpretation des Referenzphänomens (vgl. Keller 2008, S. 240; Madeker 2007, S. 67)	• Deutungsmuster können im Datenmaterial oft als sogenannte 'In-Vivo-Codes' bzw. 'natürliche Codes' entdeckt werden; Beispiele: - Leitkultur - Gutmenschentum - Kulturchristen
Masterframe	• Masterframes sind diejenigen Deutungsmuster, „die alle Diskursakteure explizit oder implizit teilen" (Madeker 2008, S. 77) und insofern als „quasi unangetastete Grundlage" (ebenda) der diskursiven Deutungskämpfe fungieren. Es handelt sich dabei um übergeordnete oder sehr allgemeine Deutungsmuster, die je nach diskursiver Positionierung in verschiedene untegeordnete Deutungsmuster aufgebrochen werden (vgl. Madeker 2008, S. 76f).	• Masterframes ermöglichen es den verschiedenen Diskursteilnehmern auch dann einen interdiskursiven Bezug zu generieren, wenn sie sich im diskursiven Feld unterschiedlich positionieren.	Inklusion als übergeordnetes Masterframe: Der Moscheebau wird Diskurs übergreifend als Grenzziehungsproblem zwischen einem gesellschaftlichen Innen und Außen konstruiert. Dieses wird über untergeordnete Deutungsmuster – z.B. Integration – zu lösen versucht.

---

[102] Die tabellarische Darstellung orientiert sich in abgewandelter Form an Koch 2008, S. 38.

Auswertung

Wesentliche analytische Elemente im Interpretationsrepertoire eines Diskurses nach der Wissenssoziologischen Diskursanalyse - Fortsetzung I

Element	Nominaldefinition	Funktion innerhalb des Diskurses	Operationalisierung/Beispiele
Klassifikationen	• „kontingente Modelle der Wirklichkeitskonstitution durch Gruppenbildungen" (Keller 2008, S. 246) • „Diskursspezifische Differenzbildungen" (vgl. in Anlehnung an Laclau und Mouffe ebenda, S. 162) • „Das im Diskurs präferierte Ordnungsraster der Welt" (Keller 2007b, S. 13) • „institutionell stabilisierte Form sozialer Typisierungsprozesse" (Keller 2007a, S. 98).	• Sinn- und Ordnungsbildung über Logik der Differenz: Klassifizierte Phänomene gewinnen ihre Bedeutung in Kontrastierung zueinander (in Anlehnung an Laclau//Mouffee vgl. Keller 2008, S. 162).	• Gesellschaft vs. Natur • Gut vs. Böse • Verweltlicht vs. glaubensstark • Zwanglose Gemeinschaft vs. kritische Masse unberechenbarer Energien • Kalkül vs. natürliche Zuwendung
Subjektpositionierungen	• „Im Diskurs konstituierte Subjektvorstellungen und Identitätsschablonen für seine möglichen Adressaten" (Keller 2008, S. 235) • „Positionierungsvorgaben für Akteure, auf die ein Diskurs Bezug nimmt bzw. über die er spricht" (ebenda)	• Subjektpositionierungen vereinfachen das diskursive Setting zu einer Bühne mit be-stimmten Protagonisten, die eine ihnen jeweils zugeschriebene Rolle spielen.	• Der Muslim als sich an die Moderne noch anzupassendes Subjekt und dem Islam ausgeliefertes Objekt
Sprecherpositionen	• „Mit Rollensets verknüpfte, institutionell-diskursiv strukturierte Orte für legitime Aussagenproduktion" (Keller 2008, S. 235).	• Legitimierung und Aufwertung der an die jeweilige Sprecherposition geknüpften Aussagepraxis	• Um den Unbestimmtheitsgrad zu kennzeichnen, reden *Sicherheitsexperten* von einer nicht auszuschließenden Möglichkeit.

Wesentliche analytische Elemente im Interpretationsrepertoire eines Diskurses nach der Wissenssoziologischen Diskursanalyse - Fortsetzung II

Element	Nominaldefinition	Funktion innerhalb des Diskurses	Operationalisierung/Beispiele
Wertbezüge	• Der Begründungszusammenhang aus impliziten oder expliziten normativen Bezügen und den damit bezeichneten Werteordnungen • Implizit: Verschränkungen des Normativen mit dem Faktischen, bspw. in positiv konnotierten Deutungsmustern oder normalisierenden Formulierungen wie 'man macht das so'. • Explizit: Ausformulierte Verweise auf Werte, Tugenden, normative Prinzipien oder weltanschaulich ausgerichtete Systeme	• Reproduktion (bei impliziten Bezügen) oder Rechtfertigung (bei expliziten Bezügen) gegebener oder alternativer Werteordnungen • Rationalisierung von Ambivalenzen und kognitiven Dissonanzen	• positiv/negativ konnotierte Deutungsmuster: z.B. gemäßigter Islam • Normalitätserwartungen • Problematisierungen des Moscheebaus • explizite Wertbezüge, z.B. auf Menschenrechte
Diskursstrategien	• „Argumentative, rhetorische, praktische Strategien [Techniken]zur Durchsetzung eines Diskurses(z.B. 'black boxing', d.h. die Etablierung unhinterfragbarer Grundannahmen)" (Keller 2008, S. 235) bzw. Techniken zur Überzeugung der Gültigkeit der eigenen Deutungen. • Diskursstrategien überzeugen qua faktischer Wirkung - z.B. über den Appell an Gefühle. Die jeweils erreichten Effekte stehen dabei in einem bloß kontingenten Verhältnis zur verwendeten Äußerung und sind vielmehr in einem instrumentellen Handlungszusammenhang eingebettet	• (Verbale)Diskursstrategien im diskursiven Feld erfüllen die Funktion, die jeweiligen Adressaten von der Gültigkeit der eigenen Deutungen des Autors faktisch zu überzeugen. • „Erfolgreiche Zurichtung von Problemmustern" (Schetsche 2008, S. 129) • Durchsetzung der eigenen diskursiven Deutungen, um etwas in der Welt zu bewirken.	• Normative Setzungen • Normalitätsunterstellungen, • Strategies of ethnic boundary making: Othering, Repositioning, Ethnic Boundary Blurring • Rhetorische Fragen • Fehlschlüße vom Faktischen zum Normativen • Selbstlegitimierungen • Absprache von Wahrhaftigkeit

5 Forschungsdesign

5.1 Methodologie und Geltungsbegründung

In ihrem konstruktivistischen Impetus hat die WDA nicht den Anspruch, die objektive Wirklichkeit korrespondenztheoretisch abzubilden, sondern versucht, sie unter Offenlegung und Kontrollierung ihrer notwendig perspektivistischen Vorgehensweise darzustellen. Wenn sich das Problem der Referenz[103] auch nach wissenssoziologischer Leseart nicht lösen lässt, behält die WDA im Sinne eines schwachen Realismus die Idee, wissenschaftliche Urteile als wahr oder falsch zu beurteilen, dennoch bei: Diese Bewertung richtet sich allerdings nicht nach einem externen Wahrheitskriterium, sondern orientiert sich an der intersubjektiven Nachvollziehbarkeit der Begründung der jeweiligen Urteile (konsenstheoretische Wahrheitstheorie). Dabei betrachtet die WDA die „Welt als Ensemble der durch Text eröffneten Bezüge" (Ricoeur 1978, S. 90, zit. nach Keller 2008, S. 268) und orientiert sich an den methodologischen Leitsätzen der hermeneutischen Wissenssoziologie nach Reichertz (vgl. zu den folgenden Ausführungen: Reichertz 1999, S. 331 ff.):

- „Der Wissenschaftler kann die externe Realität zwar nicht *eo ipso* erfahren, er kann dieses „Nicht-Ego" (Peirce) jedoch körperlich erfahrbar zu Wahrnehmungsurteilen und fiktiven Deutungen werden lassen (vgl. ebenda, S. 332)".

- „Der wissenschaftlich arbeitende Sozialforscher ist davon überzeugt, dass seine Urteile mit Hilfe der Differenz »wahr/falsch« bewertet werden können: Ein Sozialforscher (...) muss davon ausgehen (soll die Verwendung des Wortes »Hermeneutik« noch Sinn machen), dass Subjekte nicht zwanghaft aufgrund äußerer Einflüsse handeln. Weder »latente Strukturen« noch »operierende Systeme« beherrschen das Handeln des Menschen. (...) Äu-

---

[103] Das Problem der Referenz als epistemologisches Problem zeigt sich bei Jürgen Ritsert wie folgt formuliert: „Referenz bedeutet die Bezugnahme einer Erkenntnisinstanz auf Gegenständlichkeit, auf etwas ihr selbständig Entgegenstehendes. "Referenz" darf man wohl als ein, wenn nicht *das* Problem jeder Erkenntnistheorie behandeln" (Ritsert 2010, S. 62).

ßeres – die Natur, die Sozialität, Strukturen, Prozesse etc. – (...) besitzt nur dann Kraft und manchmal auch Macht über den Handelnden, wenn es durch ihn und damit auch für ihn Bedeutung erhalten hat" (ebenda, S. 332).

- „Die wissenssoziologisch informierte Sozialforschung will rekonstruieren, aufgrund welcher Sinnbezüge gehandelt wurde, wie gehandelt wurde. (...) Insofern geht es keinesfalls um den emphatischen Nachvollzug subjektiv gemeinten Sinns, sondern um die (Re)Konstruktion eines typisierten Sinns (ebenda)".

- „Gut geeignet (...) ist die Deutung noch nicht wissenschaftlich vorgedeuteter Gegenstände. Die hermeneutische Deutung von Daten ist aus dieser Perspektive als ein Versuch zu werten, eine singuläre und möglicherweise neue Erfahrung an den bereits ausgedeuteten Kosmos, dem der Hermeneut angehört, anzuschließen, was diesen Kosmos – zumindest partiell – weiter ausdifferenziert (ebenda, S. 333)".

Als epistemologisches Axiom gilt ihr ein Handlungsbegriff, der im Einklang mit dem erwähnten Konzept der Dualität von Struktur menschliche Individuen weder durch äußere Strukturen determiniert sieht noch losgelöst von diesen betrachtet – oder in einer Formulierung von Reichertz: „Jedes Außen wird von der Deutung des Handelnden gebrochen" (Reichertz 2000b, Absatz 23). Im Rahmen der WDA dekonstruiert der Forscher einzelne Diskursfragmente – z.B. mit Blick auf die Inkonsistenzen der darin enthaltenden Diskursäußerungen – und rekonstruiert diese zu einer 'typisierenden Deskription' bzw. zu diskursiven Ereignissen, anhand derer die Einmaligkeit des Materials nicht als idiosynkratische, sondern als typische Qualität deutlich wird.

Diese Deskriptionen lassen sich dabei über Deduktionen, Induktionen oder abduktive Schlüsse erreichen.[104] Dem *Verstehen von Verstehen* (vgl. Soeffner

---

[104] Gehören deduktive und induktive Schlüsse zum Standardwissen empirischer Sozialforschung (zu einer alternativen, formallogischen und dennoch leicht verständlichen Darstellung vgl. Salmon 2009, S. 33f.), gilt die in der qualitativen Sozialforschung verbreitete Idee des abduktiven Schließens als recht umstritten (vgl. Strübing 2008, S. 44f. und Reichertz 2000a, S. 276ff.), daher folgen einige Ausführungen zum Konzept der Abduktion: Eine Abduktion wird in Anlehnung an Charles Sanders Peirce neben der Induktion und der Deduktion als dritte Form des Schlussfolgerns betrachtet, wobei diese häufig als strenge Form logischen Schließens missverstanden zu werden scheint (vgl. Reichertz 2000a, S. 277). Eher sei die Abduktion ein kreativer, logisch nicht zwingender Schluss „aus einer bekannten Größe (=Resultat) auf zwei unbekannte (=Regel und Fall)" (Reichertz 2000a, S. 281). So könne über einen abduktiven Schluss bei dem Vorfinden einer zunächst nicht einordbar erscheinenden Größe im Datenmaterial ohne Rückgriff auf deduktive oder induktive Schlüsse auf eine neue Regel geschlossen werden, womit zugleich deutlich wird, um welchen typisierbaren Fall es sich bei

2004, S. 63) wird dabei als selbstreflexive Kontrolle des Forschungsprozesses eine axiomatische Bedeutung eingeräumt. Diese lässt sich über einen zirkulären Forschungsprozess realisieren, währenddessen der Forscher seine eigenen Analyseschritte nicht nur dokumentiert, sondern bis zu einem (allerdings willkürlich) festgesetzten Punkt der theoretischen Sättigung immer wieder an dem Datenmaterial korrigiert. Ein für diese Art von Schlüssen offener und gleichzeitig die Transparenz und Kontrolliertheit des Forschungsprozesses stützender Forschungsansatz ist die *Grounded Theory,* an der sich während der Auswertung des Datenmaterials orientiert wird. Für diese gilt der Punkt der theoretischen Sättigung dann als erreicht, wenn die gegebenen Kategorien in ihrem Merkmalsraum über eine weitere Hinzuziehung von Primärdaten nicht weiter ausdifferenziert und zudem keine neuen Kategorien mehr über das gegebene und erweiterbare Datenmaterial gefunden werden können (vgl. Glaser/Strauss 2010, S. 76f.).

Erst an diesem Punkt sollte der Soziologe die am Gegenstand begründete, die *Grounded Theory,* als vorläufig abgeschlossen betrachten (vgl. ebenda). Die Orientierung an der Grounded Theory wird durch eine Sequenzanalyse bei der tiefenanalytischen Betrachtung der Diskursfragmente des Feinanalysesamples er-

---

der vorgefundenen Konstante (der nicht einordbar erscheinenden Ausgangsgröße) handelt (vgl. ebenda). Logisch nicht zwingend bedeutet in diesem Kontext, dass Schlüsse auf *potentiell verschiedene* Regeln und Fälle möglich sind – von der philosophischen Disziplin Logik werden diese denn auch nicht zu den argumentativ gültigen Schlussverfahren gezählt oder von ihr erst gar nicht behandelt (vgl. ihren fehlenden Einzug in einschlägige Einführungsliteratur zur philosophischen Logik, bspw. Salmon, Wesley C (2009): Logik). Ziel der Abduktion ist es nun, „angesichts überraschender Fakten nach einer sinnstiftenden Regel, nach einer möglicherweise gültigen bzw. passenden Erklärung [zu suchen], welche das Überraschende an den Fakten beseitigt. Endpunkt dieser Suche ist eine (sprachliche) Hypothese" (Reichertz 2000a, S. 285).
In Abgrenzung zur Induktion oder Deduktion liege die besondere Qualität der Abduktion in ihrem nicht-tautologischen Charakter, so dass der abduktive Schluss Peirce gar als einziges Kenntnis erweiterndes Schlussverfahren gegolten habe (vgl. Reichertz 2000a, S. 276f.). Zur Veranschaulichung (vgl. auch Strübing 2008, S. 44ff.) eines abduktiven Schlusses sei ein Beispiel angeführt: Ich finde ein unlogisch erscheinendes Argument im diskursiven Datenmaterial, das ich unter Rückgriff auf mein zuvor erworbenes theoretisches Hintergrundwissen einzuordnen nicht in der Lage bin. Ich siniere einige Zeit über die Frage, warum das Argument ausgerechnet an der vorliegenden Stelle eine unlogische Struktur aufweist und gelange zu der Vermutung, dass es typischerweise Diskursstrategien sind, die eine unlogische Argumentationsstruktur aufweisen, so dass es sich bei der vorliegenden Aussage um eine Diskursstrategie handeln könnte. Formallogisch ausgedrückt wird in diesem Syllogismus von der Konklusion (die vorliegende Aussage hat eine ungültige Argumentationsstruktur) *ungültigerweise* auf die Regel bzw. Hauptprämisse (Diskursstrategien haben typischerweise eine unlogische Argumentationsstruktur) und den Fall bzw. die Nebenprämisse (die vorliegende Aussage ist eine Diskursstrategie) geschlossen. Charakteristisch für diesen abduktiven Schluss ist seine hypothetische und daher nicht zwingende Qualität, schließlich könnte es sich bei der vorliegenden Aussage bspw. bloß um einen Schreib- oder Denkfehler des den Satz verfassenden Autors handeln. Ein deduktiver Schluss hingegen wäre logisch zwingend, so könnte über die Annahme, alle Diskursstrategien seien logisch fehlerhaft bei dem Vorliegen einer Diskursstrategie zwingend darauf geschlossen werden, dass die gegebene Aussage (die Diskursstrategie) unlogisch ist.

gänzt. Um nun einen (verkürzten) Überblick darüber zu geben, wie sich die epistemologischen und methodologischen Leitideen der wissenssoziologischen Hermeneutik im Allgemeinen und der WDA im Besonderen auf die vorliegende Arbeit anwenden lassen, möchte ich unter Rückbezug auf die klassischen Gütekriterien (interne und externe Validität, Reliabilität) die Geltungsbegründung für meine methodische Vorgehensweise im Folgenden umreißen.

Die *interne Validität bzw. Konstruktvalidität* bezieht sich auf das Verhältnis der theoretischen Konstrukte untereinander: Es sollte z.B. das Kriterium der *Diskriminanz* erfüllt sein, damit keine Redundanzen produziert werden bzw. scheinbar unterschiedliche Konzepte nicht doch das gleiche meinen. Diese wird in der Arbeit damit zu steigern versucht, indem über einen zirkulären Forschungsprozess die Möglichkeit besteht, sowohl die Diskursfragmente als auch die generierten Kategorien zu unterschiedlichen Zeitpunkten zu betrachten. Dabei wird über die verschiedenen Codierungsverfahren unter Rückgriff auf die Grounded Theory zudem eine Perspektiventriangulation vollzogen, um beispielsweise sich überschneidende Kategorien zu identifizieren und wieder fallen zu lassen.

Die *externe Validität* bezieht sich auf die *adäquate Repräsentation der Wirklichkeit*. Hierzu ist zunächst zu sagen, dass sich im Sinne der qualitativen Sozialforschung wenn überhaupt nur von der Darstellung, nicht aber von der Abbildung der Wirklichkeit sprechen ließe. Oder, um es mit Reichertz auszudrücken: „Selbst wenn wir die Wirklichkeit wirklich sähen, wir würden es nicht erkennen" (vgl. Reichertz 2000b, Anmerkung Nr. 8). Auf die vorliegende Arbeit bezogen versuche ich der Idee der externen Validität zum einen über die Benutzung von Primärdaten, welche von den diskursiven Akteuren selbst produziert wurden, Rechnung zu tragen und zum anderen durch die im Gegenstand verankerte Theoriebildung, um die eigenen, deduktiv gewonnenen Prämissen am Widerstand des Gegenstandes zu korrigieren.

Über die *Reliabilität* ließe sich zunächst sagen, dass diese in der vorliegenden Studie nicht im konventionellen Sinne als quantifizierbare Wiederholbarkeit der mit den analytischen Instrumenten „gemessenen" Realität gedacht wird. Eher wird sie als Gradmesser für die Intersubjektivität und Transparenz der theoretischen Instrumente verstanden und gleichzeitig als Emanzipation von der Perspektivität und dem Vorwissen des Forschers. Diese Zuverlässigkeit wird zum einen über die Dokumentation mittels sogenannter Memos[105] angestrebt, so dass ein reflexiver Forschungsprozess entstehen kann, der das Verstehen von Verste-

---

[105] Memos können als „schriftliche Analyseprotokolle, die sich auf das Ausarbeiten der Theorie beziehen" (Strauss/Corbin 1996, S. 169ff.), verstanden werden. Zur ausführlicheren Erläuterung der Funktionen und unterschiedlichen Typen von Memos – bspw. Kode-Notizen, theoretische Notizen oder Planungsnotizen – :siehe Strauss/Corbin 1996, 169ff.).

hen auch für zweite und dritte Rezipienten offen legt. Zum anderen sorgt die Anwendung verschiedener Codierungsarten und der Perspektiventriangulation für eine gewisse Konventionalisierung und damit Eigendynamik des Forschungsprozesses.

Auch wenn die Idee der *Repräsentativität* bzw. *Verallgemeinerbarkeit*[106] als eine an einem externen Kriterium überprüfbare Möglichkeit verworfen wird, liegt dieser Arbeit doch ein Repräsentativitätsverständnis zu Grunde. Dessen Ziel liegt jedoch „nicht im Produzieren von Ergebnissen, die für eine breite Population repräsentativ sind, sondern darin, eine Theorie aufzubauen, die ein Phänomen spezifiziert, indem sie es in Begriffen der Bedingungen (unter denen ein Phänomen auftaucht), der Aktionen, Interaktionen (durch welche das Phänomen ausgedrückt wird) und Konsequenzen (die aus dem Phänomen resultieren) erfasst" (Steinke 1999, zit. nach Strübing 2008, S. 82).[107] Kurz gesagt geht es um eine möglichst mehrdimensionale Beschreibung des zu konstruierenden Gegenstandes und um die inhaltliche Relevanz der Datengrundlage für das zu bearbeitende Thema.

Um sich dieser Idee im Forschungsprozess anzunähern, wird über eine Perspektiventriangulation die Konstitution des Gegenstandes von dem begrenzten Blick des Forschers zu entkoppeln versucht, auch die Anwendung des noch zu erläuternden *theoretical samplings* sollte der Willkür des Autors entgegenwirken. Die Perspektiventriangulation manifestiert sich dabei als Kombination aus Sequenzanalyse und Grounded Theory, dabei verstehe ich auch die verschiedenen Codierungsarten als je eigene Perspektiven. Über die Idee des bereits erwähnten Ideenrepertoires wurde dabei versucht, zentrale Elemente eines Diskurses zu erkennen und inhaltlich zu beschreiben.

---

[106] Eine klassische Diskussion – im Sinne des kritischen Rationalismus – über den Begriff der Repräsentativität findet sich bei Esser u.a. 2008, S. 304f. Repräsentativität wird dabei an die Idee des statistischen Zufalls gekoppelt, welche als notwendige Bedingung für Repräsentativität betrachtet wird.
[107] Vgl. Strübing, Jörg (2008): Grounded Theory. Zur sozialtheoretischen und epistemologischen Fundierung des Verfahrens der empirisch begründeten Theoriebildung, S. 82. Zitiert nach: Steinke, Ines (1999): Kriterien qualitativer Forschung. Ansätze zur Bewertung qualitativ – empirische Sozialforschung.

5.2 Methodische Umsetzung: Vierstufiges Forschungsdesign

Die Anwendung der Grounded Theory erfolgte über das Programm *MaxQdata*, dabei wurde ein Code-System erarbeitet, das sich an den von Strauss und Glaser vorgeschlagenen Schritten axialen, selektiven und offenen Codierens[108] orientierte, wenngleich diese ob der begrenzten zeitlichen und finanziellen Ressourcen keine hinreichende Anwendung finden konnten. Die verschiedenen Codierarten werden bei Strauss und Corbin wie folgt erörtert:

-Offenes Codieren:

„Der Prozess des Aufbrechens, Untersuchens, Vergleichens, Konzeptualisierens und Kategorisierens von Daten. [...] Offenes Codieren ist der Analyseteil, der sich besonders auf das Benennen und Kategorisieren der Phänomene mittels einer eingehenden Untersuchung der Daten bezieht. [...] Während des offenen Codierens werden die Daten in einzelne Teile aufgebrochen, gründlich untersucht, auf Ähnlichkeiten und Unterschiede hin verglichen, und es werden Fragen über die Phänomene gestellt, wie sie sich in den Daten widerspiegeln. Durch diesen Prozess werden die eigenen und fremden Vorannahmen über Phänomene in Frage gestellt oder erforscht, was zu neuen Entdeckungen führt" *(Strauss/Corbin 1996, S. 43f).*

-Axiales Codieren:

„Eine Reihe von Verfahren, mit denen durch das Erstellen von Verbindungen zwischen Kategorien die Daten nach dem offenen Codieren auf neue Art zusammengesetzt werden. [...] Axiales Codieren fügt diese Daten auf neue Art wieder zusammen, indem Verbindungen zwischen einer Kategorie und ihren Subkategorien ermittelt werden. [...] Beim axialen Codieren liegt unser Fokus darauf, eine Kategorie (Phänomen) in Bezug auf die Bedingungen zu spezifizieren, die das Phänomen verursachen; den Kontext (ihren spezifischen Satz von Eigenschaften), in denen das Phänomen eingebettet ist; die Handlungs- und interaktionalen Strategien, durch die es bewältigt, mit ihm umgegangen oder durch die es ausgeführt wird; und die Konsequenzen dieser Strategien. Weil diese spezifizierenden Kennzeichen einer Kategorie ihr Präzision verleihen, nennen wir sie Subkategorien" *(ebenda, S. 75f.).*

---

[108] Es erscheint wichtig, zu betonen, dass der Prozess des Codierens zirkulär verläuft: Zwar gilt es als zu erreichendes Ziel, eine Kernkategorie zu entwickeln, welche im Zentrum einer dann vom Forscher zu konstruierenden 'analytischen Geschichte' des relevanten Gegenstandsbereiches stehen wird (vgl. Strauss/Corbin 1998, S. 98) – dennoch wird im Verlauf des Forschungsprozesses immer wieder zwischen den verschiedenen Phasen des Kodierens oszilliert, so dass beispielsweise bei der Schwierigkeit, eine Kernkategorie zu bestimmen, wieder in die Phase des offenen Kodierens zurückgegangen wird.

- Selektives Codieren:

„*Der Prozess des Auswählens der Kernkategorie, des systematischen In-Beziehung-Setzens der Kernkategorie mit anderen Kategorien, der Validierung dieser Beziehungen und des Auffüllens von Kategorien, die einer weiteren Verfeinerung und Entwicklung bedürfen*" *(ebenda, S. 94).*

Im Einklang mit den Ausführungen der Grounded Theory nach Glaser, floss neben dem explorativ und auf Offenheit ausgerichteten Codesystem ganz bewusst theoretisches Vorwissen ein,[109] das in meinem Fall auf die erläuterten Konzepte der WDA zurückgriff. Die medial vermittelten Diskursfragmente wurden im Sinne des theoretischen Samplings der Grounded Theory ausgewählt, dabei zur Unterstützung der Konstruktion des Datenkorpus auf die Datenbank LexisNexis zurückgegriffen.

Die verschiedenen Schritte im überwiegend zirkulär verlaufenden Forschungsprozess lassen sich dabei wie folgt unterteilen:

- Zusammenstellung des umfassenden Datenkorpus, der gewissermaßen die Grundgesamtheit des herauszuarbeitenden Diskursfeldes stellt.

- Über die Aussortierung der als irrelevant erachteten Artikel (Texte, die keine diskursiven Aussageereignisse enthielten) Zusammenstellung eines ersten Auswertungssample mit anschließender Grobanalyse der einzelnen Texte, um das diskursive Feld in seiner Breite abzustecken.

- Zusammenstellung und Vervollständigung eines Feinanalysesamples während der gleichzeitigen Fortführung der Grobanalyse, um das Feinanalysesample sukzessiv um weitere wichtige Diskursfragmente zu erweitern. Die Texte des Feinanalysesamples wurden über eine Sequenzanalyse betrachtet, um die Tiefendimensionen der verschiedenen Diskurse zu beleuchten.

- Text übergreifende und integrierende, an der Funktion des 'Text Retrievals' und dem Konzept der Kernkategorie orientierte Herausstellung der verschiedenen Diskurse in ihren zentralen Deutungsmustern, Story-Lines, Klassifikationen, Diskursstrategien und Problembezügen.

---

[109] Vgl. zu den Differenzen zwischen Glaser und Strauss bezüglich der Funktion des theoretischen Vorwissens: Strübing 2008, S. 71

5.2.1 Zusammenstellung des Datenkorpus

Um das diskursive Feld in seiner Breite darstellen zu können, wurde das erste, umfassendste Printmediensample dem Prinzip der Ausgewogenheit[110] folgend über eine Stichwörtersuche zusammengestellt, als Erhebungszeitraum wurde dabei der Abschnitt zwischen dem 01.05.2007 (Datum des Scheiterns des Bürgerbegehrens der rechtspolitischen Bewegung Pro Köln: 07.Mai 2007) und dem 30.11.2008 (Erteilung der Baugenehmigung für die DITIB-Zentralmoschee seitens der Stadt Köln: 07. November 2008) gewählt. Der Zeitraum erschien plausibel, da sich dort die mediale Aufmerksamkeitsspanne des öffentlichen Moscheebaudiskurses konzentrierte. Innerhalb dieses temporären Rahmens wurde über die Eingabe von "Moschee! and Ehrenfeld"[111] in die Suchmaske der Datenbank *LexisNexis* oder (bei Verfügbarkeit aller elektronischen oder printmedialer Ausgaben) im Onlinearchiv der betreffenden Zeitung nach denjenigen Diskursfragmenten – vorzugsweise Leitartikel – gesucht, welche diese Wortkombinationen enthielten. Die Stichwortsuche wurde zunächst auf folgende Tageszeitungen der überregionalen Qualitätspresse angewandt: Die Welt (elektronisch/LexisNexis), die FAZ (Frankfurter Allgemeine Tageszeitung und Frankfurter Allgemeine Sonntagszeitung/printmedial über Onlinearchiv), die Süddeutsche Zeitung (printmedial über OnlineArchiv) und die Frankfurter Rundschau (elektronisch/Onlinearchiv). Zudem wurden alle den Untersuchungszeitraum betreffenden Ausgaben des Kölner Stadtanzeigers, als auch die Online zugänglichen Ausgaben der ZamanAvrupa[112] (elektronisch/Onlinearchiv) hinzugezogen. Abschließend wurde der erste Datenkorpus um alle entsprechenden Artikel der Bildzeitung (elektronisch/Onlinearchiv) – als meistgelesene Tageszeitung in Deutschland – erweitert. Von diesem Sample erhoffte sich der Autor ein möglichst breites Meinungsspektrum abzubilden, ohne dabei auf Extreme rückgreifen zu können.

---

[110] Eine Normalverteilung unterstellend wurde dabei auf eine Betrachtung von Zeitungsartikeln aus dem äußeren linkspolitischen bzw. rechtspolitischen Lager verzichtet.
[111] Die Eingabe dieser Wortkombination bewirkt, dass nach Textpassagen gesucht wird, in denen sowohl das Wort 'Ehrenfeld' als auch mindestens ein Substantiv mit der Vorsilbe Moschee enthalten ist (z.B.Moscheeverein oder Moscheestreit). Bei der ZamanAvrupa konnte keine kombinierte Suche durchgeführt werden, so dass diese manuell - es wurde jede Ausgabe durchgesehen - nach den erwähnten Stichwortern aus dem Leitartikelgenre gescannt wurde.
[112] Die islamisch ausgerichtete ZamanAvrupa stellt mittlerweile neben der Hürriyet die meistgelesene türkischsprachige Zeitung in Deutschland.

5.2.2 Grobanalyse

Anschließend wurde eine Auswahl relevanter Artikel getroffen, welche allesamt einer Grobanalyse[113] unterzogen wurden.[114] Als unwesentlich erachtete Texte – redundante Texte, welche sich auf bereits zuvor betrachtete Aussageereignisse nur deskriptiv bezogen oder den Moscheebau in Köln-Ehrenfeld als nur zufälliges Beispiel in einem anderen Kontext erwähnten – wurden dabei aussortiert. Die Diskursfragmente, die einer Grobanalyse unterzogen wurden, entstammen überwiegend dem Typus Leitartikel oder dem Typus Leserbrief. Ausnahmen betrafen Verweise auf wichtige Primärdokumente der am Diskurs beteiligten Akteure, soweit diese in längeren Absätzen zitiert wurden: Hierunter fällt der Beschluss der Ehrenfelder CDU-Fraktion zum Moscheebau, als auch ein vom Kölner Stadtanzeiger aufgezeichnetes und transkribiertes Streitgespräch zwischen Bekir Alboğa und Ralph Giordano, das zuvor im visuellen Format 'Talk im Turm' des Kölner Stadtanzeigers (KstaTV) ausgestrahlt wurde. Insgesamt umfasste der nach dem Aussortieren irrelevanter Artikel erhaltene Datenkorpus (Ausgangssample) 125 Artikel.

Die Grobanalyse wurde als hermeneutisches Verfahren implementiert, die jedes Diskursfragment wiederholt mit jeweils verschiedenen Lesearten – orientiert am erwähnten Offenen Codieren, an explizitem theoretischen Vorwissen oder dem bereits erarbeiteten Codesystem – analysierte. Zu erarbeitende *Kernkategorien* (vgl. Strauss/Corbin 1996, S. 98f.) – in dieser Arbeit konzipiert als zentrale, den Moscheebau problematisierende und im Zentrum der jeweiligen *Story Line* stehende Deutungsmuster (*Masterframes*), auf denen die anderen Kategorien eines Diskurses implizit oder explizit Rekurs nehmen – wurden bei der Grobanalyse noch nicht fokussiert.

5.2.3 Feinanalyse

Da nicht alle Textdokumente dieser Auswahl einer Tiefenanalyse unterzogen werden konnten, wurde im Anschluss an die Grobanalyse – orientiert an dem Prinzip des *theoretical samplings* – ein Feinanalysesample zusammengestellt.

---

[113] Die Grobanalyse orientierte sich dabei an den erwähnten Vorschlägen zum Codieren seitens der Grounded Theory, ohne allerdings für jeden Text bereits eine Kernkategorie bzw. einen Masterframe zu fokussieren. Erläuterungen zu den erstellten Codes, aber auch Unklarheiten und theoretische Anregungen zu den jeweiligen Diskursfragmenten wurden in jeweilige 'Memos' festgehalten. Über diese Formen der Explikation des Forschungsprozesses wurde dieser in seiner Transparenz zu steigern versucht.
[114] Die Arbeitsschritte sind nicht – wie es vielleicht suggeriert wird – streng linear gedacht, sie sollten möglichst zirkulär verlaufen.

Hierfür wurde zunächst nach dem Prinzip des maximalen Unterschiedes ein vorläufiges Sample im Detail zu untersuchender Artikel ausgewählt. Ausgehend von diesen jeweils unterschiedlichen Diskurspositionen (mehr oder weniger) repräsentierenden Leitartikeln wurde das Feinanalysesample nach dem Prinzip des minimalen Kontrastes um weitere Texte aus dem Grobanalysesample erweitert, bevor schließlich auch diese Artikel einer sequentiellen Feinanalyse unterzogen wurden. Dabei verliefen die Auswertungsschritte nicht linear: Immer wieder wurde von der Feinanalyse zurück zur Grobanalyse 'gesprungen', um möglicherweise doch für die Tiefenanalyse geeignende Artikel nicht zu übersehen.

Die Verknüpfung des zur Zusammenstellung des Feinanalysesamples angewandten *theoretical samplings* mit den Prinzipien des minimalen und maximalen Kontrastes lässt sich wie folgt umreißen[115]: Diesem von Glaser und Strauss konzipierten Auswahlverfahren zufolge wurden die zu analysierenden Fälle (in der vorliegenden Arbeit Diskursfragmente bzw. Texte) entsprechend dem Grad der theoretischen Sättigung selektiert (vgl. ebenda, S. 78ff. und Strauss/Corbin 1996, S. 148ff.). In der vorliegenden Arbeit geschah dies insbesondere in Orientierung an dem *Prinzip des maximalen und minimalen Kontrastes*. Zunächst wurden innerhalb jeder Gruppe diejenigen Artikel für das Feinanalysesample ausgewählt, die möglichst im Kontrast zueinander stehen. Wenn bspw. eine relevante Kategorie (z.B. „Integration") in ihrem Merkmalsraum noch nicht vollständig erfasst zu sein schien, wurden möglichst ähnlich gelagerte Fälle – Texte, die auf „Integration" als zentrale Kategorie verwiesen – als weiteres Datenmaterial herangezogen (Prinzip des minimalen Kontrastes). Die Implementierung der an jeden Artikel des Feinanalysesamples herangeführten Sequenzanalyse orientierte sich an den Ausführungen von Reiner Keller zur Implementierung sequenzanalytischer Verfahren im Rahmen der wissenssoziologischen Diskursanalyse:

„Zur Rekonstruktion von Deutungsmustern werden innerhalb des untersuchten Texts diejenigen Passagen ausgewählt, die nach dem Ergebnis der Kodierung Aussagen zur jeweiligen Dimension enthalten. Wurde also bspw. einem Textbaustein der Kode 'Problemlösung: Technik' zugeordnet, dann wird dieser Abschnitt (später danach andere, denen der gleiche Kode zugeordnet wurde) für die Sequenzanalyse ausgewählt. Die ausgesuchte Passage wird [...] beginnend mit dem ersten Satz, Satz für Satz einer sequenzanalytischen Feinanalyse unterzogen. Das Prinzip der Sequenzanalyse besteht darin, im Hinblick auf die interessierenden Untersuchungsfragen dem Textfluss folgend zunächst möglichst viele Interpretationshypothesen für einzelne Sätze bis hin zu ganzen Textabschnitten oder zum Gesamttext zu entwerfen. Diese werden am unmittelbaren weiteren Textfortgang auf ihre Angemessenheit hin überprüft, verworfen oder beibehalten bzw. präzisiert. Idealerweise handelt es sich dabei um einen Gruppenprozess, in dessen Fortgang nach und nach bestimmte Interpretationen ausgeschlossen und eine einzige als 'passend' *sozial objektiviert*

---

[115] Vgl. dazu auch die methodischen Vorschläge bei Keller 2007a, S. 109f.

werden kann. 'Passend' meint in diesem Zusammenhang, dass die gewonnene Hypothese bzw. das rekonstruierte Deutungsmuster am besten dazu in der Lage ist, den Bedeutungsgehalt der betreffenden Textpassage und damit das Deutungsmuster, das eine Kodiereinheit diskursspezifisch strukturiert, zu bezeichnen" (Keller 2007a, S. 105f.).

In Abgrenzung zu Keller wurden an den einzelne Passagen allerdings nicht möglichst viele und unterschiedliche Interpretationen herangetragen, von denen dann die passendste als interpretierender Kommentar angeführt wurde – eher erfolgte die Entscheidung intuitiv aus der Wahl verschiedener, als angemessen empfundener Möglichkeiten, ohne sie gegeneinander mit expliziten Gründen abzuwiegen: Die konsequente Umsetzung der Empfehlungen von Keller hätten den Rahmen der Arbeit bei weitem gesprengt.

Dabei haben die jeweiligen Interpretationen eher den Charakter kürzerer Kommentare als ausgereifter Interpretationshypothesen. Um die Kommentare nicht zu bloßen Zusammenfassungen des bereits Gesagten werden zu lassen, wurde bei der Sequenzanalyse insbesondere auf implizite Deutungsmuster geachtet. Zur Veranschaulichung und zum Nachvollzug des sequenzanalytischen Vorgehens des Autors sei ein Auszug aus der Feinanalyse angeführt[116]:

1.....„*Ein Kriterium für die Erteilung der Baugenehmigung*
2.....*für ein Gebäude eines politischen Islamvereins*
3.....*müsste deshalb die positive Beantwortung der Frage*
4.....*sein: Werden dort die Gesetze eingehalten?* **[Forder-**
5.....**ung von Präventivmaßnahmen]** *Wird, zum Beispiel,*
6.....*dafür gesorgt, dass Frauen nicht diskriminiert werden?*
7.....*Und .eine zweite Frage darf und muss gestellt wer-*
8.....*den* **[Normative Setzung/Notwendigkeitsunterstell-**
9.....**ung/Pflicht.]:** *Dienen sie* **[die Moscheen]** *der Integra-*
10...*tion?* **[Integrationsbereitschaft als notwendiges und**
11...**beobachtbares Kriterium für Legitimität eines**
12...**Moscheebaus]** *Hier sind Zweifel angebracht. So wie*
13...*in vielen Moscheen in Deutschland der Islam prakti-*
14...*ziert wird, erweist er sich als .ein Hindernis für die*
15...*Integration. Diese Moscheen sind Keimzellen einer*
16...*Gegengesellschaft* **[Moschee als Metonym für den**
17...**schleichenden Islam (Keimzelle als äußerlich nicht**
18...**erkennbarer, verborgener Ort der Reproduktion)]"**
19...*(DF1, Necla Kelek, FAZ 05.06.2007).*

---

[116] Die fett markierten Passagen entsprechen den Kommentaren des Autors.

5.2.4 Textübergreifende Hermeneutik

Zwischen den verschiedenen Stufen des Samplings – von der ersten umfassenden Textsammlung bis zum Feinanalysesample – sind zudem unterschiedliche hermeneutische Lesearten zu unterscheiden, welche an die Artikel herangetragen wurden: Neben der erwähnten Grob- und Sequenzanalyse der immanenten Strukturen des jeweils untersuchten Textes wurde im letzten Schritt des Forschungsprozesses eine den Einzeltext transzendierende, vergleichende Leseart an die jeweiligen Diskursfragmente angelegt, welche sich über das Programm MaxqDA über verschiedene Formen des sogenannten *Text Retrieval*[117] implementieren ließ (vgl. Kuckartz 2010, S. 112ff.). So wurden über MaxqDA bspw. alle im Feinanalysesample der Kategorie „Integration" zugeordneten Textsegmente (sogenannte *Codings*, Beispiel: *Eingliederung in die Mehrheitsgesellschaft*) in einer Übersicht miteinander verglichen und so das Konzept der Integration in den verschiedenen, für die Diskursteilnehmer relevanten Dimensionen, erfasst. Parallel zur Text übergreifenden Betrachtung mit Hilfe der verschiedenen TextRetrieval-Funktionen von MaxQDA wurden die jeweiligen (vorläufigen) Ergebnisse in eine Mind-Map namens „Problemdiskurse" (vgl. digitaler Anhang) eingespeist, worüber ein zusätzlicher Reflexivitätsgrad des Forschungsprozesses erreicht wurde. Durch diese übersichtliche Darstellung in Kombination mit der Sequenzanalyse und den Text transzendierenden Analysen konnten die Kernkonzepte der verschiedenen Diskurse herausgearbeitet und in ihrer Relevanz kontrolliert werden: Konnten bspw. für ein vermeintlich zentrales Deutungsmuster Text übergreifend nur wenige oder unzureichend treffend Codings gefunden werden, so verwarf der Autor das anfänglich als zentral bestimmte Deutungsmuster in seiner Bedeutung für den Diskurs.

---

[117] Allgemein formuliert Kuckartz – der Entwickler der an der Grounded Theory ausgerichteten Analysesoftware namens MaxqData – TextRetrieval als „Grundform der computergestützten Auswertung codierter Textsegmente [Codings]" (Kuckartz 2010, S. 108), welche er als „elektronische Variante des Griffs in die Karteikarten" (ebenda) bezeichnet.

6 Auswertung

Im folgenden Unterkapitel wird der Moscheebaukonflikt in Köln-Ehrenfeld in seinem konfliktiven Verlauf umrissen. Dabei beginnt die Geschichte mit dem Vorhaben, in Köln überhaupt eine öffentlich weithin sichtbare Moschee mit Minarett und anderen Einrichtungen zu errichten und endet mit dem Stadtratsbeschluß im Spätsommer 2008, die Kölner Merkez Camii mit D.I.T.I.B als zuständigen islamischen Dachverband zu errichten. Als Anspruch der Darstellung gilt es, die den Untersuchungszeitraum (Frühjahr 2007 bis Ende 2008) betreffenden zentralen Entwicklungen zu berücksichtigen. Im anschließenden Gliederungspunkt 6.3 wird das diskursive Feld in seiner Breite und Tiefe darzustellen versucht. Hier sind zunächst die in der Arbeit frei gelegten Diskurse in ihrer je eigenen Story Line und den jeweils wesentlichen Elementen des Interpretationsrepertoires zu erörtern, wobei zum Nachvollzug der Ausführungen als wichtig erachtete Diskursfragmente[118] angeführt werden.[119]

Im Fokus steht dabei die Analyse von Deutungsmustern sowie deren Verknüpfung mit anderen Elementen des Interpretationsrepertoires (z.b. den Diskurs typischen Klassifikationen, Diskursstrategien[120] und Subjektpositionierungen).

---

[118] Für jedes der angeführten Diskursfragmente findet sich ein Verweis auf das im Anhang zu findende Primärquellenverzeichnis, das die ausformulierten Titel der zitierten Zeitungsartikel enthält. Jeder der angeführten Texte bekommt die Abkürzung DF [Diskursfragment] als auch eine Zahl und – bei mehrmaliger Erwähnung im Text - einen Buchstaben zugeordnet.
[119] Orientiert wird sich bei dieser Darstellungsweise an Keller 2009, S. 217 ff.
[120] Bisherige Operationalisierungen des Konzeptes der Diskursstrategie erscheinen dem Autor unangemessen, soll eine Diskursstrategie weder auf die vermeintliche Intention des handelnden Akteurs, seine Umwelt (inklusive der Rezipienten) manipulieren zu wollen, noch auf eine bloß vermutbare Wirkung (z.B. die Annahme eines persuasiven Effektes bei dem Verweis auf Statistiken) reduziert werden. Es erscheint zudem problematisch, dass auf unterschiedlichen Handlungseben gelagerte sprachliche Muster, so bspw. Scheinargumente und rhetorische Fragen, unter dem Konzept der Diskursstrategie subsumiert werden, so auch - problematischerweise - in dieser Arbeit. Abhilfe könnte eine Rückbindung des Begriffes an die Theorie des kommunikativen Handelns bieten, was allerdings einer weiteren Ausarbeitung bedürfte. Diskursstrategien ließen sich in dieser Ausrichtung als perlokutive Sprechakte verstehen, dem Gegenbegriff zum verständigungsorientierten Handeln. Wie ließen sich diese von verständigungsorientierten Sprechhandlungen - konstativen, regulativen und expressiven Sprechakten - abgrenzen? Für Habermas ist es der Selbstidentifizierungscharakter von verständigungsorientierten Sprechhandlungen, der einen wesentlichen Unterschied stellt: „Das illokutionäre [Sprecher und Rezipient bindende] Ziel, das ein Sprecher mit einer Äußerung verfolgt, geht aus der für Sprechhandlungen konstitutiven Bedeutung des Gesagten selbst hervor; [verständigungs-

Diese verknüpfende Veranschaulichung anhand verschiedener Diskursfragmente des Feinanalysesamples erfolgt jeweils im Unterpunkt *argumentative Strukturen*. Teile der vom Autor vollzogenen sequentiellen Zeilencodierung, welche sich an der Text immanenten Struktur der zitierten Diskursfragmente orientiert, werden in eckigen Klammern und fett gedruckter Schrift hervorgehoben. Der andere Teil der in der Arbeit dokumentierten Sequenzanalyse findet sich in den Interpretationen vor und nach den angefügten Diskursfragmenten als Textkommentar. Im anschließenden Unterkapitel 6.3 löst sich die Darstellung von einer eng am Quellenmaterial orientierten Betrachtung. Hier wird die Frage nach den im Diskursfeld berührten symbolischen Ordnungen der politischen Kultur fokussiert. Für dieses Anliegen wird zunächst (6.3.1) erörtert, wie sich die „Rekonfiguration symbolischer Ordnungen" (Keller 2008, S. 292) im diskursiven Feld zeigt bzw. welche symbolischen Ordnungen dort überhaupt irritiert wurden, bevor abschließend ein Ausblick auf die Frage nach dem im Datenmaterial gesichteten Transformationspotential der politischen Kultur gewagt wird (6.3.2).

6.1 Moscheebau zu Köln-Ehrenfeld: Konfliktverlauf

Die Idee zum Bau einer Kölner Zentralmoschee (Übersetzung von 'merkez camii') – einer im öffentlichen Raum sichtbaren Moschee samt Kuppel und Minarett – stammt zunächst von dem von zehn verschiedenen muslimischen Verbänden gegründeten Verein „Kölner Zentralmoschee e.V.". Um einen Eindruck vom Selbstverständnis dieses Trägervereins zu gewinnen, sei Vahid Catic, damals Vorsitzender des Förderverbandes vom beteiligten bosnisch-islamischen Kulturverein, zitiert, der 2002 in der *Islamischen Zeitung* folgendes erklärte: „[Die Moschee] soll nicht in irgendeinem Industriegebiet außerhalb der Stadt liegen, sondern dort, wo die Menschen leben. Es soll nicht nur eine Moschee errichtet werden, sondern vielmehr ein größerer Komplex mit Kindergarten, Armenküche, Sporteinrichtungen für Jugendliche und andere Dienstleistungen. Die Menschen sollen an diesem Ort sehen können, dass die Muslime dieser Gesellschaft etwas anzubieten haben. Wir legen sehr großen Wert darauf, dass der Imam die deutsche Sprache gut beherrscht und die Freitagspredigt in deutscher

---

orientierte] Sprechakte sind in diesem Sinne selbstidentifizierend. Der Sprecher gibt mit Hilfe des illokutionären Aktes zu erkennen, daß er, was er sagt, als Gruß, Befehl, Ermahnung, Erklärung usw. verstanden wissen will.(...) Hingegen geht das perlokutionäre Ziel eines Sprechers, wie die mit zielgerichteten Handlungen verfolgten Zwecke überhaupt, aus dem manifesten Gehalt der Sprechhandlung nicht hervor; dieses Ziel kann nur über die Intention des Handelnden erschlossen werden" (Habermas 1995, S. 390). Zu weiteren Differenzen zwischen verständigungsorientierten und perlokutiven Sprechakten bzw. verbalen Diskursstrategien vgl. Habermas 1995, S. 389 und Habermas 1995, S. 410f.

Sprache gehalten wird. [...] Wir werden nicht die Moscheearchitektur aus den muslimischen Ländern kopieren, sondern vielmehr die Architektur den europäischen Gegebenheiten anpassen. Es ist an der Zeit, dass die Moscheen aus ihrem Hinterhofdasein rauskommen" (zit. nach Leggewie 2009, S. 148).

Stieß diese über die Grenze verschiedener Moscheevereine hinweg organisierte erste Initiative zum Bau einer deutlich sichtbaren Zentralmoschee in Köln-Ehrenfeld auf positive Resonanz seitens des damals regierenden Oberbürgermeisters Fritz Schramma (CDU), tritt die DITIB als Mitglieder stärkster muslimischer Trägerverein vor Ort – der sich an dem Gemeinschaftsprojekt aufgrund der Beteiligung der vom Verfassungsschutz unter Beobachtung stehenden Milli Görüş nicht beteiligen wollte – als konkurrierender Akteur bezüglich des Vorhabens einer Zeintralmoschee in Köln-Ehrenfeld auf den Plan. Unter aktiver Fürsprache der örtlichen Grünen und des Oberbürgermeister, der die Bevorzugung von DITIB als Trägerin des Moscheebauprojektes mit der von ihm als vertrauenswürdig und kontrollierbar eingestuften Rolle DITIBs als offizieller Ansprechpartner des türkischen Staates legitimiert, konnte diese nach Erteilung der Abrißgenehmigung für das damalige von ihr betriebene Gebetshaus in einer alten Fabrikhalle an der Venloer Straße rasch die Erlaubnis erhalten, auf dem dort befindlichen Grundstück in dem baurechtlich als Mischgebiet geltenden Viertel zu bauen. Entgegen dem anfänglichen Vorhaben, keinen traditionellen Baustil zu kopieren, gewinnt den von DITIB ausgeschriebenen Architekturwettbewerb 2006 ein Entwurf von Paul Böhm, der sich abgesehen von der ungewöhnlichen Kuppelgestaltung an übliche Stilelemente des 'osmanischen Modells' orientiert. Seinem Entwurf zu Folge würde die Kuppel der fertigen Moschee 35 Meter, ihre beiden Minarette jeweils 55 Meter betragen. Die Bruttogesamtfläche der dann als DITIB-Zentrale fungierenden Einrichtung inklusive Versammlungsraum, Gebetsraum und weiteren für die Etablierung von Integrationskursen, einer Bibliothek und vom Einzelhandel anmietbaren Räumlichkeiten, würde in etwa 20.000 qm betragen (vgl. Frangenberg 2007 im Kölner Stadtanzeiger). Nicht bloß durch das Ausschreiben dieses Architekturwettbewerbs – eine bis dato einmalige Initiative eines Moscheevereins bzw. muslimischen Dachverbandes in Deutschland – , auch über Teilnahme an Bürgeranhörungen, medial vermittelten Diskussionen und einer werbenden Öffentlichkeitsarbeit – bspw. über eine stets aktualisierte Dokumentation des Moscheebauprojektes im Internet oder das Drucken und Verteilen von Infomaterialien – erschien DITIB als proaktiver Akteur der Moscheebaudebatte.

Dem Anliegen von DITIB entgegengesetzt erschienen öffentlich sichtbare Moscheen kategorisch ablehnende Akteure bereits 2004 auf der politischen Bühne in Köln: „Pro Köln" – eine rechtspopulistische Bürgerbewegung und lokaler Ableger der „Deutschen Liga für Volk und Heimat" – begannen mit propagandistischen Phrasen wie „keine Großmoschee" eine Initiative gegen das Kölner Moscheebauprojekt und konnten vier Sitze im Kölner Stadtrat und zwei Sitze in der Bezirksvertretung Ehrenfeld für sich gewinnen. Während sie mit ihrem Vorhaben eines Bürgerbegehrens zur Abstimmung über das Moschee-bauprojekt aufgrund der Ungültigkeit zu vieler der abgegebenen 20.000 Unterschriften scheiterten, kam es unter den lokalen Christdemokraten – der Bezirks-CDU von Köln-Ehrenfeld – zu einem „Schisma" zwischen Gegnern und Befürwortern des konkreten Moscheebauprojektes an der Venloerstraße in Köln-Ehrenfeld. Unterstützt der Oberbürgermeister Schramma (CDU) die Umsetzung des Entwurfes von Paul Böhm, scheint die Mehrzahl der Bezirks-CDU-Mit-glieder den Bau an einige Bedingungen zu knüpfen, wie sie nach einem Mtgliederparteitag der Ehrenfelder CDU in einem Beschlusspapier zum Moscheebau am 14.08.2007 kanalisiert wurden: Demnach soll die DITIB in einem öffentlich-rechtlichen Vertrag die Einhaltung verschiedener Forderungen garantieren, unter anderem eine Verkleinerung von Kuppel und Minarett, den Verzicht auf das alleinige Hissen der türkischen Flagge, die Begrenzung des Muezzinrufes auf den Innenbereich des Moscheegeländes, das Abhalten der Predigt in deutscher Sprache, als auch die Unterzeichnung einer „kommunalen Integrationsvereinbarung" samt der dazugehörigen Integration fördernden Maßnahmen mit Deutsch als Regelsprache. Bezüglich der Einstellung der Bewohner Kölns – welche von den verschiedenen Positionen vereinnahmt wird – zur geplanten Moschee in Köln-Ehrenfeld konstatiert eine vom Kölner Stadtanzeiger über Omniquest in Auftrag gegebene Umfrage zunächst die mehrheitliche Befürwortung der Befragten (ca. siebzig Prozent) gegenüber der Erlaubnis, dass Muslime in Deutschland generell Moscheen zur Religionsausübung bauen dürfen.

Am konkreten Moscheebauprojekt nach den Plänen von Paul Böhm scheiden sich der Umfrage zu Folge dagegen die Geister: Stellen die uneingeschränkten Befürworter des Vorhabens an der Venloer Straße 35,6 Prozent der Teilnehmer, lehnen 27 Prozent der Befragten den Neubau in seinen geplanten Dimensionen – mit einer 35 Meter hohen Kuppel und zwei 55 Meter hohen Minaretten – ab, wobei sie keine grundsätzlichen Einwände gegenüber einen Moscheebau in Köln-Ehrenfeld zeigen. Der Anteil derjenigen, die einen Moscheebau unabhängig von der konkreten Umsetzung kategorisch ablehnen, umfasst 31,4 Prozent (vgl. Sommerfeld 2008, S. 27). Kam es abgesehen von mündlichen Zusagen an Oberbürgermeister Schramma nicht zu einer verschriftlichen Garantie der Berücksichtigung wesentlicher Forderungen der CDU, legte die DITIB im Januar 2008 dennoch einen überarbeiteten Entwurf vor, dementsprechend der Gebetsraum um ein Viertel und die Gewerbefläche um nahezu ein Drittel (vgl. Leggewie 2009, S. 157) reduziert wurden. Daneben überarbeitete Paul Böhm – auch als Reaktion auf die Forderungen der CDU – den Entwurf dahingehend, als dass er die Minarette schlanker und abstrakter gestaltete, um das Bild der Moschee weniger traditionell erscheinen zu lassen (vgl. Sommerfeld 2008, S. 31). Am 28. August 2008 kommt es schließlich zum positiven Stadtratsbeschluß über den Bau der Moschee nach dem erwähnten Entwurf und der damit einhergehenden Bebauungsplanänderung, außer Pro-Köln und der CDU stimmen alle beteiligten Parteien dafür (vgl. ebenda, S. 158f.). Im September 2008 lud Pro Köln zu einem sogenannten „Anti-Islamisierungs-Kongress", bei dem auch prominente Vertreter der europäischen Rechte – so Heinz-Christian Strache von der österreichischen FPÖ – vertreten waren, um u.a. gegen den Bau von repräsentativen Moscheen in Europa zu demonstrieren (vgl. Leggewie 2009, S. 159).

6.2 Freilegung des diskursiven Feldes

6.2.1 Diskursive Landkarte

Der Ausgangspunkt zur Kontuierung des diskursiven Feldes und damit der unterschiedlichen Diskurse auf dieser Fläche war die Frage, in welchen Dimensionen der Moscheebau in den untersuchten Leitartikeln überhaupt als Gegenstandsbereich konstituiert wird. Hierzu wurden über eine einfache Suchfunktion der Auswertungssoftware all diejenigen Textstellen ausgewertet, die sich im Datenmaterial in unmittelbarer Nähe zu denjenigen Signifikanten befinden, welche zum einen die üblicherweise 'Hinterhofmoscheen' genannten *Moscheen ohne Minarette* und zum anderen von diesen abzugrenzende Moscheen im engeren Sinne, *Moscheen mit Minarett,* bezeichnen. Erschien bspw. in einem Leitartikel das Wort Megamoschee als Bezeichnung für die geplante DITIB-Moschee, so wertete der Autor die vorangehenden und folgenden Zeilen nach Adjektiven, Substantiven oder Verben aus, die unmittelbar auf das fokussierte Signifikant 'Megamoschee' rekurrierten. Dabei wurden die als wesentlich befundenen Charakterisierungen über ein Mind-Mapping-Programm in assoziative Felder (Abbildung 1 und Abbildung 2) zusammen getragen. Die Assoziationen in Abbildung 1 fokussieren *Moscheen ohne Minarett*, während das assoziative Feld aus Abbildung 2 *Moscheen mit Minarett* anvisiert. Werden erstere üblicherweise – so auch in den ausgewerteten Artikeln – als 'Hinterhofmoschen' bezeichnet, zeigte sich in den Diskursfragmenten für letztere eine Bevorzugung des Begriffes 'Großmoschee'. Diese Wörter bzw. diskursiven Konstruktionen sind es denn auch, die im Zentrum der jeweiligen Mindmap stehen (vgl. folgende Seite):

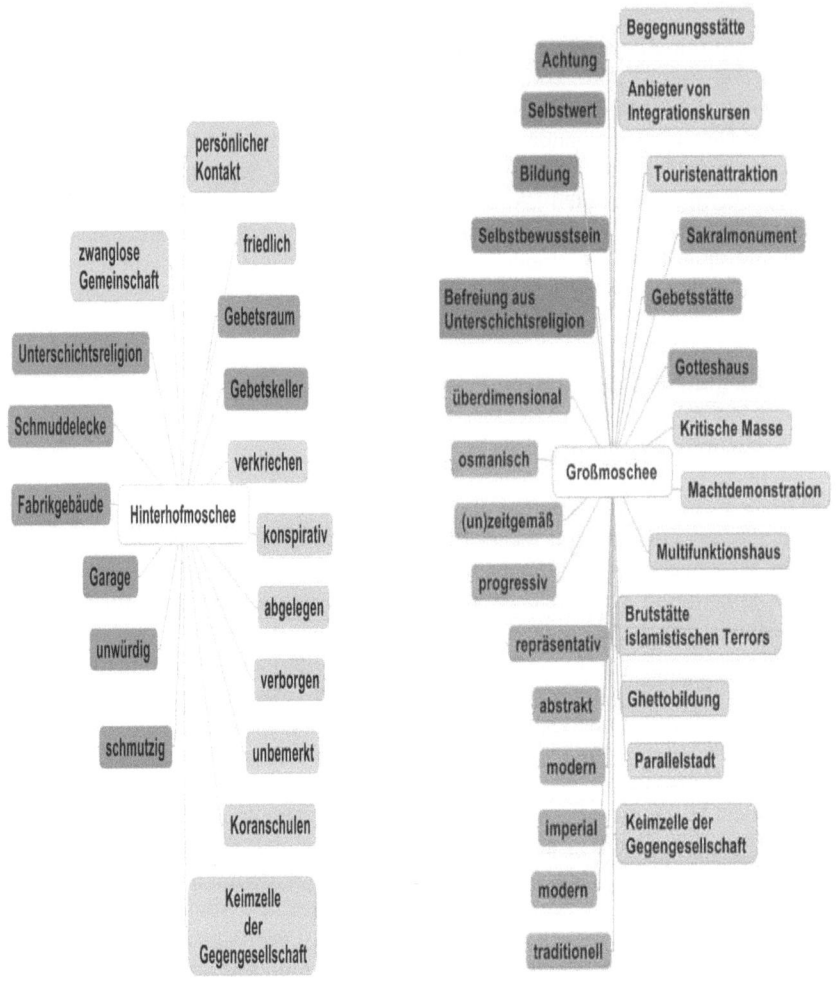

Abbildung 1: Assoziatives Feld mit Signifikat *Moschee ohne Minarett*

Abbildung 2: Assoziatives Feld mit Signifikat *Moschee mit Minarett*

Auswertung 113

Um von diesen diskursiven Konstruktionen der Moschee ausgehend einen weiteren Zugang zum diskursiven Feld zu erlangen, wurden die Signifikanten der angeführten Abbildungen in folgende Dimensionen verortet:

1. Moscheen als Orte der Sozialisation

    =>a) orthodox: Anbieter von Integrationskursen, Begegnungsstätte
    =>b) heterodox: Keimzelle der Gegengesellschaft, Parallelstadt

2. Moscheen als Orte der Religionsausübung:

    Beispiele: Sakralbauten, Gotteshäuser

3. Moscheen in ihrer kulturell-expressiven Funktion als Spiegel gesellschaftlicher Anerkennung

    Beispiele: Selbstwertbezug, Achtung, Würde

4. Moscheen in ihrer Funktion als Metonyme für symbolische (Un)-Ordnungen:

    - Ästhetisch-normative Bezüge: unzeitgemäß, progressiv, osmanisch, modern, abstrakt

    - Rekurse auf die in der Moschee (nicht) repräsentierte gute Geselschaftsordnung: imperial, überproportioniert, überdimensional, Machtdemonsration

Lassen sich die ersten drei Funktionalisierungen als pragmatische Dimensionen bezeichnen, kann die vierte Dimension als rein symbolisch gefasst werden. Die symbolische Dimension nimmt insofern eine Sonderstellung ein, als dass sich alle anderen auf diese rückbeziehen lassen. Diskursive Konstruktionen der Moschee als vorwiegend der Religionsausübung dienender Ort (pragmatische Dimension mit der Funktion der Religionsausübung) betonen beispielsweise den Stellenwert des Religiösen in der gegenwärtigen Gesellschaft. Hier kommt es zu einer für Diskurse typischen Verschränkung vom Faktischen mit dem Normativen: Wenn die Moschee als relevante Praxis der Religionsausübung stilisiert wird, gilt sie zugleich als Beleg für die *Wichtigkeit* des Religiösen in der Gesellschaft.

Ausgehend von diesen Unterscheidungen konnten nun vier Diskurse herausgearbeitet werden, welche die *Merkez Camii* (Zentralmoschee) in Köln Ehrenfeld im besonderen und Moscheen im Allgemeinen einerseits pragmatisch – in ihrer expressiven, orthodoxen, heterodoxen oder religiösen Funktion – und andererseits symbolisch – in Rückkopplung an die mit den jeweiligen pragmatischen Funktionen berührten symbolischen Ordnungen – konstruierten. Diese Diskurse[121] – der Säkularitätsdiskurs, der kulturrelativistische Diskurs, der integrationspolitische Diskurs und der Zivilisationsdiskurs – werden in den folgenden Abschnitten in ihren je eigenen *Story Lines* und *Interpretationsrepertoires* erläutert (Kap. 6.2.2 - 6.2.5).

6.2.2 Der integrationspolitische Diskurs

6.2.2.1 Die Story Line des integrationspolitischen Diskurses

Die narrativen Strukturen des integrationspolitischen Diskurses könnten wie folgt zusammengefaßt werden:

Der Moscheebau wird als die gegebenen Ordnungsverhältnisse berührende symbolische Praxis und Medium der Integration zugleich konstruiert. Als symbolische Praxis stellt die Moschee in ihrer öffentlichen Sichtbarkeit bestehende Verhältnisse unterschiedlicher Werteordnungen in Frage. Dabei gilt die Annahme, dass der Idealzustand einer integrierten (bundesdeutschen) Gesellschaft eine dominierende Leitkultur benötigt, die sich aus christlich-aufklärerischen Werten speist und in einer Mehrheitsgesellschaft verankert ist (Inklusionsmodus der Integration). Ohne die Dominanz einer Tugendethik christlich-abendländischer Coleur bestehe das Risiko der Stagnation eines idealerweise ewig andauernden Fortschrittsprozesses (Deutungsmuster Entwicklung). Demgegenüber wird eine Minderheit konstruiert, die ethisch – und damit nicht primordial oder ethnisch – vom Wertesystem 'Merhheitgesellschaft' abzugrenzen ist. Die Legitimität des Moscheebaus wird an die *conditio sine qua non* geknüpft, über das Einhalten ei-

---

[121]Dabei sei an dieser Stelle betont, dass aufgrund der begrenzten Ressourcen nicht auf die Heterogenität innerhalb der verschiedenen Diskurse eingegangen wird. So gibt es in jedem der freigelegten Diskurse verschiedene Diskurspositionen als auch – je nach analytischer Ebene – mehrere Subdiskurse. Innerhalb des integrationspolitischen Diskurses zeigen sich unterschiedliche Diskurspositionen bspw. darin, wie sie den gegenwärtigen Integrationsstand bemessen und bewerten: So bezeichnet der Kölner Oberbürgermeister Schramma (CDU) den Moscheeentwurf von Paul Böhm als der Integration förderlich, während dies die Mehrheit der Kölner CDU bestreitet (siehe DF2). Subdiskurse innerhalb des integrationspolitischen Diskurses könnten sowohl über die verschiedenen Diskurspositionierungen zu den zentralen Deutungsmustern der Leitkultur und der Integration als auch über die unterschiedlichen Diskurskoalitionen (z.B. politische Eliten/zentrale muslimische Akteure) vorgenommen werden.

ner Norm der Bescheidenheit, die Etablierung einer Öffentlichkeit und dem Bereitstellen staatlicher Inteventionsräume, eine 'Integrationsbereitschaft' zu signalisieren. Eine Moschee, die in ihren architektonischen Dimensionen die als legitim geltende hierarchische Ordnung einer dominierenden Leitkultur (Verschränkung des Normativen mit dem Faktischen) in Frage stellen könnte – in dem ihre Minarette bspw. angrenzende Kirchen überragt – kann nicht befürwortet werden: Dies würde zu nachvollziehbaren Irritationen auf Seiten der Mehrheitsgesellschaft führen und damit vermeidbare Konflikte provozieren.

Integration bedeutet nun, dass sich die Minderheit als ethische Mehrheit reproduziert, Gesellschaftsmitgliedschaft ist demnach traditionell codiert: Prinzipiell von Angehörigen jeder Kultur erreichbar, bedingt sie dennoch die Annahme einer tradierten Werteorientierung, die sich nicht im Grundgesetz erschöpft. Hierfür bedarf es Selbstregulationsmechanismen im Milieu der Minderheiten: Moscheen bieten als (orthodoxe) Sozialisationsagenturen ideale Möglichkeiten, um auf (Selbst-)Manipulation ausgewählter Subjekte gerichtete Instrumente zur Verfügung zu stellen. Integrationskurse, als auch Foren der interkulturellen Kommunikation und Einstellung von im orthodoxen Raum deutscher Universitäten ausgebildeter Imame gehören dazu. Zur Steigerung der integrativen Tendenzen werden Moscheen nebst ihrer Rolle als staatliche und gouvernementalistisch[122] ausgerichtete Sozialisationsagenturen als Kontrollinstanzen funktionalisiert. Als letztere markieren sie – mit Hilfe des Verfassungsschutzes – heterodoxe Milieus islamistischer oder patriarchalischer Färbung (Parallelgesellschaften, Terrornetzwerke etc.). Wenn auch stark zwischen Islamismus und Islam unterschieden wird, bleibt muslimische Praxis ambivalent und mehrdeutig: Versteht der integrationspolitische Diskurs die Kultur muslimischer Minderheiten als über Religion operationalisiert, hat diese aufgrund ihres heterodoxen Potentials verschiedene Gesichter: Als patriarchalische Kultur in den Parallelgesellschaften der Hinterhofmoscheen, als Reproduktionsmedium fundamentalistischer Bewegungen oder als Sinnstiftungspraxis aufgeklärter Muslime.

---

[122] Tezcan interpretiert die Gouvernementalität in Anlehnung an Foucault (2004) wie folgt: „Es handelt sich [bei dem Konzept der Gouvernementalität] um die Verknüpfung von (Selbst-)Führung der Individuen und Gruppen einerseits und politischen Regierungspraktiken im engeren Sinne andererseits. Folglich ist darunter ein Ensemble von Führungstechniken zu verstehen, mit dem man eine Bevölkerung regiert, indem man ihr zugleich Selbstregulierungskompetenz zuspricht" (Tezcan 2007, S. 52f.).

Tabelle 3: Das Interpretationsrepertoire des integrationspolitischen Diskurses

Interpretationsrepertoire	Integrationspolitischer Diskurs
Problembezug	<ul><li>Repräsentative Moschee als potentiell orthodoxe Sozialisationsagentur, die in dieser Funktion durch Instrumentalisierungsversuche heterodoxer (türkischer Staatsislam, Islamismus,Patriarchale Strukturen) Tendenzen bedroht ist</li><li>Machtsymbolik von Großmoscheen als illegitime Herausforderung der Integrität gegebener Ordnungsverhältnisse.</li><li>Gouvernementalistische Instrumente – Verfassungsschutz, Integrationskurse, inländische Imamausbildung, Deutsch als Predigtsprache – zur präventiven Aufrechterhaltung gegebener Ordnungsverhältnisse.</li></ul>
Deutungsmuster	<ul><li>**Leitkultur [Masterframe]**</li><li>Moscheebau als kulturelle Praxis [Islam als Kultur]</li><li>Mehrheitsgesellschaft als aufnehmende Wertegemeinschaft</li><li>Integrationsbereitschaft als conditio sine qua non für Moscheebau</li><li>gesellschaftliche Entwicklung als lineare Fortschreibung der Moderne</li><li>D.İ.T.İ.B als Agent des türkischen Staates</li><li>Dİ.T.İ.B-Moschee als Integrationsagentur</li><li>Bringschuld muslimischer Akteure: Lakmusteste der Integrationsbereitschaft</li><li>Harmonisches Stadtbild als Metonym mehrheitsgesellschaftlicher Dominanz</li><li>Ausbleibende Moscheekritik als Political Correctness</li></ul>
Klassifikationen	<ul><li>Aufgeklärter, europäischer Islam versus Patriarchat und Islamismus</li><li>aufnehmende Gesellschaft vs. zu integrierender Islam</li><li>Leitkultur vs. Parallelkultur</li><li>Rerpäsentative Moschee vs. Groß- oder Hinterhofmoschee</li><li>Realismus versus utopisches Gutmenschentum</li><li>Türkisches/Muslimisches Viertel vs. harmonisches Stadtbild</li></ul>
Subjektpositionierungen	<ul><li>Ottonormalmuslime und liberale Muslime als integrierbare Subjekte</li><li>Multikulturalismus als naive Ideologie der Gutmenschen</li><li>Anhänger eines Euroislams als vorbildliche Gläubige</li><li>Stärkung aufgeklärter Muslime bedarf staatlicher Intervention</li><li>Verortung deutscher Muslime als verantwortliche Mitglieder der islamischen Umma</li></ul>

Auswertung

Inklusions-modus	- Inklusion über Integration in eine prinzipiell jedem offen (liberale Codierung) stehenden Gesellschaftsmitgliedschaft, welche allerdings über die Orientierung an der Verfassung hinaus der Annahme einer tradierten und gewordenen christlich geprägten Leitkultur bedarf (traditionelle Codierung). Das Inklusionskonzept ließe sich als traditional und liberal codiert zugleich bezeichnen. Kommunitaristische Sonderpolitiken gegenüber nicht indigenen Kulturen werden – v.a. in Bezug auf den öffentlichen Raum – abgelehnt.
Diskurs-strategien	- Absprache von Wahrhaftigkeit - Generalisierungen über rhetorische Beweise[123] (tautologische oder metaphorische Behauptungen ohne empirische Referenzen) - Naturalistische Fehlschlüße - Normative Setzungen ohne Begründungen - Normalitätserwartungen im doppelten Sinn - Ethnic Boundary Making-Strategien[124] des Repositioning

---

[123] Vgl. das Konzept der 'Provi Verbali' als Derivationstypus bei Vilfredo Pareto (Pareto 1964, S. 315; zit. nach Madeker 2008, S. 83f.)

[124] Strategien des Ethnic Boundary Making (vgl. Wimmer 2008, S. 986ff.) können als (auch diskursive) Strategien verstanden werden, die Boundary Marker der angehörigen Gruppe oder die Wahl der (ethnischen) Gruppenmitgliedschaft je nach gesellschaftlicher Ausgangslage so auszurichten, dass über diese im Sinne des einzelnen Gruppenangehörigen oder der gesamten Gruppe zusätzliche gesellschaftliche oder natürliche Ressorucen verfügbar werden. Kann die Strategie des *„Repositioning"* *ebenda, S. 988)* als vorwiegend individuelle Strategie begriffen werden, die eigene Gruppenidentität innerhalb einer anerkannten hierarchischen Ordnung verschiedener Gruppenzugehörigkeiten zu wechseln - bspw. in der Betonung des Deutschseins eines öffentlich wirksam auftretenden muslimischen Pressesprechers - so funktioniert die Strategie des *Boundary blurring* (ebenda, S. 989) über eine Transzendierung bestehender Grenzen in der Betonung einer gemeinsam zugehörigen Identitaetskategorie (z.B. in der Stilisierung der DİTİB-Moschee als Kölner Moschee).

6.2.2.2 Argumentative Strukturen im integrationspolitischen Diskurs

*DF2a: Die CDU in Köln unterstützt seit 2001 durch Beschlüsse von Partei und Fraktion grundsätzlich den Bau einer repräsentativen Moschee [**repräsentative Funktion der Moschee**]. Sie bleibt bei dieser Zustimmung. Damit die geplante Moschee in Ehrenfeld einen Beitrag zur Integration der Muslime [**Moschee als Integrationsproblem; Moscheebau als Integrationsleistung der Muslime**] in Köln leisten kann, sind folgende Anforderungen für uns entscheidend und müssen [**normative Setzung**] in die jetzt anstehenden Beratungen um das Verfahren zur Aufstellung eines Bebauungsplans eingebracht werden und im Rahmen des Baurechts oder vertraglich geregelt werden: Wenngleich sich der Träger der Moschee – DITIB – vornehmlich an türkische Muslime richtet, so soll [**normative Setzung**] sich die Moschee allen gläubigen Sunniten öffnen und nicht von einer nationalen Richtung dominiert werden [**Präventive Eindämmung heterodoxer Strömungen**]. Dazu gehört auch der Verzicht auf das alleinige Zeigen der türkischen Flagge[**Norm der Unauffälligkeit**]. Wir erteilen allen Vorstellungen eine Absage, eine Trägergemeinschaft zu bilden. [...] Andererseits sollte eine gemeinsame Trägerschaft schon aus politischen Gründen kein Raum gegeben werden, um fundamentalistischen Kräften keinen Raum zu geben.*

Der vorliegende Kölner CDU-Beschluss ist wohl dasjenige Diskursfragment, in dem der integrationspolitische Diskurs am umfassendsten aktualisiert wurde. In der angeführten Passage wird zunächst ausgeführt, dass die geplante Moschee als Integrationsprojekt zu gestalten sei – Gründe für diese Verknüpfung mit dem Integrationsdiskurs werden allerdings nicht erörtert: Dass etwas, das der Integration dienlich sein könne, dies auch müsse, erscheint hier in einem Modus der Selbstverständlichkeit als normativ Setzung, die es nicht zu hinterfragen gilt. Dass es bei dieser Forderung nach einer der Integration förderlichen Ausrichtung der Moschee nicht nur um eine pragmatische Dimension geht, wird über die Ausführungen im folgenden Absatz über die verlangte präventive Eindämmung heterodoxer Strömungen, so gegenüber nationalistischer und fundamentalistischer Ausprägungen des Islams, deutlich: Für eine repräsentative Moschee, die Offenheit zu repräsentieren habe, sei es zu vermeiden, diesen Anspruch über das alleinige Zeigen der türkischen Flagge symbolisch zu untergraben.

*DF2b: Predigten in der Moschee sollen in deutscher Sprache gehalten werden, so dass Deutsche und Muslime verschiedener Nationalitäten die Predigt verstehen können [**Begrenzung der Selbstregulierungskompetenz: Deutsch als Regelsprache**]. In der Übergangszeit soll die Predigt zeitgleich übersetzt werden. Der Muezzin-Ruf darf nur im inneren Bereich des Geländes hörbar sein [**normative Setzung**]. Um dies sicherzustellen und spätere Klagen auszuschließen [**Vertrauen als unzureichendes Medium**], wird ein entsprechender öffentlich-rechtlicher Vertrag abgeschlossen [**Selbstregulierung**], in dem* *auch die anderen Festlegungen geregelt werden sollen, die nicht über das Baurecht verbindlich festgelegt werden können. Wir streben eine kommunale Integrationsvereinbarung [Diskursstrategie:'Vereinbarung suggestiv', da eigentlich Verpflichtung] zwischen der DITIB und der Stadt Köln an, wie sie etwa der Magistrat der Stadt Wiesbaden mit religiösen Gemeinschaften bereits abgeschlossen hat. Der Katalog von Übereinkünften reicht von gemeinsamen Wertgrundlagen [Widerspruch zwischen verpflichtender Übereinkunft und gemeinsamer Wertgrundlage] und Maßnahmen zu deren Förderung, über Vereinbarungen zu mehr Transparenz und gesellschaftlicher Teilhabe der einzelnen Gruppen bis hin zur Sicherung der Gleichberechtigung von Mann und Frau [Diskursive Verschränkung mit Kritik am Patriarchat].*

In den angeführten Zeilen wird dem rechtlich zulässigen Anliegen, Türkisch als dauerhafte Predigtsprache zu wahren, eine deutliche Absage erklärt, wobei die Selbstverwaltungskompetenzen der DITIB qua einer verpflichtenden Integrationsvereinbarung auch in anderen Bereichen einzugrenzen versucht werden. Bemerkenswert ist dieser Anspruch insbesondere vor dem Hintergrund, dass es der deutschen Judikative – wie an anderer Stelle in dieser Arbeit bereits erörtert – eigentlich entspricht, der Legislativen und Exekutiven deutliche Schranken darin aufzuweisen, Religionsgemeinschaften in ihren von der Verfassung garantierten Schutzbereichsbestimmungen und damit einhergehender Selbstverwaltungskompetenzen zu begrenzen. Der implizite Verweis *("um sicherzustellen und spätere Klagen auszuschließen")* auf die mangelnde Vertrauenswürdigkeit von DITIB – hier als Legitimation für eine Integrationsverpflichtung – erscheint als typisches Moment des integrationspolitischen Diskurses, gar für das gesamte diskursive Feld der politischen Kultur. An anderer Stelle erscheint dieses diskursive Element in manifesterer Form, als Absprache von Wahrhaftigkeit oder als Bringschuld der muslimischen Akteure, die ihre Vertrauenswürdigkeit vor dem eigentlichen Moscheebau in Form von Lakmustesten der Integrationsbereitschaft zu beweisen haben:

DF3: Gar nicht gut kommt an, dass die DITIB offenbar versucht, ihre neuen Planungen als Entgegenkommen gegenüber Moschee-Kritikern zu verkaufen.

DF4: In der Frage, ob eine Rushdie-Lesung in der Moschee eine Provokation oder der erste Lakmustest auf die oft beschworene Liberalität der DITIB ist, zeigt sich Wallraff jedoch sehr entschieden: „Es ist tatsächlich ein Lakmustest. Wenn diese Lesung stattfindet, und ich sorge dafür, dass sie stattfindet, dann wird von ihr eine ungemein befreiende Wirkung ausgehen. Stellen Sie sich diese Szene in der Moschee doch nur einmal vor: Es wird gelesen, manche finden das Gehörte gar nicht so schlecht, und es wird vielleicht sogar gelacht. Das würde vieles aufbrechen." (PD4, Hubert Spiegel, FAZ: Wallraff Satanische Verse, 120707).

Dass bei der geplanten Moschee auch symbolische Ordnungen repräsentiert und damit berührt werden, zeigt sich in der unscheinbaren Verknüpfung der Forderung, die Moschee müsse sich in den öffentlichen Raum einfügen und ihre architektonischen Dimensionen reduzieren, mit der Feststellung, in anderen Städten würde sogar auf Minarette verzichtet. Der Einschub des kleinen Wörtchens „sogar" deutet an, dass hier die Errichtung einer 'repräsentativen Moschee' samt Kuppel und Minarett eher zum Privileg als zum Vollzug eines Grundrechtes stilisiert wird. Das baurechtlich klingende „Einfügen in den öffentlichen Raum" unter Berücksichtigung der „Besonderheiten des Stadtteils Ehrenfeld" manifestiert sich im zitierten CDU-Beschluß im normalisierenden und globalen Anspruch, die baulichen Dimensionen im Rahmen einer Norm der Unauffälligkeit zu begrenzen:

DF2c: Der Neubau der Moschee muss sich in den öffentlichen Raum einfügen. Bei dem vorgegebenen Ort müssen die Besonderheiten des Stadtteils Ehrenfeld und der näheren Umgebung beachtet werden. In anderen Städten wurden die örtlichen Belange [Betroffenheitsorientierung] in die Planungen einbezogen und sogar [Verzicht auf Minarette als nachvollziehbar wünschenswert] auf Minarette verzichtet [Normalisierung: Das Normale bzw. Gewöhnliche als das Gute, implizite Rechtfertigung gegebener Ordnungen; Einfügung in den öffentlichen Raum als grundsätzliche Norm der Zurückhaltung in architektonischen Dimensionen]. Daher [Naturalistischer Fehlschluß] fordern wir eine grundlegende Bearbeitung des vorliegenden Entwurfes mit dem Ziel, Höhe und Größe der Kuppel zu verringern und die Minarette zumindest deutlich zu reduzieren.

Das folgende Zitat zeigt noch deutlicher die metonymische Funktion der Moschee zur Infragestellung etablierter Ordnungsmuster, so der Dominanz örtlicher Kirchtürme. Dabei werden die architektonischen Dimensionen als Machtverhältnisse konstruiert, wobei die Machtsymboliken etablierter Kirchen als durchaus legitim gelten, während diese Moscheebauten gegenüber nicht zugestanden werden:

DF5a: Auf die Frage, ob in der Höhe der geplanten Minarette, die den Turm der evangelischen Kirche im Stadtteil Ehrenfeld geringfügig überragen, etwas Anmaßendes liege [Architektonische als symbolische Dimension; Attribut Anmaßend als Ausdruck der asymmetrischen Legitimation von Machtsymboliken], sagte Schneider: „In der Tat. Ich finde, das muss nicht sein." Zudem könne man „so ein Gebäude nicht einfach hinstellen, ohne frühzeitig mit den Leuten geredet und sie mitgenommen zu haben." Schneider empfahl, „den Entwurf noch einmal zu überarbeiten". Das habe dann auch „nichts mit einer Beschneidung von Religionsfreiheit zu tun". Die konkrete Gestaltung eines Gotteshauses hänge nämlich „auch davon ab, was die Menschen in ihrer Mehrheit hinzunehmen bereit sind."

Auswertung 121

DF6a: Die Anders- oder Ungläubigen nähern sich ihnen oft mit innerer Reserve, begreifen sich die Muslime doch [Verständnis gegenüber Unbehagen d. Nicht-Muslime] laut Koran als „beste Gemeinschaft, die unter den Menschen entstanden ist. Ihr gebietet, was recht ist, verbietet, was verwerflich ist und glaubt an Allah." Als Manifestation eines solchen Sendungsbewusstseins [Machtanspruch] erscheinen die steil himmelwärts gerichteten Minarette, die der türkische Premierminister Erdogan einmal „unsere Lanzen" nannte. Könnte hier eine andere architektonische Sprache abrüstend [Kriegsmetapher; Machtsymbolik] wirken?

Die Verantwortung für die „Skepsis und Sorge der Bürger" *(DF 2d)* wird dem muslimischen Träger selbst auferlegt, dieser habe sich zu disziplinieren – bspw. über die Entbindung vom türkischen Staat – und darin zu beweisen, einen aufgeklärten Islam zu praktizieren. Hiermit wird implizit unterstellt, dass es gute Gründe für einen möglichen Verdacht gegenüber der DITIB als legitimen Akteur gebe, den dieser – im Sinne einer Bringschuld – zu widerlegen habe. Dementsprechend wird weiter unten im Dokument (siehe DF2e) von einer möglichen Verfestigung von Parallelstrukturen gesprochen, wobei diese deutlich von einem potentiell aufgeklärten Islam getrennt werden. Gegenüber der an DITIB gerichteten Forderung nach einem proaktiven Handeln auf verschiedenen gesellschaftspolitischen Feldern im Rahmen einer verpflichtenden Integrationsvereinbarung werden weder der Zivilgesellschaft noch dem Staat als möglichen Agenten einer politischen Aufklärung eine aktive Rolle zur Lösung des Betroffenheitsproblems der Mehrheitsgesellschaft auferlegt (siehe auch Auszüge weiter unten):

DF2d: Nur wenn [notwendige Bedingung] transparent und offen über das Bauvorhaben und seine Finanzierung informiert wird, können Skepsis und Sorge der Bürger vermindert werden [Bringschuld]. [Betroffenheitsdiskurs bezüglich Mehrheitsgesellschaft][...]Wir erwarten, dass die DITIB die Bereitschaft erkennen lässt, sich zumindest mittelfristig aus ihrer engen Bindung an den türkischen Staat bzw. an das türkische Amt für religiöse Angelegenheiten (Diyanet) zu lösen. Damit würde sie ihren Willen dokumentieren, sich vom türkischen Staatsislam zu emanzipieren und sich auf den Weg zu einem aufgeklärten Islam in Deutschland zu begeben [Aufgeklärter Islam].

Diese Rekurse auf das Unbehagen der Mehrheitsgesellschaft bzw. des 'Bürgers' zeigen sich an anderer Stelle nicht bloß als Verweis auf die Betroffenheit als Ausdruck eines tiefer liegenden Problems (z.B. der Verkehrssituation), sondern in der Konstruktion der Betroffenheit selbst als zu lösendes Problem. Mit ihr wird ein Konfliktpotential assoziiert – als zunehmendes Unbehagen der Mehrheitsgesellschaft gegenüber dem Islam –, das es unabhängig von möglichen Ursachen für diese Entfremdung unbedingt einzudämmen gilt. Folglich wird die DITIB nicht auf ihre Rolle als türkisch-sunnitischer Dachverband begrenzt. Über die Operationalisierung von Kultur über Religion wird sie zur verantwortlichen Integrationsagentur für alle in Köln lebenden Muslime:

DF2e: Für den Integrationserfolg kommt es maßgeblich auf das inhaltliche Konzept und die Haltung des Trägers zum nichtmuslimischen Umfeld an. Viele Menschen in Köln betrachten die Planungen zum Bau einer Moschee in Köln-Ehrenfeld mit Sorge. Sie befürchten, dass sich durch die Moschee und das an sie angeschlossene Kultur-und Jugendzentrum die Distanz der Muslime zur Mehrheit der Menschen in Köln vergrößert und bestehende Parallelstrukturen verfestigen. Darüber hinaus sehen sie die Gefahr, dass türkische Nationalisten dort bestimmenden Einfluss ausüben könnten und die Integration der in Köln lebenden Muslime damit insgesamt erheblich erschwert wäre.

Dieser Betroffenheitsdiskurs (Bezug: Mehrheitsgesellschaft) als Subdiskurs des integrationspolitischen Diskurses erscheint als zentrales Moment, da er auf wesentliche Aspekte der damit verknüpften symbolischen Ordnungen verweist. Diese Verknüpfung wird in einigen Diskursfragmenten besonders deutlich, wenn die Norm der Betroffenheitsorientierung (Bezug: Mehheitsgesellschaft) einer Norm der Bedarfsorientierung (Muslime) entgegengestellt wird. Hier klingt dann eine Etablierten-Aussenseiter-Figuration mit den unterstellten Vorrechten der Ersteren an. Während in DF5 die legitimen Grenzen der baulichen Dimensionen einer Moschee innerhalb des Mehrheitswillen verortet werden, wird die positive Religionsfreiheit der Muslime im Streitgespräche zwischen Bekir Alboğa (Dialogbeauftragter der DITIB) und Ralph Giordano (Publizist und Holocaust-Überlebender) auf eine Funktion der Betroffenheit der mehrheitsgesellschaftlichen Bevölkerung reduziert. Nicht bloß die willkürliche Ausgestaltung, der Bau einer Zentralmoschee als solcher wird dabei zu einem zweifelhaften Recht.

DF5b: Die konkrete Gestaltung eines Gotteshauses hänge nämlich „auch davon ab, was die Menschen in ihrer Mehrheit hinzunehmen bereit sind [Mehrheitsprinzip]."

Das für den integrationspolitischen Diskurs zentrale Deutungsmuster der Leitkultur klingt in den folgenden Zeilen an. Dabei wird deutlich, dass die Leitkultur deutlich über eine bloße Rechtskonformität hinausgeht:

DF7a: GIORDANO: *Es gibt kein Grundrecht auf den Bau einer zentralen Großmoschee.*

ALBOĞA: *Wir brauchen eine Moschee, wo wir beten können.*

GIORDANO: *Die haben Sie doch.*

ALBOĞA: *Nein, die haben wir nicht. Das ist das Haus einer Fabrik. Kommen Sie zu uns und sehen Sie sich das Gebäude an. Das ist unwürdig.*

GIORDANO: *Warum ist die Bevölkerung nicht gefragt worden, ob Sie mit dem Bau einer so großen Moschee einverstanden ist?*

DF2f: *Wer in Deutschland leben möchte, muss die zentralen Werte und Normen unserer freiheitlich-demokratischen Grundordnung annehmen, ohne dabei seine Herkunft zu verleugnen oder seine Wurzeln aufzugeben [**Deutungsmuster Leitkultur**]. Wo aber Menschenrechte und Demokratie in Frage gestellt werden, gibt es kein Recht auf kulturelle Differenz [**Diskursive Verschränkung mit Fundamentalismusdiskurs**].*

Zeigt sich Integration auf individueller Ebene im integrationspolitischen Diskurs als Integrationsbereitschaft bzw. Praxis einer gelebten Leitkultur, werden die am Moscheebau beteiligten muslimischen Akteure aufgrund der ihnen unterstellten zumindest räumlichen Nähe zu Parallelstrukturen und anderen heterodoxen Milieus einem Bewährungszwang unterzogen, ihre Vertrauenswürdigkeit als Mitbürger unter Beweis zu stellen. Ihr Verhältnis zur Norm gebenden Gesellschaftsordnung christlicher Prägung – der Leitkultur – gilt pauschal als zweifelhaft:

DF8: *Spätestens jetzt beginnt die Merhheitsgesellschaft, Erwartungen an diejenigen Muslime zu formulieren, die sich für Deutschland als ihre Heimat entschieden haben – mit seiner weltlichen Gesellschaftsordnung und christlichen Tradition. Denn die Muslime haben ihr Verhältnis zum Staat und dessen Absage an die Verbindlichkeit religiöser Normen und Gesetze für seine Bürger nicht wirklich geklärt.*

Um dennoch im Feld der politischen Kultur eine legitime Sprecherposition einnehmen zu können, scheinen einige der muslimischen Diskursakteure insbesondere auf die Strategie des 'Repositioning' zurückzugreifen:

DF9: *Der Abend ist schon vorgerückt, die Tumulte und Zwischenrufe in der Aula des Gymnasiums Kreuzgasse haben sich gelegt, als eine junge Frau mit seidenem Kopftuch das Mikrofon ergreift. „Kölle Alaaf", ruft sie, um ihre Verbundenheit mit der Domstadt und deren Karnevalstradition zu unterstreichen. „Ich bin eine waschechte Kölnerin [**Repositioning**]."(DF9) Die Muslima erntet tosenden Applaus in der voll besetzten Aula und spricht weiter: „Was tausend Jahre in Deutschland war, ist Vergangenheit. Wir sind jetzt Deutsche [**Repositioning**]." Dann wird ihr Ton kämpferischer: „Wenn wir das Recht haben, eine Moschee zu bauen, dann werden wir das auch tun."*

6.2.3 Der zivilisatorische Diskurs

6.2.3.1 Die Story Line des zivilisatorischen Diskurses

Folgende Passage umfasst die narrativen Strukturen des zivilisatorischen Diskurses:

Für den zivilisatorischen Diskurs erscheint die Moschee als Metonym eines zivilisatorischen Systems – des Islams. Der Islam versucht – in opaken Räumen und versteckt als *taqiyya* – in seinem Wesen als totalitäre Ideologie gemäß seines monotheistischen Absolutheitsanspruches nur folgerichtig, die staatliche Autorität in christlich-westlichen Gesellschaften zu unterminieren. Ein *aufgeklärter Islam* erscheint als Oxymoron, dementsprechend läßt sich innerhalb Deutschlands nur symptomatisch – reaktiv – dem unterstellten Machtanspruch der Muslime begegnen: Integration erscheint als unrealistische Utopie, die gescheitert ist. Als zentraler Agent der Problembehandlung erscheint der Staat in seinen Kontroll-instanzen des Verfassungsschutzes und der Einwanderungspolitik. Die Instituti-on der repräsentativen Moschee wird dementsprechend nicht nur als Teil des Problems – als attraktiver Magnet fundamentalistisch orientierter Muslime – son-dern auch als Vereinfachung desselbigen gesehen: Die Großmoschee läßt sich bei entsprechend transparenter Gestaltung besser 'kontrollieren' als kaum zu identifizierende Hinterhofmoscheen. In Abgrenzung zum integrationspolitischen Diskurs wird der Problembezug auf die makrostrukturelle Dimension der Gesamtgesellschaft und der westlichen Zivilisation übertragen, es ist hier die Metapher der Unterhöhlung, welche die Angst um eine Untergrabung der grundlegenden Ordnungsmuster akzentuiert: Bei der baulichen Ausrichtung der Ehrenfelder Moschee geht es nicht mehr um eine vorwiegend symbolische Einfügung in den Stadtteil – wie im integrationspolitischen Diskurs – sondern zudem um eine pragmatische und körperliche Dimension: Über die In-Vivo-Metaphern des 'Umkippens' oder der 'Keimzelle der Gegengesellschaft' wird der mögliche Exodus der einheimischen Bevölkerung ob einer muslimischen Überfremdung mit dem Attraktor der Megamoschee beschworen und suggeriert, dass es sich bei dem Islam – Muslime werden als Teil einer globalen muslimischen Zivilisation identifiziert – um ein heterodoxes System handelt, das die gegenwärtigen Gesellschaftsstrukturen schleichend unterminiert. Muslim geworden zu sein bedeutet, Muslim zu bleiben – da ihnen als Teil ihrer Zivilisation das aufgeklärte Denken fremd bleiben muss, können diese auch nicht zu angepaßten Gesellschaftsmitgliedern diszipliniert werden.

Der einzige Lösungsansatz scheint in der Stärkung direktdemokratischer Elemente im politischen System – um zur Selbstbehauptung der aufgeklärten

Mehrheitsgesellschaft beizutragen – und in einem assimilatorischen Bildungssystem zu liegen, das die in muslimischen Familien lebenden Kinder frühzeitig einem dominanten Einfluss christlich-westlicher Sozialisationsagenten aussetzt. Deutsch zu sein bedeutet hier in Bezug auf muslimische Akteure keine zusätzliche, übergeordnete Identität – wie im integrationspolitischen Diskurs – sondern eine ausschließliche, exklusive Zugehörigkeitskategorie, die nur im frühen Abstreifen der eigenen Identität zu erwerben ist. Es wird der dominierenden gesellschaftlichen Semantik ein Jargon der Eigentlichkeit unterstellt, die nur scheinbar Bestand habe: Adjektivierungen wie naiv, gutgläubig oder utopisch werden mit Subjektpositionierungen wie 'Gutmenschentum' verzahnt.

Das Misstrauen in der politischen Kultur richtet sich sowohl gegen die prinzipiell – aufgrund der Möglichkeit zur taqiyya – diskreditierten muslimischen Akteure als auch gegen die naiv am interkulturellen Dialog orientierten Gutmenschen und den etablierten Akteuren, welche aufgrund ihrer Political Correctness die schweigende Mehrheit nicht zu Wort kommen lassen. Der Diskurs bedient sich Semantiken der Notwendigkeit – über theologische (Folgerichtigkeit islamistischer Motive) und biologistische (Objektivierung problematisierter Entwicklungen, Staat als Gärtner) Metaphern und einer Semantik der Existentialität des Problemcharakters qua militaristischer Einkleidungen. Während die Problemlösung im integrationspolitischen Diskurs gouvernementalistisch orientiert ist, kann sie im Rahmen des zivilisatorischen Diskurses als zentralistisch betrachtet werden: Es ist hier der Staat als Gärtner, der Räume muslimischen Wirkens beobachtet, kontrolliert und gegebenfalls entfernt.

Tabelle 4: Das Interpretationsrepertoire des zivilisatorischen Diskurses

Interpretationsrepertoire	Zivilisatorischer Diskurs
Problembezug	<ul><li>Moschee als Megamoschee Machtsymbol und Ort eines notwendig politischen Islams, der die gegenwaertige Demokratie in ihren Grundpfeilern - schleichend im Gewand der Takiye - zu unterhöhlen droht</li><li>Inkommensurabilität westlicher Errungenschaften (Demokratie, Aufklärung, Moderne) und muslimischer Zivilisation mit ihrem Rechtssystem der Scharia</li><li>Mangelnde kulturelle Selbstbehauptung einer deutschen Mehrheitsgesellschaft</li><li>teleologische Kulturgeschichte, Political Correctness, kollektives Schuldgefühl, Verfehlte Einwanderungspolitik als mögliche Ursachen</li><li>Lösungswege vorwiegend zentralistisch und reaktiv: Stärkung direktdemokratischer Elemente, frühkindlich einsetzendes assimilatorisches Bildungssystem, exklusive Immigrationspolitik, Ausgeweitete Informationspolitik und Kontrolle muslimischer Räume</li></ul>
Deutungsmuster	<ul><li>**Politischer Islam [Masterframe]**</li><li>Inkommensurabilität von Islam und christlich-westlicher Zivilisation</li><li>Schleichende Islamisierung</li><li>Schweigende Mehrheit</li><li>Kiez als hypertrophierender See</li><li>Political Correctness als Populismus</li><li>Moschee als Brutstätte islamistischen Terrors</li><li>Identität von Islam und Islamismus</li><li>Tarnkappe der Religionsfreiheit</li><li>Falsche Toleranz</li><li>Integration als Utopie</li><li>Moschee als Keimzellen der Gegengesellschaft</li><li>Moschee als politischer und nicht sakraler Ort</li><li>Islamkritik als Zivilcourage</li><li>Moscheebaustreit als Phantomdebatte</li><li>Islam als totalitäre Ideologie</li><li>Islam als Gefahr</li><li>Kulturgeschichte als Evolution und zivilisatorischer Konflikt</li></ul>
Klassifikationen	<ul><li>Kirche als Gebetsstätten vs. Moscheen als politische Versammlungsorte</li><li>Etablierte Politiker versus kleine Bürger</li><li>zwanglose Gemeinschaft vs. kritische Masse unberechenbarer Energien</li><li>Scharia versus Demokratie</li><li>Kirche als Sakralmonument, Moscheen als politische Multifunktionshäuser</li><li>sakraler Gebetsraum versus politische Moschee</li><li>Realismus versus utopisches Gutmenschentum</li><li>Behagliche Hinterhofmoschee versus Kritische Masse unberechenbarer Energien</li><li>Feigheit falscher Toleranz versus Mut der Islamkritik</li></ul>

Wertbezüge	- Mehrheitswille als intrinsisch gut - direktdemokratische Ausrichtung - utilitaristische Ethik - Islamkritik als Zivilcourage - Moscheebau als Verhandlungsmasse im globalen Konfliktfeld muslimischer und christlicher Gesellschaften
Subjektpositionierungen	- Multikulturalismus als naive Ideologie der Gutmenschen - Multikulti-Illusionisten; Xenophile Einäugige - Muslime als Opfer eines totalitären Systems - Islamisten als rationale Vollzieher einer Islam inhärenten Logik - Muslime als folgerichtige Islamisten - passiv: Muslime als Opfer eines totalitären Systems, die zu einem Gesamtwillen verschmelzen - aktiv: Berechnend agierende Muslime, die in ihrer Praxis der takiye ihre Umwelt manipulieren - Die schweigende Mehrheit
Inklusionsmodus	- Inklusion über Integration in eine prinzipiell jedem offen (liberale Codierung) stehenden Gesellschaftsmitgliedschaft, welche allerdings über die Orientierung an der Verfassung hinaus der Annahme einer tradierten und gewordenen christlich geprägten Leitkultur bedarf (traditionelle Codierung). Das Inklusionskonzept ließe sich als traditional und liberal codiert zugleich bezeichnen. Kommunitaristische Sonderpolitiken gegenüber nicht indigenen Kulturen werden - v.a. in Bezug auf den öffentlichen Raum - abgelehnt. - Assimilation als Inklusionsmodus. Das Konzept der Integration gilt als nachvollziehbar und doch unrealistisch, da unumkehrbar gescheitert. Einizge Abhilfe bietet eine strengere Immigrationspolitik zur Entschärfung des explosiven innergesellschaftlichen Konfliktpotentials, eine assimilatorische Bildungspolitik zur Eindämmung eines notwendig politisch orientierten Islams.
Diskursstrategien	- Militaristische, theologische und biologistische Semantiken: Takiye, Exodus, Ungläubige, Schwert, Keimzelle, Brutstätte, Ungläubige, Scharia - Rhetorische Fragen - Generalisierungen über rhetorische Beweise - Othering - Historische Kontextualisierungen - Globale Diskreditierung muslimischer Sprecherpositionen im Rationalisierungsmuster Takiye - Nihilierung des Islams über Zuschreibung eines ontologisch inferioren Status

6.2.3.2 Argumentative Strukturen im zivilisatorischen Diskurs

DF1b: Wenn man in Ankara die größte Moschee, die Kocatepe Camii besichtigen will, steht man zunächst vor einem Einkaufszentrum. Man geht durch die Hosen- und Hemdenabteilung des Kaufhauses, bevor man den Aufgang zur Moschee findet. Die riesige Moschee ruht in ihrer ganzen Breite auf einem Geschäft. Das hat Tradition im Islam, war der Prophet doch selbst Kaufmann; auch beruhen viele Praktiken dieses Glaubens auf einem Handel mit Gott. Moscheen, majids, sind Orte, an denen man sich niederwirft, und sie sind in der islamischen Tradition keine heiligen Stätten, sondern Plätze, an denen sich die Männer der Gemeinde zum Gebet und Geschäft versammeln. Die Moschee ist in der islamischen Tradition ein sozialer und kein sakraler Ort. Mohammed traf sich dort mit seinen Getreuen. Der Koran erwähnt Moscheen nur in einem Vers: „[...] in Häusern, hinsichtlich derer Gott die Erlaubnis gegeben hat, dass man sie errichtet und dass sein Name darin erwähnt wird." (Koran Sure 24, Vers 36). Moscheen erfüllten, wie der Islamwissenschaftler Peter Heine [legitime Sprecherposition; Rekurs auf Autorität] in seinem Islam-Lexikon schreibt, administrative Funktionen: „Hier fanden die Sitzungen des Stammesrates statt, und sie waren Versammlungsorte, wenn sich die Männer zu einem Kriegszug aufmachten [militaristisch]." Im Laufe der Geschichte haben sich zwei Arten von Gebetshäusern herausgebildet. Einmal als Gebetsraum für das tägliche Gebet der Gläubigen, und zum anderen die „Freitagsmoschee", in der am Freitag gebetet und die Predigt gehalten wird [Moschee vs. Gebetsraum]. Freitagsmoscheen hatten seit jeher einen politischen Charakter, dort verkündete der Kalif seine Doktrin. Die Kölner Moschee ist von Größe und Ausstattung her kein Gebetshaus, sondern eine „Freitagsmoschee".

Dieser bereits angeführte Leitartikel von Necla Kelek aus der FAZ aktualisiert einige Momente des zivilisatorischen Diskurses. Moscheen erscheinen hier als Symbole und Bühne eines politischen Islams, die als solche in DF1b kulturhistorisch und theologisch, in DF10 über Bezüge auf fundamentalistische Ausprägungen des Islams verortet werden. In den Artikeln von Uckermann (DF10) und Wellershoff (DF11) wird deutlich, dass die Moschee im zivilisatorischen Diskurs nicht nur als symbolische „Manifestation eines Sendungsbewusstseins" (DF6), sondern zugleich als konkrete Praxis eines Herrschaftsanspruches konstruiert wird. In dieser materiellen Dimension erscheint die Moschee als Attraktor, der einen unumkehrbaren Prozess der Ghettoisierung hervor ruft (DF11a) oder zum herrschaftlichen Zentrum der Scharia wird (DF10a).

DF10a: Dass Minarett symbolisiert also die Gültigkeit des göttlichen Rechts, der Scharia, am lokalen Standort. Vor diesem Hintergrund muss [normative Setzung, naturalistischer Fehlschluß] nun die Diskussion um die möglichen zukünftigen Ansprüche des Islams auch als politisches System in Deutschland diskutiert werden. [Diskursive Verschränkung mit Fundamentalismusdiskurs]. Schließlich wird durch eine solche Architektur ein Verlangen nach kulturellen und politischen Enklaven beziehungsweise der Schaffung

Auswertung 129

*eines „Milett" mit eigener autonomer Gerichtsbarkeit (Scharia) gefördert **[tautologisch; Empirie fehlt]**.*

DF11a: *Die 137 bisher nachgewiesenen Parkplätze und das vorhandene Strassennetz dürften einem solchen **[Massenandrang]** nicht annähernd gewachsen sein. Das bedeutet ständig wiederkehrenden Stress für die Anwohner, der sich schnell zum Bild einer Invasion **[Herrschaftsanspruch]** verdichten und unkalkulierbare Reaktionen hervorrufen kann **[Moscheebau als Gefahr]**, langfristig vielleicht sogar den Exodus eines Teils der deutschen Bevölkerung. Solche Prozesse sozialer Entmischung, die meist unauffällig beginnen, sich aber, langfristig kumulierend, fortzusetzen pflegen, bis am Ende ein homogenes soziales Ghetto zurückbleibt **[Zwangsläufigkeit, teleologische Argumentation]**, dienen vielleicht der Konfliktvermeidung, sind aber das Gegenteil von Integration.*

Die offene Frage, wie sich die Mehrheitsgesellschaft verhalten müsse, um sich dem Islam würdig zu zeigen, entpuppt sich einige Zeilen später als rhetorisch und wir über weitere Fragen beantwortet: So dürfen möglicherweise unverschleierte Frauen bald nicht mehr an der Moschee vorbeigehen.

DF10b: *Läuft es letztendlich also darauf hinaus **[teleologisch]**, das von der deutschen Gesellschaft verlangt werden wird, diese müsste Verständnis aufbringen für den islamischen Kulturimport **[Islam als Kultur]**? Was bedeutet es, wenn Muslime, als Reaktion von Frau Keleks Ausführungen, Moscheen als heilige Orte bezeichnen, die besonders geachtet werden müssen? Wie muss sich die Mehrheitsgesellschaft verhalten **[existentiell]**, um in den Augen der Islamisten des Islams **[Identität Islamismus Islam]** würdig zu sein? Muss etwa **[ungültige Schlußfolgerung, Black-Boxing]** die Freiheit der Nutzung benachbarter Flächen (zum Beispiel Sportplätze) durch einen Moscheeneubau eingeschränkt werden? Dürfen zukünftig möglicherweise unverschleierte Frauen nicht mehr an einer Moschee vorbeigehen **[Scheinfrage]**?*

Repräsentative Moscheen werden in Abgrenzung zu Synagogen, Kirchen und islamischen Gebetsräume – die sich als wirkliche Sakralmonumente gezeichnet finden – in ihrer politischen Funktion zu bestimmen versucht. Aufgrund des (theologisch begründeten) politischen Charakters der geplanten Moschee in Ehrenfeld braucht diese auch nicht unter dem Aspekt der Religionsfreiheit betrachtet zu werden:

DF1c: *Moscheen sind selbst nach muslimischer Lesart keine Sakralbauten wie Kirchen oder Synagogen, sondern „Multifunktionshäuser" **[Moscheen als profane Multifunktionshäuser]**. Das wird gern verschwiegen. So wie der Islam eben keine Kirche ist. Der Islam begreift sich nicht nur als spirituelle Weltsicht, sondern als Weltanschauung, die das alltägliche Leben, die Politik und den Glauben als eine untrennbare Einheit sieht **[Islam als inhärent politisches System]**. Eine verbindliche theologische Lehre gibt es nicht **[keine integrierende Orthodoxie im Islam]**. In diesem Sinne haben viele Islamver-*

eine in Deutschland die Funktion einer Glaubenspartei, einer politischen Interessenvertretung [Innermuslimischer Machtkampf]. Deshalb ist die Frage des Moscheebaus auch keine Frage der Glaubensfreiheit, sondern eine politische Frage [Moscheebau als nichtreligiöse Praxis].

Wird der Berufung auf Religionsfreiheit als Begründung des Moscheevorhabens in Ehrenfeld Legitimität abgesprochen, werden andere positive Gründe angeführt, warum der Bau der Ehrenfelder Moschee zu überdenken oder abzulehnen ist. Die Moschee wird zu einer Verhandlungsmasse stilisiert, indem das Recht auf den Bau repräsentativer Moscheen an die Bedingung geknüpft wird, dass zunächst christlichen Minderheiten in muslimischen Ländern die von hiesigen Muslimen geforderten Freiheiten zugesprochen werden:

DF12: Broder: Wir zahlen weltweit mit den gleichen Kreditkarten, wir reisen mit den gleichen Fluglinien – also sollte auch dieses Thema [des Moscheebaus, Anm. des Verfassers] auf Gegenseitigkeit aufbauen. [Dekontextualisierung, Umdeutung] Ich bin strikt dagegen, in Vorleistung zu gehen, solange in muslimischen Ländern Christen verfolgt werden oder SalmanRushdie - Puppen brennen [Reziproke Verhandlungsmasse; Subjektpositionierung Muslime als Teil der Umma].

DF13: Nein, nein und nochmals nein. Moscheen gehören nicht zur Integration, sondern zum Abschotten. Damit muss endlich Schluss sein. Gönnt den Ausländern so viele Moscheen bei uns, wie wir Kirchen in deren Ländern bauen dürfen [Moscheen als reziproke Verandlungsmasse].

Ein weiterer Grund, die DITIB-Moschee abzulehnen, wird im utilitaristisch ausgerichteten Mehrheitsprinzip gesehen. Es ist hier der Mehrheitswille als solcher – als intrinsischer Wert – dem nachgegeben werden sollte:

DF14: Allein die Entscheidung für die Großmoschee in Köln spricht der Meinung der Bevölkerung Hohn. Der wahre Inhalt dieses Streites ist nicht die Errichtung eines Gebäudes. Dieser Streit wird um die Vorherrschaft des Islam geführt. Unsere gewählten „Volksvertreter" belügen uns vorn und hinten. Die Meinung der betroffenen Bürger wird ignoriert

Im Kontrast zur behaglichen und friedvollen Atmosphäre der Gebetsräume/Hinterhofmoscheen verschmelzen in der Zentralmoschee „*ausgestreckte Menschenleiber*" *(DF11b)* „*zu einem mächtigen Gesamtwillen*" *(ebenda)*. Muslime erscheinen dort nicht mehr als Individuen, sondern als passive Elemente einer vom Imam gleichgeschalteten Masse:

DF11b *Aber ich muss gestehen, dass ich die beiden kleinen Räume eines Eckhauses in der Kölner Südstadt, in denen seit Jahren alltäglich gekleidete türkische Männer mittleren und fortgeschrittenen Alters zum Gebet und zu nachbarschaftlichen Gesprächen zusammenkommen, gerade wegen ihrer Alltäglichkeit und Intimität als Gebetsorte immer besonders sympathisch fand. [...] Es ist ein friedliches, entspanntes Bild. Dagegen [Klassifikation] haben mich Filmaufnahmen muslimischer Großveranstaltungen, bei denen Massen gleichgekleideter Männer, dicht aneinandergedrängt, mit der Stirn auf dem Boden lagen, immer befremdet und abgestoßen. Ich empfand diese hingestreckten Menschenleiber als eine kritische Masse unberechenbarer Energien [Islam als Gefahr], die von der lautsprecherverstärkten Stimme des Imans beherrscht und zu Teilen eines mächtigen Gesamtwillens verschmolzen werden. Die Größe der geplanten Kölner Moschee bietet Platz für solche Szenen.*

Verweist die Metapher der unberechenbaren Energien auf den Islam als diffuse Gefahr[125] mit potentieller Sprengkraft, klingt in den folgenden Zeilen das konspirative Moment des sich unbemerkbar ausbreitenden und in undurchsichtigen Äusserungen unter dem „*Deckmantel der Religionsfreiheit*" *(DF23)* manifestierenden politischen Islams an, dessen Mitglieder sich gegenüber den Ungläubigen verstellen dürfen. Muslimischen Sprecherpositionen wird über diese globalisierte Zuschreibung mangelnder Wahrhaftigkeit eine diskursive Vertrauenswürdigkeit gänzlich abgesprochen:

DF15a *Giordano: Da stößt eine archaisch-patriarchalisch strukturierte Kultur auf die liberalste Gesellschaft der Welt, die Bundesrepublik Deutschland,[Klassifikation, Polarisierung] und das mit dem Koran, der den Gläubigen erlaubt, sich in der Auseinandersetzung mit Ungläubigen zu verstellen [Deutungsmuster taqiyya]. [...] Giordano: Herr Schäuble, ein akutes Problem ist von den Politikern parteiübergreifend verdrängt [Deutungsmuster kollektives Schuldgefühl] worden – das einer schleichenden Islamisierung [langsam und unbemerkbar] Deutschlands.*

Es ist nun der Staat – in seiner Funktion über die Metapher des Gärtners charakterisiert – der dafür zu sorgen hat, dass die Blumen des Islams, hier die Moscheen, nicht aus dem Garten heraus wachsen, sondern sich in ihm verwurzeln:

DF6b: *Man kennt das Problem von den Blumenkübeln [biologistisch]. So bunt es in diesen zugehen mag, so verschwenderisch die Farben prangen: Stein und Beton zwingen die Natur ganz widernatürlich in Reih und Glied [Staatlicher Zwang]. Die Frage ist also erlaubt, ob die Blumen in den Garten hinein oder aus dem Garten heraus gepflanzt werden. Ganz ähnlich verhält es sich in der anschwellenden Debatte zu den knapp 200 „re-*

---

[125] Vgl. die Abgrenzung des Gefahrenbegriffes vom Risikobegriff bei Luhmann (2008). Während Risiken grundsätzlich vermeidbar oder als kalkulierbares Wagnis in Kauf genommen werden können, erscheinen Gefahren als zwangsläufig und diffus, als unberechenbar (vgl. Luhmann 2008, S. 362ff.).

*präsentativen Moscheen [**Reifizierung**], die derzeit in Deutschland geplant werden und die, würden sie realisiert, die Zahl der Moscheen verdoppelten. Wären diese dann, wie bunt und prangend auch immer, ein Zeichen geglückter oder gescheiterter Integration"* [***Dichotomisierung***]*?*

In diesem biologistischen Wortspiel klingt an, dass es nicht sich selbst zu disziplinieren vermögende Subjekte – wie im gouvernementalistisch orientierten Integrationspolitischen Diskurs – sondern bereits indoktrinierte Muslime sind, die es zu kontrollieren gilt. Innerhalb des zivilisatorischen Diskurses erscheint die Moschee denn auch im Kontext der Kontrollmöglichkeiten des Staates als positiv konnotierte Institution, die aufgrund ihrer Sichtbarkeit leicht zu beobachten ist:

DF16 *Denn es gibt ein entscheidendes, geradezu staatstragendes Argument: Eine in öffentlichen, frei zugänglichen Gebäuden praktizierte Religion schützt diese nicht nur vor fundamentalistischen Ansinnen, sondern lässt sich auch sehr viel besser kontrollieren.* ***[Staatliche Kontrolle als Lösungsweg].*** *So paradox es auch klingen mag: Je mehr* ***Moscheen****, sei es nun in Köln, Berlin, Duisburg, München oder auch Frankfurt, das Stadtbild prägen, desto besser. Nur so* ***[Setzung]*** *lässt sich unser säkulares, demokratisches Gemeinwesen schützen* ***[Gefahr gegebener Ordnungen]***.

Der Zivilisationscharakter des Islams zeigt sich als mit der aufgeklärten Gesellschaft inkommensurables Werte- und Denksystem:

PD7b *GIORDANO: Und alles ist wieder Friede, Freude, Eierkuchen. Sie färben schön. Sie antworten wie jemand aus einem Kulturkreis, dem die kritische Methode völlig unbekannt ist.* ***[Othering, Absprache von Wahrhaftigkeit]*** *Diese Errungenschaft der abendländischen Kultur ist dem Islam total unbekannt* ***[Inkommensurabilität der Zivilisationen; Subjektpositionierung: Mangelndes Reflektionsvermögen der Muslime]****. Gibt es überhaupt irgendetwas, das sie kritisieren?*

Im Islam inhärenten universellen Herrschaftsanspruch begründet sich dem Zivilisationsdiskurs zu Folge seine existentielle Bedrohung – im Diskursfragment DF 17 über das implizite Deutungsmuster des Kreuzzuges erfasst – für die nicht muslimischen Angehörigen der Mehrheitsgesellschaft:

DF17 *Früher kamen die Kämpfer Allahs offen mit Schwert in der Hand an, heute erobern sie uns unter der Tarnkappe der Religionsfreiheit* ***[Militaristisch, Fortsetzung Kreuzzug, Tarnkappe: geheime Agenda]****. Der Islam ist jedoch eine totalitäre politische Ideologie mit universellem Herrschaftsanspruch. Alle, die an der Debatte teilnehmen sind gut beraten, den Koran und Mohammeds Lebensgeschichte aufmerksam zu studieren. Anschließend soll jeder seine eigene Meinung bilden. 1400 Jahre Vorsprung der westlichen Kultur müssen vom Islam erst aufgeholt werden* ***[zivilisatorischer Fortschritt]***.

Diese existentielle Bedrohung wirkt jedoch nicht nur im Gewand eines aggressiven, totalitären Islams, sondern auch als unaufhaltsame und doch unbemerkbare Entwicklung, die sich erst erkenntlich zeigt, wenn es schon zu spät ist. Sie erscheint den betroffenen Anwohnern in der Metapher eines hypertrophierenden Sees als „Angst, dass das Viertel umkippt" (DF28) und durchaus in einer körperlichen Dimension als möglicher „Exodus" (DF11) eines Teils der deutschen Be-völkerung nach der muslimischen „Invasion" (ebenda) des Viertels.

Zur Selbstbehauptung gegenüber dem Herrschaftsanspruch des Islams und der daran geknüpften Bedrohung wird denn auch implizit oder explizit eine Identitätsbekundung von den aufgeklärten Nichtmuslimen gefordert, die im Gegensatz zu den „Schalmeientönen" (DF12) der „Gutmenschen" (ebenda) steht:

DF29: *Es geht doch nicht um die Gebäudeform. Wir beweisen mit unserer falschen Toleranz, dass der überwiegende Teil der Deutschen gar keinen richtigen christlichen Glauben lebt. Sonst gäbe es ganz sicher die neue Moschee in Köln nicht. Das Geschehen in der neuen Moschee muss genau beobachtet werden – von uns allen.*

DF15b: *Giordano: Die Integration ist gescheitert, nicht allein durch deutsche Versäumnisse, sondern durch zementierte Parallelgesellschaften, in denen täglich massenhaft Dinge geschehen, die mit dem Grundgesetz nicht in Übereinstimmung zu bringen sind. Und das ganz im Gegensatz zu den Schalmeientönen unserer Multikulti-Illusionisten, xenophilen Einäugigen und Sozialromantiker. Zweifellos gibt es individuell gelungene Integration, aber ist die muslimische Minderheit kollektiv integrierbar? Und was, wenn nicht? Auch dann haben wir keine andere Wahl, als friedlich miteinander auszukommen. Leicht wird das nicht sein. In diesem Prozess bestehe ich auf meiner kulturellen Selbstbehauptung, ich will keine Kopftuch-, Tschador- oder Burka-Verhüllten auf deutschen Straßen sehen.*

6.2.4 Der kulturrelativistische Diskurs

6.2.4.1 Die Story Line des kulturrelativistischen Diskurses

Die narrativen Strukturen des kulturrelativistischen Diskurses wurden wie folgt zusammengefasst:
Im kulturrelativistischen Diskurs wird der (repräsentative) Moscheebau als Ausdruck interkultureller Kommunikation und gesellschaftlicher Anerkennung konstruiert. Universalistisch und deontologisch gefärbte Vorstellungen über die Gleichberechtigung aller Kulturen werden im Konzept des Pluralismus – dem ein intrinsischer Wert zugeschrieben wird – kanalisiert, die Vorstellung der legitimen Dominanz einer Leitkultur wird verworfen. Inkludierte Gesellschaftsmitglieder einer integeren Gesellschaftsordnung erscheinen als gleichberechtigte

Citoyen, welche die bestehende Rechtsordnung einhalten und sich aus dem Hintergrund ihrer je eigenen Kultur heraus in Offenheit gegenüber der multikulturellen Gesellschaft – vermittelt über die Prinzipien Gleichheit, Transparenz und Toleranz – üben (Akkulturation als Inklusionsmodus). Dabei steht weniger die über verschiedene Sozialisationsinstanzen zu erreichende Ressourcengleichheit, als eine gesinnungsethische Gleichberechtigung in kulturspezifischen Fragen im Vordergrund: Den Ausdrucksformen der verschiedenen Kulturen als Selbstwert relevante Praktiken werden unabhängig ihres monetär verwertbaren gesamt-gesellschaftlichen Nutzens intrinsische Werte zugeschrieben, sie spiegeln die gesellschaftliche Anerkennung der betroffenen Individuen. Als Ausdruck einer pluralistischen Ordnung symbolisiert die zunehmende Ablösung von unwürdigen Hinterhofmoscheen durch würdige Zentralmoscheen eine offene und gleichberechtigte Gesellschaft, in der auch kulturelle Minderheiten gesellschaftliche Anerkennung genießen. Hier gilt die repräsentative Moschee als Metonym dafür, dass etablierte symbolische Ordnungen der Dominanz einer Mehrheit gegenüber einer Minderheit von einer Gleichberechtigung aller Gesellschaftsmitglieder abgelöst werden. Die repräsentativ ausgelegte Moschee in Köln-Ehrenfeld genügt der würdevollen Ausübung muslimischer Praxis als Raum, der dem Selbstwert muslimischer Besucher gerecht wird. Problematisiert wird der Moscheebau in zweierlei Hinsicht: Zunächst wird die Kritik der Moscheebauskeptiker überwiegend als Grundsatzkritik am Islam dechiffriert und dabei geäußerte Ängste als Projektionen eines antizipierten Selbstwertverlustes etablierter Gesellschaftsmitglieder auf die Außenseiter einer muslimischen Minderheit entlarvt und delegitimiert. Dem kulturrelativistischen Diskurs zu Folge werden etablierte Normengefüge durch die öffentlich sichtbare Praxis des Moscheebaus in Frage gestellt und Anhänger der dominierenden Ordnungen mit dem Problem der Emanzipation von eigenen Vorrechten konfrontiert. Zum anderen erscheint der Moscheebau nicht als bloßer Sakralraum, sondern durchaus als möglicher Ausdruck einer symbolischen Praxis, die eigene Kultur über eine andere Kultur zu stellen: Wie das Festhalten an einer Leitkultur und den damit verbundenen symbolischen Ordnungen – so die Forderung nach Unterordnung des Minaretts unter die Höhe des angrenzenden Kirchturms – Dominanzvorstellungen etablierter Kirchengänger widerspiegelt, kann auch die Größe einer Repräsentativmoschee universalistisch codierte Gleichheitsvorstellungen symbolisch untergraben. Die Moschee ist dabei immer auch Vollzug interkultureller Kommunikation: Eine Ethik des Moscheebaus – aber auch anderer religiöser Bauten – habe sich demnach am Prinzip der Zurückhaltung gegenüber denjenigen Ausdrücken materieller Kultur zu orientieren, die als Herrschaftssymbolik verstanden werden könnten.

Tabelle 5: Das Interpretationsrepertoire des kulturrelativistischen Diskurses

Interpretations-repertoire	Kulturrelativistischer Diskurs
Problembezug	<ul><li>Forderung nach Transformation der Moscheebaudebatte in einen teilbaren Konflikte und einer damit verknüpften Entsymbolisierung</li><li>Die Stigmatisierung fremder Kulturausdrücke als minderwertig erscheint als Selbstschutzmechanismus und Problem mangelnder Emanizpation der Etablierten</li><li>Mediatoren als Konfliktlösungsinstanzen</li><li>Muslime stellen mit ihren sichtbaren Ausdrucksformen legitimerweise das gegebene Normensystem in Frage und fordern damit eine Emanzipation der Etablierten</li><li>Rechtssystem erscheint aufgeklärter als politische Kultur</li><li>Globale Verantwortungszuschreibungen gegenüber muslimischen Akteuren als Identitätsfalle und selbsterfüllende Prophezeiung</li></ul>
Deutungsmuster	<ul><li>**Gleichwertigkeit der Kulturen [Masterframe]**</li><li>Moscheen als Selbstwert relevante Praxis</li><li>Moscheebau als Ausdruck gesellschaftlicher Anerkennung</li><li>Moschee als Metonym interkultureller Verstaendigung</li><li>Moschee als kulturell-religiöses Symbol **[Islam als Kultur]**</li><li>Unbehagen der Moscheebaukritiker als Projektionen der Etablierten</li><li>Moscheekonflikt als Etablierte-Aussenseiter-Konfiguration</li><li>Moscheebaukonflikt als Generalangriff auf den Islam</li><li>Muslimische Praxis als legitime Ausdrucksform gleichberechtigter Citoyen</li><li>Moscheebau als universelles Grundrecht</li></ul>
Klassifikationen	<ul><li>Etablierte vs. Aussenseiter</li><li>besonnen vs. populistisch</li><li>Unwürdige Hinterhofmoschee vs. würdige Repräsentativmoschee</li></ul>
Wertbezüge	<ul><li>Universal codierte Norm der Zurückhaltung bei religiöser Symbolik</li><li>Deontologisch</li><li>Pluralismus als intrinsischer Wert</li><li>Gegebene Ordnungsvorstellungen politischer Kultur als unzeitgemäß</li><li>Verfassung und interkulturelle Kommunikations-bereitschaft als zentrale normative Bezüge</li><li>Gleichwertigkeit unterschiedlicher Kulturen</li></ul>

Subjektpositionierungen	▪ Konvertierte Kulturkämpfer, Rechtsradikale und Populisten ▪ Muslime als gleichberechtigte Citoyen ▪ Moscheebau kategorisch ablehnende Akteure als unaufrichtig, in ihren eigenen Wunschprojektionen auf die Muslime gefangen ▪ Der gefürchtete Fremde ▪ Mangelhafte interkulturelle Kompetenz diskursiver Akteure ▪ Anhänger der Islam kritischen Parteien und Bürgerbewegungen als manipulierte, passive Subjekte
Inklusionsmodus	▪ Inklusion über gegenseitige Prozesse der Akkulturation im Modus interkultureller Offenheit und Verständigung.
Diskursstrategien	▪ Therapeutische Kritik ▪ Boundary Blurring ▪ Selektive Auswahl von Fallbeispielen ▪ Rekurs auf persönliche Erfahrung ▪ Absprache von Wahrhaftigkeit

6.2.4.2 Argumentationsstrukturen im kulturrelativistischen Diskurs

Der kulturrelativistische Diskurs fokussiert den Moscheebau weniger als ein zu lösendes äusseres Problem, als vielmehr – gewissermaßen auf einer Metaebene – die ihn betreffenden Konfliktfelder und Konfliktaustragungsmodi. Über die folgenden Zeilen wird die im integrationspolitischen Diskurs geäusserte Vorstellung, die Legitimität des Moscheebaus an die Voraussetzung der Integrationsbereitschaft zu koppeln, kritisiert. Der Moscheebau wird dagegen als Ausdruck eines Grundrechtes konstruiert und die Zeichnung desselbigen als Privileg zuweilen in polemischer Form – wie in DF18b – verworfen.

DF18a: *Wenn die Religionsfreiheit in Deutschland an ästhetische Kriterien geknüpft wird, oder an sonst welche Leistungen auf völlig anderen Gebieten, der Integration zum Beispiel, dann sind wir geliefert [Relativierung von Grundrechten als Erodierung gesellschaftlicher Ordnungsverhältnisse].*

DF18b: *Und woran erkennt man einen gut integrierten Moslem: daran, dass er keine Moschee mehr braucht [Rhetorische Frage; Polemisch]?*

Den muslimischen Akteuren zuweilen unterstellte Bringschuld und die damit einhergehenden Lakmusteste zur Integrationsbereitschaft werden als Zirkelschluß entlarvt, der sich wie folgt fassen lässt: Wenn Moscheevereine erst partizipieren dürfen, nachdem sie ihre Vertrauenswürdigkeit unter Beweis gestellt haben, jedoch erst ihre gesellschaftliche Mitwirkung von Vertrauenswürdigkeit zeugt, wird die Integrationsproblematik zur Aporie:

Df18c: *Der Generalangriff gegen den Islam [verbale Islamkritik als global und proaktiv] muss einen Widerspruch klären: Einerseits wird den Muslimen nahegelegt, bevor sie nicht die Trennung von Staat und Religion verinnerlicht hätten, könnte aus dem Islam kein demokratiekompatibler Glaube werden – was ja stimmt [Zustimmung zur Trennung von Staat und Religion]. Andererseits soll der Islam für alles zuständig sein: die schlechten Schulnoten, die „Ehrenmorde" und Gewalt gegen Frauen, die Jugendarbeitslosigkeit. Moscheen sollen sich erst an diesen Themen beweisen, bevor sie gebaut werden dürfen [zirkuläre Islamkritik].*

Der „*Generalangriff gegen den Islam*" zeigt sich dem kulturrelativistischen Diskurs als globale Verantwortungszuschreibung gegenüber muslimischen Akteuren, deren Handlungen in jeder Hinsicht auf ihre Zugehörigkeit zum Islam attribuiert werden. Diese Zuschreibungen erscheinen performativ, als dass sie im Sinne einer selbsterfüllenden Prophezeiung die kritisierten Islam bezogenen Probleme erst schaffen. Dabei würden Handlungen von Muslimen *und* Islamisten, so die Unterstellung des kulturrelativistischen Diskurses, dem gleichen Verantwortungsbereich – eben dem Islam – zugeschrieben. Diese Entdifferenzierung führe zu einer „Identitätsfalle", in der es schließlich moderaten Muslimen selbst schwer fallen dürfte, sich von radikalen Muslimen abzugrenzen:

DF18d: *Wenn man den Eindruck erweckt, der Islam – egal welcher Couleur – habe einfach keinen Platz in Deutschland, dann schweißt man die Radikalen mit den Moderaten zusammen und erzeugt so den Effekt überhaupt erst, den man anprangert [Islamkritik als selbsterfüllende Prophezeiung]. „Alles, was Muslime tun", so warnt die Extremismus-Expertin Claudia Dantschke, „führt man auf den Islam zurück. Dadurch hat man sie in dieser Identitätsfalle [verbale Gleichsetzung Islam Islamisten als performativ in ihrer Wirkung]" gefangen.*

Anstatt den Moscheebau vordringlich als Integrationsproblem zu begreifen, wird dieser als Selbstwert relevanter Normenkonflikt betrachtet, in dem es um die Beibehaltung oder Emanzipation von gegebenen Ordnungsverhältnissen und den daran geknüpften Gewinnen bzw. Verlusten des Selbstwertgefühls der beteiligten Akteure geht:

DF19a[126] *Zunächst erscheint der Größenvergleich auf einer ganz anderen Ebene bedeutsam als der religiösen: nämlich auf der Ebene der Selbstwertung von Menschen [Moschee als Selbstwert relevante Praxis, Moscheebaukonflikt als rein symbolisch] und ihrer sozialen Interaktion. Das hat mit der ursprünglichen [Naturalisierung] Angst des Einzelnen [personale Konfliktdimension]zu tun, ein anderer könnte ihm überlegen sein, und mit dem Hass, der aus der Überlegenheit eines anderen entspringen kann [Hegemonialkonflikt]. Zugleich macht sich in der Aufforderung, die Größe religiöser Bauten zu reglementieren, ein sozialpsychologischer Mechanismus bemerkbar, dem die von Norbert Elias so benannte „Etablierten-Außenseiter-Konfiguration" zugrunde liegt [Moscheebaukonflikt als figurationssoziologisches Problem]. Außenseiter – und dies sind unter anderem und mit Regelmäßigkeit Zuwanderer – werden von Etablierten („Einheimischen") als Bedrohung angesehen, weil sie als „Fremde" das bestehende Normsystem in Frage stellen könnten [Normenkonflikt].*

Dabei gehe es auch um das Problem und die Chance, den kulturellen Pluralismus als Eigenwert anzuerkennen und ihn nicht – wie bisher – in Hegemonie auflösen zu wollen:

DF20a: *Moscheekonflikte entzünden jenseits der Streitigkeiten um Lärm und Parkplätze hochbrisante symbolische Konflikte. Es geht um die kulturelle Hegemonie oder Leitkultur in Gesellschaften [Leitkultur als hegemoniales Konzept], die auf Grund ihrer ethnischen und religiösen Vielfalt kein kulturelles Zentrum mehr bestimmen und verbindlich machen können [Moscheebaukonflikt als Problem pluralistischer Gesellschaften].*

Neben dem erwähnten Thema des Selbstwertes wird die psychologische Funktion repräsentativer Moscheen auch in Abgrenzung zu „*verschämten und unwürdigen Hinterhofmoscheen*" *(DF18)* ausgeführt. Als Voraussetzung für ein funktionierendes Gemeinwesen in den gegenwärtigen pluralistischen Gesellschaften werden denn repräsentative Moscheen zu Formen materieller Kultur, welche Selbstbewusstsein und Würde als psychologisch-individuelle Vorbedingung für eine offene und tolerante Gesellschaftsordnung auszudrücken haben:

DF21 *Stolz, Achtung und Bildung gedeihen nicht in Kellern und Fabriketagen, in Gewerbegebieten zwischen Autohäusern, Baumärkten und Müllentsorgung [implizites Deutungsmuster Würde]. Würden christliche Kirchen – oder Synagogen – in Deutschland, im 21. Jahrhundert, gezwungen, dort zu bauen [Rhetorische Frage; Bevorzugung von Christen- und Judentum]?*

---

[126] PD19: Gleiches Recht für das Minarett. Azra Halepovic-Czycholl; Dietmar Czycholl/010908/ KSA

Dort, wo weiterhin Etabliertenvorrechte dominieren oder auf ein *„unglaubwürdiges, weil selbst nicht geglaubtes Leitbild des christlichen Abendlandes"* (DF20) zurück gefallen werde, markiert der kulturrelativistische Diskurs eine ausbleibende Emanzipation von einer gesamtgesellschaftlichen Etablierten-Aussenseiter-Figuration (DF19b), ungenügende interkulturelle Kompetenzen (DF20b) oder eine Lücke zwischen einer mangelhaft aufgeklärten Gesellschaft und einer diesbezüglich überlegenen Rechtsordnung (DF22). In Form der letzteren erscheint die Gesellschaft nicht bereit, mit den sich selbst gestellten Freiheitsgraden umzugehen und fällt hinter ihre eigenen Rahmenbedingungen zurück:

DF19b: *In der Sicht eines sozialpädagogisch-emanzipatorischen Ansatzes wäre jedoch im Gegenteil zu fordern, dass das religiös-kulturelle Symbol einer großen Zuwanderer-Community sehr wohl und ausdrücklich „gleiches Recht" wie die Symbole der Etablierten genießen sollte [**Gleichberechtigung als normatives Prinzip**]. Denn zum Gelingen einer echten Integration [**Gegenwärtige Integration als uneigentlich**] gehören Stärkung und Strukturgewinn der Außenseitergruppe [**gegenwärtig strukturelle Benachteiligung der Aussenseitergruppe**].*

DF20b: *Moscheekonflikte werden derzeit gerne als Ausweis des Scheiterns multireligiöser Gesellschaften herangezogen, als Symbol der wechselseitigen Blockade, die zu einem rien ne va plus, zu einem Nichts geht mehr! führen müsse. Man könnte alimentieren, warum wir es so weit haben kommen lassen und nach 50 Jahren Einwanderung immer noch so wenig Kompetenzen in interkultureller Kommunikation und Mediation besitzen [**Interkulturelle Kommunikation und Mediation als Instrumente der Konfliktlösung**]. Besser sitzen wir nach und holen auf [**Deutungsmuster Fortschritt**], damit religiöse Konflikte nicht erneut in Kulturkämpfe ausarten, sondern ihre Nützlichkeit für den sozialen und kulturellen Wandel beweisen können. Jeder ausgestandene Konflikt hat die moderne Gesellschaft weitergebracht [**Sozialer Wandel; Fortschritt**].*

DF22: *Geçmişte inatlaşarak almaya çalışılan neticeler sonuçta hep Müslümanların aleyhine oldu [Die Resultate, die während der gegenseitigen Verhärtungen der vergangenen Zeit zu erreichen versucht wurden, waren immer zu Lasten der Muslime[127]]. Ancak burada çoğunluk toplumu da kendi standartlarını ne kadar ciddiye aldığını tekrar gözden geçirmek zorunda [Aber man sollte sich vor Augen führen, wie sehr die Mehrheitsgesellschaft ihre eigenen Standards ernst nimmt][ironisch]. Bu kadar din özgürlüğü ve çoğulculuk [**Pluralismus**] bize fazla geliyor, biz içe kapanmak, biraz da geriye gitmek istiyoruz deniyorsa yapacak fazla bir şey yok [Wenn nun gesagt wird, dass uns die Religionsfreiheit und der Pluralismus zu viel sind, dass wir uns selbst genügen und in die Vergangenheit zurück gehen möchten, gibt es nicht mehr viel, was man noch tun könnte].*

---

[127] Die deutschen Übersetzungen stammen vom Verfasser der Arbeit

Es wird der Gesamtgesellschaft ein Mangel an Offenheit gegenüber einem gesellschaftlichen Pluralismus attestiert, womit denn auch ein Mangel an „Aufklärung" und „Akkulturation" erklärt wird:

DF19c: *In der Vorstellung, ein Minarett dürfe nicht höher sein als ein Kirchturm, verbirgt sich die Auffassung, ein Minarett habe in einem von Kirchtürmen geprägten Machtbereich nichts zu suchen [**Kirchtürme als Machtsymbole**]. Wenn es aber nun gar nicht zu vermeiden sei, müsse es in seiner Gestalt den Symbolen der Etablierten (Kirchtürmen) zumindest deutlich unterlegen sein [**Konflikt um symbolische Ordnung**]. Pluralismus? Aufklärung? Offenheit? Akkulturation? Weniger als gehofft [**Intrinsische Wertigkeit genannter Konzepte**]!*

Zu den Vertretern des zivilisatorischen Diskurses gehören dem kulturrelativistischen Diskurs zu Folge neben „*rechtsradikale[n]Politiker[n]*"*(DF23)* und „*konvertierten Kulturkämpfern*" *(DF30)* insbesondere sich einer bürgernahen und demokratisch klingenden Semantik bedienende „*moderne Rechtspopulisten*" *(DF23).* Letztere wirken als unglaubwürdige Manipulatoren der Massen im Kleid des moderaten Politiker, ihre potentiellen Anhänger erscheinen dabei als unmündige Wähler und die angesprochenen Probleme als einer wirklichen Grundlage entbehrend:

DF23: *Wenn es stimmt, dass Politik leicht verständliche Botschaften braucht [**potentielle Wählerschaft benötigt leicht verständliche Botschaften**], dann ist „pro Köln" auf einem guten Weg. „Nein zur Islamisierung! Nein zur Kölner Großmoschee!" Mit solchen Parolen will die selbsternannte „Bürgerbewegung" in den nächsten zwei Tagen über die vermeintlichen Gefahren des Islams in Europa aufklären.[...] Moderne Rechtspopulisten geben sich [**Deutungsmuster Manipulation**] immer öfter und geschickter bürgernah und moderat. Man sei [**Konjunktiv, Unglaubwürdigkeit**] natürlich für Religionsfreiheit, liest und hört man überall. [...] Ein alter Trick [**Manipulation**] der Populisten ist es auch, so zu tun, als sprächen sie [**pejorativer Gebrauch vom Konjunktiv**] verbotene Wahrheiten aus. So behauptet „pro Köln" bis heute, „dass über die umstrittenen Kölner Groß-Moschee-Projekte nicht öffentlich diskutiert werden darf" [**Absprache von Wahrhaftigkeit**].[...] Einer, der den Kämpfer für die schweigende moral majority besonders erfolgreich mimt [**unglaubwürdig**], ist Heinz-Christian Strache. [...]Wie schlagkräftig die aktuelle Allianz der europäischen Nationalisten ist, wird der Kölner Kongress zeigen. Wenn es nach dem in diesen Kreisen hochgeschätzten politischen Philosophen Carl Schmitt ginge, dann wäre die umstrittene Moschee in Ehrenfeld für sie schon heute ein Geschenk – weil sie das repräsentiert, was ihre politische Gemeinschaft erst möglich macht: einen gemeinsamen Feind [**gemeinsamer Feind als hinreichendes Motiv**].*

Auswertung

Um den Moscheebaukonflikt konstruktiv zu lösen bedarf es laut dem kulturrelativistischen Diskurs der Überführung dieses unteilbar wirkenden symbolischen Konfliktes – in dem sich unterschiedliche normative Standpunkte und religiöse Überzeugungen im Nullsummenspiel gegenüber stehen – in einen teilbaren Konflikt, der nach dem Mehr-oder-Weniger-Prinzip ausgetragen werden könnte:

DF20c: *Symbolische Konflikte wie diese – und das ist die Crux religiöser Überzeugungen – scheinen unteilbar und damit oft unlösbar. Bei ihnen gilt nämlich nicht das „Mehr oder Weniger", das einer materiellen Entschädigung zugrunde liegt, sondern das „Entweder – Oder" einer unbeugsamen Überzeugung, die besonders aggressiv wird, wenn man sich mit Rücken zur Wand fühlt .[...] Will man in dieser Konfrontation nicht verharren und ihr mit schlimmen Konsequenzen erliegen, muss man versuchen, unteilbare in teilbare Konflikte zu verwandeln, also aus dem „Entweder - Oder" ein „Mehr oder weniger" zu machen.*

Dabei sind es Mediatoren – über interkulturelle Empathie verfügende „*neutrale Instanzen*" – denen die Funktion zugeschrieben wird, die Anliegen der unterschiedlichen Konfliktparteien gegenseitig und damit den Moscheebaukonflikt als ganzes in einen „bescheidenen Gewinn für alle" zu verwandeln:

DF20d: *Damit sich das Nullsummenspiel eines religiös überladenen Territorialkonflikts in einen bescheidenen Gewinn für alle verwandelt, bedarf es neutraler Instanzen, also der geschickten Moderation und Mediation von Konflikten. Diese Vermittlung bewirkt die Empathie für die andere, scheinbar feindliche Seite dadurch, dass sie – in mühsamen Einzelschritten – die Übernahme des gegnerischen Standpunktes einübt und so der Radikalität der eigenen Überzeugung die Spitze nimmt.*

6.2.5 Der Säkularitätsdiskurs

6.2.5.1 Die Story Line des Säkularitätsdiskurses

Im Folgenden werden diejenigen narrativen Strukturen, welche die Story Line des Säkularitätsdiskurses bilden, angeführt:

Im Säkularitätsdiskurs erscheint der Moscheebau vorwiegend als Ausdruck religiöser Praxis. Als verantwortlich für die Transformation von Individuen zu inkludierten Gesellschaftsmitgliedern, die sich einem gesellschaftlichen Ganzen verpflichtet fühlen, gelten weltanschaulich ausgerichtete Gemeinschaften und nicht bloß im Dienst des Staates operierende Sozialisationsagenten oder freundschaftliche und familiäre Privaträume. Dies Bedarf einer Verschiebung der Grenzen zwischen dem öffentlichen und privaten Raum hin zu einer Anerkennung von Religionsausübung als grundlegend kollektive und damit öffentliche Praxis. Im anomischen Ist-Zustand einer Gesellschaft, in der das Religiöse in den privaten Raum versäkularisiert wurde, wird der Glauben als Sinn generierendes Medium zur Kardinaltugend engagierter Gesellschaftsmitglieder.

Dabei findet sich der Moscheebau als Ausdruck eines selbstbewussten Islams stilisiert, der zu einem Phantomschmerz der an metaphysischer Obdachlosigkeit leidenden Mitglieder der verweltlichten Mehrheitsgesellschaft wird. Hier findet sich die äusserlich sichtbare Moschee in ihrer Funktion als Sakralraum und als Symbol eines vitalen Islams betont, demgegenüber sich säkulare Christen derart beeindruckt zeigen, dass sie in ihrer Rückzugsmentalität die Angst vor dem eigenen Sinnverlust auf die Muslime übertragen – mit der Folge einer zunehmenden Distanz zwischen dem Islam und den christlichen Kirchen. Der Säkularitätsdiksurs erscheint im Sinne von Laclau als artikulatorische Praxis von Unterscheidungen (vgl. Reckwitz 2006, S. 339ff.)[128], werden hier die Positionierungen Islam, Christentum und Verweltlichung in klassifikatorischer Abgrenzung zueinander zu charakterisieren versucht: Dem glaubensstarken Muslim wird der verweltlichte Kulturchrist entgegen gestellt, der sich mit seinem religiösen Erbe nur noch in seinen humanistischen oder privaten Dimensionen – hier als Spiritualität codiert – identifiziert; das moderne und dennoch gescheiterte Konzept der Säkularisierung mit den Erscheinungen der Entsymbolisierung, des verwelt-

---

[128] Ernesto Laclau und Chantal Mouffee konzipieren Diskurse in der Interpretation von Reckwitz als artikulatorische Praxis von Unterscheidungen, die einer Logik der Differenz und als Hegemonialdiskurs zudem einer Logik der Äquivalenz folgt. Im Sinne der letzteren werden zuvor unterschiedene Elemente (z.B. Bauern, Arbeiter, Handwerker) in Abgrenzung zu einem radikalen Anderen (z.B. der Kapitalismus im sozialistischen Diskurs -) zu einer übergeordneten Einheit (dem Kommunismus) entdifferenziert (vgl. ebenda).

lichten Humanismus und den Konsequenzen einer bedrohlichen Sinnentleerung wird mit der Tugend des Glaubens – so im Gewand des gelebten Christentums oder Islams – kontrastiert. Gerade hier, in der Identifizierung des Islams mit dem Christentum als religiöses System wird der Moscheebau in besonderer Weise zu einer positiven Praxis. Als Anderer, von dem es sich abzugrenzen gilt, erscheint denn auch weniger der Islam als die fortschreitende Säkularisierung, sofern diese der Glaubensausübung als kollektive und öffentliche Praxis wenig Raum bietet und eine Profanisierung religiöser Symbolik betreibt. Um der Erodierung religiöser Werte, dem Substanzverlust der Gesellschaft, und der Untergrabung staatlicher Autorität durch einen selbstgenügsamen Islam Einhalt zu bieten, werden verschiedene Lösungswege aufgezeigt. Bei diesen Anregungen geht es zentral um die Verschiebung der Grenze zwischen dem Öffentlichen und Privatem zu Gunsten der Religionsausübung als kollektiver und öffentlicher Praxis:

- *Repositionierung* gläubiger Christen

- Eine Transzendierung der Ökumene unter Inklusion muslimischer Akteure

- Staatliche und kirchliche Unterstützung der säkular orientierten Ausprägungen des gegenwärtigen Islams

- Revitalisierung und Anerkennung der Kardinaltugend des Glaubens als Sinnfindungspraxis

- Religiöse Resymbolisierung des öffentlichen Raumes

- Aufwertung der positiven Religionsfreiheit der Gläubigen gegenüber der negativen Religionsfreiheit der Nicht-Gläubigen

- Reformulierung der säkularen Ausrichtung der Gesellschaft

Tabelle 6: Das Interpretationsrepertoire des Säkularitätsdiskurses

Interpretations-repertoire	Säkularitätsdiskurs
Problembezug	▪ Unter Substansverlust drohende verweltlichte Gesellschaft bedarf einer Revitalisierung des Religiösen auch im öffentlichen Raum – einer neuen Grenzziehung zwischen dem Privatem und Öffentlichen – und der Überwindung eines überkommenden Säkularitätsvertändnis, das eine Agenda der religiösen Entsymbolisierung und Nivellierung religiöser Unterschiede – bis hin zur Assimilation bspw. des Islams – verfolgt. ▪ Grenzen zwischen Öffentlichem und Privatem in der säkularen Moderne als Bezugsproblem ▪ Kommunitaristischer Lösungsansatz: Forderung der verstärkten Anerkennung und Positionierung des Religiösen im öffentlichen Raum als auch der religiösen Resymbolisierung und Revitalisierung des Glaubens als anerkannte Sinnfindungspraxis
Deutungs-muster	▪ **Moscheebau als Herausforderung der Säkularität [Masterframe]** ▪ Islam als Orthopraxie ▪ Moschee als Ort der Religionsausübung [Islam als Religion] ▪ Metaphysische Obdachlosigkeit der Mehrheitsgesellschaft ▪ Unbehagen gegenüber muslimischer Präsenz als Phantomschmerz der Mehrheitsgesellschaft ▪ Entkirchlichung ▪ Entsymbolisierung ▪ Säkularität als teleologischer Prozess ▪ Säkularität als Profanisierung und geistige Substanzlosigkeit ▪ Sinnkrise der Moderne ▪ Glaubensstärke der Muslime ▪ Geistiger Substanzverlust säkularer Christen ▪ unterdrückerische Kollektivregeln des Islams
Klassifi-kationen	▪ glaubensstarke Muslime vs. säkularisierte Christen ▪ Selbstbewusstsein des Islams vs. Selbstverleugnung des Christentums ▪ islamische Orthopraxie vs. christliche Orthodoxie ▪ Christliche Entsymbolisierung vs. islamische Ornamentik ▪ traditionelle Muslime vs. Islamisten

Wertbezüge	▪ Falsche Bescheidenheit als Selbstverleugnung des Christentum ▪ Nivelllierung religiöser Differenzen als Problem ▪ Glauben als Sinn stiftende Kardinaltugend ▪ Forderung einer alternativen Grenzziehung zwischen öffentlichem und privatem Raum im religiösen Feld ▪ Religiöse Resymbolisierung als nötige identitäre Praxis und notwendige Vorbedingung zum interreligiösen Dialog ▪ Ablehnung der als mit der Moderne inkommensurabel erscheinenden Ausprägungen des Islams ▪ Friedensfähigkeit der Religionen als Bedingung für das Funktionieren des Staates
Subjekt-positionierungen	▪ Kulturmuslime ▪ Kulturestablishment ▪ orientierungslose Agnostiker ▪ säkulare Christen ▪ strenggläubige Muslime
Inklusions-modus	▪ Inklusion als kommunitaristische Eingliederung des Invdividuums, das einer ihm Sinn stiftenden Glaubensgemeinschaft bedarf und als Angehöriger einer solchen Anerkennung benötigt.
Diskurs-strategien	▪ Absprache von Wahrhaftigkeit ▪ Boundary Blurring: Muslime wie Christen als Teil einer weltweiten Glaubensgemeinschaft, welche über die Ökumene hinausgeht

6.2.5.2 Die argumentativen Strukturen des Säkularitätsdiskurses

Im Säkularitätsdiskurs erscheint der Moscheebau zunächst als selbstbewusster Ausdruck eines vitalen Islams, der in verschiedener Hinsicht als Herausforderung an ein fortschreitend verweltlichendes Christentum gesehen wird. In seiner zunehmenden Präsenz – materialisiert im Moscheebau – stellt der Islam den etablierten Stellenwert des Christentums und damit gegebene Ordnungsverhältnisse in Frage. Dabei scheint der Islam so sehr an Bedeutung zu gewinnen, dass gar die Möglichkeit einer Transzendierung der Ökumene – unter einer möglichen Einbeziehung muslimischer Akteure – in Betracht gezogen wird:

DF24a: *Hans Joachim Meyer, der Präsident des Zentralkomitees der deutschen Katholiken (ZdK), hat sich auf dem 97. Katholikentag in Osnabrück, der gestern begann, zum Zukunftsvertrauen bekannt.[...] Aber so mancher, der zu diesem Laientreffen anreist, wird sich an diesem Ort erst recht fragen: Müssten wir unter dem Motto „Du führst uns hinaus ins Weite" den Bogen nicht noch viel weiter schlagen über die Ökumene und die Zusam-*

mengehörigkeit in der Gemeinschaft der Kirche hinaus [Gemeinschaft der Gläubigen inklusive Muslime]? Sind sich die christlichen Kirchen ihrer Stellung in der Gesellschaft noch so gewiss wie vor zehn oder 20 Jahren [Bezug: Symbolische Ordnungen; Rhetorische Frage]? Sehen sie sich nicht in vielen Städten schon jetzt mit Überlebensfragen der Kirche und des Glaubens konfrontiert, wenn inmitten einer ermüdeten Gesellschaft christlicher Herkunft ein strenggläubiger Islam ungestüm nach vorn drängt? Sichtbares Zeichen für die Kraft und das Selbstbewusstsein des Islam sind die zahlreichen Moscheen, die zurzeit geplant und gebaut werden [Vitaler Islam vs. untergehendes Christentum].

Den an geistigen Mangelerscheinungen leidenden Angehörigen der verweltlichten Mehrheitsgesellschaft wird ein „Phantomschmerz" (DF20; DF25) attestiert, der im Angesicht der Glaubensstärke proklamierenden Moscheebauten zu Verunsicherungen im Selbstverständnis der Mehrheitsgesellschaft führe:

DF24b: *Es geht hier um mehr als ein paar Bauten – es geht um eine tief greifende kulturelle Verunsicherung [Selbstreflexivität; Irritation] um den unaufhaltsamen Umbruch und Identitätswandel ganzer Städte, Landstriche und Regionen [umfassender Sozialer Wandel]. Das Selbstverständnis der Mehrheitsgesellschaft scheint zum Teil bereits so ausgehöhlt, dass sie sich in ihren geistigen Fundamenten erschüttert und nicht mehr konkurrenzfähig fühlt [Erosion der Glaubensstärke von Angehörigkeiten der Mehrheitsgesellschaft]. Auf keinem Feld zeigt sich diese Verunsicherung so aussagekräftig wie auf dem des „gebauten Glaubens" und im aktuellen Moscheestreit [selbstreflexive Dimension des Moscheestreits].*

DF25a: *Als wesentlich empfindet Leggewie aber die Schwierigkeit, als moderner Mensch in einer säkularen Gesellschaft plötzlich mit einer vitalen Religion konfrontiert zu werden [Gegensatz Säkularität vs. Glauben]. „Das irritiert, ist aber gleichzeitig wie ein Phantomschmerz" [Irritation symbolischer Ordnungen; Verlust]: Das Vakuum, das die Religion als etwas Sinnstiftendes hinterlassen hat, trifft plötzlich auf die Konkurrenz des Islam, der bei den Gläubigen die Leere füllt.*

Das Unbehagen gegenüber dem Moscheebau erscheint vor diesem Hintergrund des verspürten Mangels an Sinn und Glaubensstärke als selbstreflexives Problem, das sich nicht über die Konfrontation mit der möglichen Einführung der Scharia erklären läßt. Vielmehr wird es als Projektion der Befürchtung kontuiert, [...] „dass der Glaubensverlust der eigenen Gesellschaft ungeahnte Folgen für deren Zusammenhalt haben könnte" (DF26) und gründet in einer „diffusen Angst, den Muslimen nicht gewachsen zu sein" (ebenda). Diese werden im Säkularitätsdiskurs dazu angehalten, sich ihrer eigenen Rückzugsmentalität zu entsagen und im Prozess der Selbstvergewisserung eine gestärkte christliche Identität zu finden. Hierzu soll bspw. dem „Kulturestablishment" (DF24) der moder-

Auswertung 147

nen Architekturwelt mit ihrer Agenda der Entsymbolisierung gegenüber Sakralbauten – Gerhard Richters Fassadengestaltung im Kölner Dom wird hier genannt – und der daran geknüpften Selbstverleugnung der Rücken gekehrt werden:

DF24c: *„Minarett und Kuppel gelten als typische Merkmale der Moschee. Es entstehen jedoch weltweit Alternativen, die sich von dieser traditionellen Symbolik lösen", versuchten die Veranstalter zu suggerieren. Aber mit dieser Sichtweise blieben sie ganz in der sich selbst mahlenden Mühle aufgeklärten Denkens gefangen. Die Utopie [abwertend: **unrealistisch**], die dahintersteht, ist die alte Glaubensformel der Moderne. Gleichheit durch Entsymbolisierung, man kann auch sagen: durch Entschärfung. Wenn aus der Kirche eine Kiste wird, sind die Inhalte austauschbar und verlieren ihre spirituelle Eigenmacht. Lange haben gerade die christlichen Kirchen mit ihrem Schielen nach mehr „Weltlichkeit" auf diese Vorstellung von Integration in die Gesellschaft gebaut. Gotteshäuser sind zu Schuhschachteln und Bunkern, Schneckenhäusern und Glaspyramiden geworden, ihren Architekten führte der Hang zu inhaltsleerer Theatralik und staubtrockener Sachlichkeit den Zeichenstift. Erst jetzt scheint die Einsicht aufzukommen, dass solches Kokettieren mit dem weltlichen Geschmack den Glauben heimatlos gemacht hat, dass sinnstiftende Metaphorik gegen fade Belanglosigkeit eingetauscht wurde [**Pragmatische Dimension des Symbolischen: Heimatlosigkeit vs. Sinn**]. Bereits der Streit um Gerhard Richters Fenster für den Kölner Dom hatte den Mangel an Geschichtsbindung und Verbindlichkeit in der westlichen Kirchenkunst enthüllt. [...] Die Flucht aus dem Symbol, so können gerade die neuesten Beispiele des Kirchenbaus zeigen, ist nichts als pure Illusion.[...] Sie [die christlichen Kirchen] stehen offenbar vor einer viel tiefer reichenden Aufgabe der Selbstfindung, als das verstörende Motto des Kirchentages auszudrücken vermag. [...] Dürftigkeit, Kleinmut und Rückzugsmentalität, die den christlichen Kirchenbau heute wie ein Auslaufmodell erscheinen lassen, haben das Bild der Kathedrale jenem des Himmels so weit entfremdet, dass es unkenntlich geworden ist [**Entsymbolisierung als identitäre Distanzierung**].*

Nicht nur als Konkurrenz zum Christentum und Irritationspotential gegenüber den bestehenden Ordnungsverhältnissen wird der Islam problematisiert. Auch in anderen Kontexten wird er deutlich kritisiert und in einigen seiner gegenwärtigen Manifestationen als zentrales Problem einer gesellschaftlichen Integration betrachtet. Dort erscheint die Problematisierung des Islams mit seinen „unterdrückerischen Kollektivregeln" (DF26) zuweilen als Selbstlegitimierung, die es den diskursiven Akteuren des Säkularitätsdiskurses erlaubt, ihre Kritik an den Verweltlichungstendenzen der Mehrheitsgesellschaft als wahrhaftig zu stilisieren, um nicht als religiöse Fundamentalisten missverstanden zu werden. Die Ablehnung des Islams erscheint dabei als Möglichkeit, trotz der Problematisierung gegenwärtiger Verweltlichungstendenzen zu beweisen, dass ein säkulares Gesellschaftskonzept in der Forderung nach Grenzziehungen zwischen Staat und Religion, dem Privaten und dem Öffentlichen, grundsätzlich anerkannt wird:

DF26a: *Die verweltlichte aufnehmende Gesellschaft **[Säkularisierung]** sieht in Gestalt der traditionsbewussten Muslime (von den Islamisten ganz zu schweigen) **[traditionsbewusste Muslime vs. Islamisten]** mit begründetem Erschrecken die Wiederkehr autoritärer, ja unterdrückerischer Kollektivregeln für das zivile Leben **[Islam als Bedrohung]**, die angeblich **[Absprache von Wahrhaftigkeit ohne Begründung]** transzendent begründet sind und die man **[Normalisierung]** in einem mühsamen Prozess selbst vor kurzem losgeworden ist. Tatsächlich bilden jene Bestimmungen des muslimischen Verhaltenskodexes, die der Moderne zuwiderlaufen **[Inkommensurabilität Islam u. Moderne]**, das größte Hindernis für wechselseitiges Verständnis und erst recht für gelungene Integration. Daran muss die muslimische Seite arbeiten, und man muss **[Normalisierung; normative Setzung, diffuse Verantwortungszuschreibung]** sie dafür in die Pflicht nehmen. Umgekehrt muss die aufnehmende Gesellschaft offen bleiben für (alle) Menschen, die trotz voranschreitender Verweltlichung ihre Lebensentwürfe an Transzendenz und Religion, nicht allein an Zweckrationalität, Geldverdienen und/oder „Lebensfreude pur" ausrichten **[Orientierung an Zweckrationalität, Geldverdienst und Lebensfreude als unzureichender Lebensentwurf]**.*

Es ist nun das als utopisch gedeutete Konzept der Säkularisierung im Kleid von „Entsymbolisierung" (DF24), „Entkirchlichung" (Wolfgang Lerch), und eines auf Humanismus und Spiritualität reduzierten Bezuges zur Religion, über das im Säkularitätsdiskurs die zentrale Problemreferenz hergestellt wird. Im Deutungsmuster der Sinnkrise der Moderne reichen Sozialstaat, Grundgesetz und utilitaristische Prinzipien nicht aus, um für Zusammenhalt zu sorgen. Dabei gefährde eine assimilatorische Nivellierung religiöser Differenzen das friedliche Zusammenleben der Religionen untereinander und damit auch das „Funktionieren der staatlichen Ordnung" (DF27):

DF11c: *Die moderne Zivilgesellschaft ist auf fortschreitende funktionale Differenzierung und Vermehrung der Möglichkeiten angelegt **[lineare Entwicklung]** und hat zu diesem Zweck **[teleologische Entwicklung]** die Lebenssinngebung durch Erweiterung der Freiheitsspielräume privatisiert.[...]Doch viele Menschen fühlen sich in diesem freien Raum schwindelig **[Orientierungskrise]**. Dass sie ihr Leben nicht mehr überpersönlich, sondern nur intersubjektiv legitimieren können, empfinden sie als „metaphysische Obdachlosigkeit" und lässt sie klagen über „die Einsamkeit des moralischen Subjekts in der Moderne" **[Deutungsmuster Sinnkrise der Moderne]**.*

DF26b: *Doch ihre Zahl [Die Zahl der Säkularisierten, Anm. des Verfassers] ist weitaus geringer als in einem Nord-, Mittel- und Westeuropa, das seit Reformation und Aufklärung drastisch verweltlicht worden ist, dessen weitere Verweltlichung (und Entkirchlichung) offenbar noch voranschreitet und dessen Christen von der einstmals das gesamte Leben tragenden christlich-spirituellen Tradition häufig nur noch ein „soziales Heil" in einer ansonsten durch und durch weltlichen Gesellschaft übriggelassen haben. [...] Auf der Seite derjenigen, die sich noch irgendwie mit dem Christlichen identifizieren, arbeitet sich „am Muslim" auch ein instinktives Erschrecken darüber ab, dass der Glaubensverlust der eigenen Gesellschaft ungeahnte Folgen für deren Zusammenhalt haben könnte [**Unbehagen gegenüber Islam als selbstreflexiv**]. Dies gilt insbesondere für den Verlust der eigentlichen transzendenten Inhalte der Religion – Tod, Leben, Sinn –, die durch eine noch so gute Sozialpolitik nicht zu bewältigen sind. [**Problembezug Sinnkrise, Verantwortungszuschreibung apolitisch**] Reichen Wissenschaft, Grundgesetz und Wohlstand aus, um eine Gesellschaft auf Dauer innerlich zusammenzuhalten [**Rhetorische Frage; profane Lebensgesteltung als unzureichend**]?*

DF27a: *Das friedliche Zusammenleben in unserer Gesellschaft, ja das Funktionieren der staatlichen Ordnung sind abhängig von der Friedensfähigkeit der Religions- und Weltanschauungsgemeinschaften [**Religion bezogene Fragen als Medium funktionaler Politik, die religiöse Diversität zu institutionalisieren vermag**]. [...] Nivellierung religiöser Differenzen und Assimilation der Eingewanderten sind keine Lösung [**Forderung einer Politik der Anerkennung**].*

In der Codierung des Islams als Sinn stiftende Glaubenspraxis und Gegenentwurf zur fortschreitenden Verweltlichung wird dieser denn auch – wie in keinem der anderen Diskurse – zum Eigenen, zum Identitätsangebot der verweltlichten Mehrheitsgesellschaft als auch der aktiv gläubigen Christen. Hier werden die gläubigen Menschen –praktizierende Muslime und Christen – mit dem verweltlichten Subjekt kontrastiert, das sich seinen Lebenssinn an Zweckrationalität, Geldverdienen und Lebensfreude ausrichtet. Der Glauben als solcher erscheint dann als Kardinaltugend, der über die Bewältigung von Zukunftsängsten und Sinnfragen zum gesellschaftlichen Zusammenhalt beiträgt:

DF26c: *Die beständig zunehmenden Agnostiker vermögen das „soziale Engagement" [**pejorativ**] oder auch den christlichen „Einsatz für eine friedliche Welt" [**pejorativ**] und ähnliches zwar zu goutieren, leiten dies freilich längst aus anderen, nichtchristlichen Weltanschauungen her, wenn sie sie nicht sogar für selbstverständlich („humanistisch") halten. (Günter Lerch) Muslime hingegen [**positive Kontrastierung**] verfügen im Allgemeinen [**Generalisierung**] noch über die ganze Breite ihrer Glaubensüberzeugungen, und auch die religiöse Praxis ist weitaus intensiver [**Religiöse Identität der Muslime als positiver Vergleichsmasstab**]. [...] Nicht allein der religiöse Mensch, erst recht der glaubenslose, steht vor der Frage, wie er das auf ihn Zukommende bewältigen soll [**Orientierungskrise insbesondere der Glaubenslosen; religiöser Mensch vs. Glaubensloser**].*

*Die von den Glaubenslosen gegebenen Antworten und vorgesehenen Strategien befriedigen trotz erheblicher philosophischer Anstrengungen letztlich so we-nig, wie umgekehrt die Verheißungen der christlichen Religion offenkundig bei vielen an Glaubwürdigkeit eingebüßt haben. Eine letzte Schein-Zuflucht bieten Pseudoreligionen und asiatische Bekenntnisse. Bleibt nur noch die nietzscheanische Akzeptanz des metaphysischen Nihilismus als höchste Formel der Bejahung übrig? Muslime sind glaubensstärker, und sie stehen zu ihrer Religion [**Gläubensstärke als Tugend**].*

Dabei finden sich auch in dieser Konstruktion des Islams als Glaubenspraxis klassifikatorische Abgrenzungen zum Christentum und zur verweltlichten Mehrheit westlicher Gesellschaften. Hier erscheint der Islam allerdings nicht einfach auf der anderen Seite der Grenzziehungsprozesse vollzogener Unterscheidungen – als das Andere oder der inferiore Fremde – sondern als Zerrspiegel des Christentums. Gegenwärtige Formen des Islams sind dabei einerseits beeindruckende Möglichkeitsräume zur eigenen Sinn- und Selbstfindung, andererseits Verfremdungen, in denen sich das Christentum nicht wieder zu finden vermag. So wird die unter Erosion leidende Orthodoxie der christlichen Monotheismen der gelebten Orthopraxie des Islams gegenüber gestellt:

DF26d: *Auch unter den Muslimen, sogar im „klassischen" Dar al-islam selbst, gibt es Säkularisierte, die als Kulturmuslime [**Subjektpositionierung Kulturmuslim**] kaum noch über eine nennenswerte religiöse Praxis verfügen – und dies in einer Religion, die weitgehend als Orthopraxie, also „richtiges Handeln", weniger als Orthodoxie –„richtige Lehre"– charakterisiert werden kann.*

DF26e: *Muslime hingegen verfügen im Allgemeinen [**Generalisierung**] noch über die ganze Breite ihrer Glaubensüberzeugungen, und auch die religiöse Praxis ist weitaus intensiver. [...]Muslime sind glaubensstärker, und sie stehen zu ihrer Religion [**Muslimische Glaubensstärke als positive Referenzgrösse**]. „Wir müssten wieder christlicher werden", ist deshalb jetzt allenthalben in privaten Gesprächen zu hören, ein Stoßseufzer, der sich gleichzeitig im Klaren darüber ist, dass dies ja niemand anordnen kann [**Muslimische Glaubensstärke als positiver Vergleichsmaßstab**]*

Neben dem Glauben als Kardinaltugend ist es ein neues Verständnis von Säkularität, das der Sinnkrise der Moderne und dem drohenden Substanzverlust zu trotzen vermag. So wird neben einer zunehmenden Anerkennung religiöser Praxis im öffentlichen Raum z.B. in der erwähnten Forderung nach einer religiösen Resymbolisierung innerhalb der christlichen Kirchen und der Anerkennung islamischer Ornamentik als legitime Praxis – auch eine Achtung gegenüber dem Eigenwert der Praxis des Glaubens gefordert. Der notwendige interreligiöse Diskurs funktioniere dabei nur, wenn sich auch „säkulare Christen" stärker positionieren und ihrem eigenen, in Verweltlichung gründenden Substanzverlust begegnen:

DF27b: *Ich habe in Gesprächen mit Muslimen viel Verständnis gefunden, wenn ich darauf hinweisen konnte, Mission sei heute keine Rattenfängerei, sondern Verkündigung christlicher Botschaft zur freien Kenntnis und persönlichen Entscheidung ohne Druck [**Muslimische Religion als Medium, das Eigene im Anderen zu sehen**]. Es gibt aber [**Kontrastierung**] im eigenen christlichen Bereich eine grundsätzliche Kritik, wenn die Kirchen an ihrem Wahrheitsanspruch festhalten [**Bekennen der Muslime zur eigenen religiösen Identität als positiver Vergleichsmassstab**]. Die hier zutage tretende Indifferenz [**Selbstverleugnung**] ist nicht nur ein Zeichen drohenden Substanzverlusts unserer Theologie – sie ist auch schädlich für das Miteinander der Religionen [**geistiger Substanzverlust als gesellschaftliches Problem**]. Es muss zu denken geben [**Normative Setzung**], wenn Juden und Muslime an ihren Wahrheitsansprüchen festhalten, während sie es den Christen übel nehmen [**Black-Boxing; Problembezug: Zunehmende Säkularisierung innerhalb des Christentums als Zeichen des religiösen Substanzverlustes und Problem für interreligiösen Diskurs**]. Nach christlichem Verständnis ereignet sich die Wahrheit in Jesus Christus, der rettet und heilt. Damit wird unleugbar ein Gegensatz zu anderen sichtbar [**identitäre Abgrenzung**]. Wenn wir aber bekennen, dass Jesus sich allen Menschen zuwendet, stärkt das auch unsere Achtung gegenüber anderen Religionen [...]. Gleichgültigkeit der christlichen Gesellschaft ist nur ein scheinbar wirksames Zaubermittel.*

Zu den symbolischen Ordnungen, die im Säkularitätsdiskurs problematisiert werden, gehört auch die Grenzziehung zwischen dem öffentlichen und privaten Raum im religiösen Feld, die neu gezogen werden sollte:

DF18f: *Muslim oder Christ sein geht nicht allein. Unser blutig erkämpftes Religionsrecht toleriert Religion nicht nur als Privatangelegenheit. Es gesteht der Religion eine wichtige Rolle im öffentlichen Leben zu. Wir sollten aufhören, uns vorzumachen, dass wir eine strikt säkulare Gesellschaft sind [**kommunitaristisch: Glaubensausübung als kollektive und anzuerkennende öffentliche Praxis**].*

DF25b: *Früher glaubte man, Moderne funktioniert nur in säkularen Gesellschafen, dass sich Religion im Modernisierungsprozess auflöst oder zur Privatsache wird. „In der multikulturellen, pluralistischen Gesellschaft zeige sich aber, dass die Moderne ein ergebnisoffener Prozess ist, der Säkularisierung und die Revitalisierung von Religionen gleichermaßen möglich macht", sagt Löffler. „Viele Menschen haben keine Praxis mit Religion, wissen zu wenig über ihre kulturellen Wurzeln und empfinden deshalb eine konservative Religion suspekt".*

DF27c: *Wir können mit unterschiedlichen Wahrheitsansprüchen gleichwohl friedlich miteinander leben. Dazu ist bei allen Religionen Klarheit nötig [**Normative Setzung**]. Klarheit nach innen – als immer wieder neue Selbstvergewisserung. Klarheit nach außen – als Verdeutlichung des eigenen Profils. Nur so [**Alternativlosigkeit**] ist gegenseitiges Verstehen möglich [**Prove verbali**].*

6.3 Symbolische Ordnungen der politischen Kultur

6.3.1 Irritierte und relegitimierte Ordnungen im Diskursfeld Moscheebau

Das Ereignis Moscheebau – hier das Vorhaben der DITIB-Zentralmoschee in Köln-Ehrenfeld – in seiner Funktion als Irritationserfahrung der politischen Kultur (politische Kultur operationalisiert als öffentliches Diskursfeld) zeigte sich in den Problem- und Wertbezügen der einzelnen Diskurse. Beide ergänzten sich derart, dass jede Diskurs typische Problematisierung des Moscheebaus das Postulat einer Verletzung der jeweils als gültig erachteten Wertvorstellungen – und damit symbolischer Ordnungen – implizierte. Diese für diskursive Konstruktionen typische Verschränkung zwischen dem Faktischen und Normativen zeigte sich in den zentralen Deutungsmustern – den jeweiligen Masterframes – in konzentrierter Form:

– Im Zivilisationsdiskurs als Feststellung mangelhaften Selbstvertrauens der westlichen Zivilisation in Anbetracht eines zunehmend dominanten Islams – manifestiert über triumphale Moscheebauten – und der daran geknüpften *Forderung* nach einer kulturellen Selbstbehauptung. Als Masterframe gilt das Deutungsmuster der Inkommensurabilität von muslimischer und westlicher Zivilisation.

– Im integrationspolitischen Diskurs als *Behauptung* der ungenügenden Integration und Integrationsbereitschaft muslimischer Akteure und dem damit verknüpften normativen Postulat nach einem Mehr an Integration – manifestiert in der Forderung nach einem Moscheeentwurf, der die Dominanz der Mehrheitsgesellschaft symbolisch respektiert. Als zentrales Masterframe zeigte sich hier das Konzept der Leitkultur als *conditio sine qua non* einer integrierten Gesellschaft.

– Im kulturrelativistischen Diskurs als Diagnose einer fehlenden Gleichberechtigung der Kulturen mit der daran geknüpften Forderung nach einer Gleichberechtigung islamischer und christlicher Ausdrucksformen. Die Gleichwertigkeit der

Auswertung 153

Kulturen kann hier als zentrales Deutungsmuster bzw. Masterframe festgehalten werden.

– Im Säkularitätsdiskurs als Feststellung einer überkommenden Säkularisierung, ersichtlich an dem Konfliktpotential religiöser Symbolik im öffentlichen Raum – so dem Phantomschmerz säkularer Christen im Angesicht des Moscheebaus –mit der Forderung nach einer Neujustierung der säkularen Ausrichtung. Hier stellte das Deutungsmuster 'Der Moscheebau als Herausforderung der Säkularität' das Masterframe.

Zur Eruierung derjenigen symbolischen Ordnungen, die von den jeweiligen Diskursen als durch den Moscheebau bedroht und eben deswegen in der Problematisierung des Moscheebaus relegitimiert wurden[129] – bspw. in der kulturrelativistischen Rationalisierung des mehrheitsgesellschaftlichen Unbehagen als Projektion eigener Ängste – erschien es in dieser Arbeit sinnvoll, den Moscheebaudiskurs als diskursive Arena, indem unterschiedliche Akteure einen symbolischen Wertekonflikt austragen, zu betrachten. Hier zeigte sich, dass es insbesondere symbolische Sinnwelten der höchsten (gesamtgesellschaftlich relevanten) Legitimationsebene waren, welche als durch das Ereignis Moscheebau iritiert gesehen und ergo diskursiv relegitimiert wurden:

– Im Zivilisationsdiskurs: Die in der westlichen Zivilisation verortete einheimische Mehrheitsgesellschaft verteidigt im Moscheebaukonflikt ihr Recht auf zivilisatorische Selbstbehauptung, das als legitimes Prinzip gesellschaftlicher Regulierung betrachtet wird und in direkter Konkurrenz zur Selbstbehauptung der muslimischen Zivilisation steht. Es gilt in dieser sozialdarwinistischen Ausrichtung die normative Prämisse, dass die eigene Kultur höher als andere Kulturen zu gewichten sind, da im Kampf der Zivilisationen nur so die eigene Selbsterhaltung garantiert werden kann. Formal-institutionell zeigt sich diese Überordnung der eigenen Kultur als Forderung nach der Stärkung direktdemokratischer Elemente im politischen System, um so dem Mehrheitswillen und damit der westlichen Zivilisation gegenüber einem zunehmend dominanten Islam den Bestand zu sichern. Es zeigt sich hier ein Konflikt mit einer unteilbaren Verhandlungsmasse, der nach dem Entweder-Oder-Prinzip ausgetragen wird.
– Im integrationspolitischen Diskurs: Die Mehrheitsgesellschaft verteidigt im Moscheebaukonflikt gegenüber Gutmenschen, radikalen Islamisten und rechtspopulistischen Politikern eine Leitkultur, welche als notwendiges Regulierungs-

---

[129] Diese Relegitimierungen könnten soziologisch mit Luckmann als theoretische Stützen symbolischer Sinnwelten und mit Luhmann als Tautologien höherer Ordnung gefasst werden.

prinzip einer heterogenen Gesellschaft gilt. Die Höherwertigkeit der Leitkultur vor anderen kulturellen Systemen rechtfertigt sich sowohl geschichtlich in ihr als Quelle der Aufklärung als auch empirisch in der Prämisse, dass diese eben den größten Konsens aller möglichen Wertegrundlagen der gegenwärtigen Gesellschaft stellt. Im Moscheebau zeigt sich das Primat der Leitkultur als Vorrang des Konfliktgegenstandes der negativen Religionsfreiheit einer christlich geprägten Mehrheitsgesellschaft gegenüber der positiven Religionsfreiheit einer muslimischen Minderheit. Im integrationspolitischen Diskurs wird Kultur als Religion operationalisiert, der Islam erscheint demnach als kulturelles System. Dementsprechend zeigt sich die negative Religionsfreiheit der Mehrheitsgesellschaft nicht bloß als Freiheit *von* einer bestimmten Praxis der Religionsausübung – bspw. des Lautsprecher verstärkten Gebetsrufes – sondern als Freiheit von der symbolischen Unordnung der Dominanz muslimischer Ausdrucksformen über die Materialisierungen der christlich geprägten Leitkultur, so im Überragen der örtlichen Kirche durch eine benachbarte Moschee. Im Rahmen des Moscheebaukonfliktes erscheinen die Konfliktgegenstände – die Werte der positiven und negativen Religionsfreiheit – im Rahmen einer symbolischen Dominanz der Leitkultur als bedingt teilbar.

– Im kulturrelativistischen Diskurs: Der kulturrelativistische Diskurs wird strukturiert von den symbolischen Ordnungen der universellen Gleichwertigkeit aller Kulturen. Da der Mensch seinen Selbstwert über das Medium Kultur zum Ausdruck bringt, kann die Gleichwertigkeit aller Kulturen auch als notwendige Bedingung für die Gültigkeit der Menschenrechte als regulatives Prinzip in pluralistischen Gesellschaften gelten. Für den kulturrelativistischen Diskurs gilt es, im Konfliktfeld Moscheebau das Primat der universellen Menschenrechte gegenüber ethischen und ethnischen Partikularismen – im Antlitz von Etabliertenvorrechten oder der Dominanz einer Leitkultur – zu verteidigen.

– Im Säkularitätsdiskurs: Für den Säkularitätsdiskurs ist die gegenwärtige Dominanz des Profanen gegenüber dem Sakralen nicht hinzunehmen. Der Einzelne ist ein Gesellschaft fähiges Wesen erst in seiner Zugehörigkeit zu einem Sinn stiftenden Kollektiv, zu einer Weltanschauungsgemeinschaft. Um diesem Grundbedürfnis – das sich als Phantomschmerz verweltlichter Christen zeigt – gerecht zu werden, bedarf es eine Aufwertung der Tugend des Glaubens, der einen höheren Stellenwert als der hoffnungslosen Orientierung an den Werten profaner Philosophie oder anderer weltlicher Sinnfindungspraktiken eingeräumt werden sollte. Daher auch die Forderung nach einer Umschreibung der Grenzlinien zwischen dem Privaten und Öffentlichen, wobei die sichtbare und repräsentative Moschee als konstruktiver Ausdruck dieses Anspruches gilt.

Diskurs übergreifender Bezug: Die richtige Ordnung zwischen Partikular- und Allgemeininteresse

In der Fokussierung des Moscheebaus als diskursives Feld ist auch nach gemeinsamen Aspekten der diskursiven Konstruktionen zu fragen, da diese die interdiskursiven Verweise (z.b. als Kritik des zivilisatorischen Diskurses am kulturrelativistischen Diskurs in der Subjektpositionierung des Gutmenschentums) erst ermöglichen. Für jede Diskurs typische Konstruktion des Moscheebaus zeigt sich, dass dieser als dauerhafter Anspruch eines Kollektivs, das gerade nicht die Allgemeinheit verkörpert, gefasst wird. Die Problematisierungen der jeweils im Moscheebau unterstellten Ansprüche erfolgen dabei vermittelt über Diskurs spezifische Vorstellungen über das richtige Verhältnis – bzw. über die *gültige symbolische Ordnung* – zwischen einem gesellschaftlichen Allgemeinen (als Ethos in der Leitkultur verkörpert, als Ethnos in der Mehrheitsgesellschaft oder muslimischen Minderheit) und einem gesellschaftlichen Partikularen (z.B. der Parallelkultur). Dabei löst jeder Diskurs dieses für politische Kulturen typische Spannungsverhältnis zwischen Partikularinteresse (z.b. Positive Religionsfreiheit der Minderheit) und Allgemeininteresse (z.b. Negative Religionsfreiheit der Mehrheitsgesellschaft) über einen ihm inhärenten Inklusionsmodus[130]: Als *assimilatorische* Ausrichtung im zivilisatorischen Diskurs, als *gouvernementalistische* Ausprägung im integrationspolitischen Diskurs, als *Akkulturation* anvisier-ende Manifestation im kulturrelativistischen Diskurs und als *kommunitaristische* Lösung im zivilisatorischen Diskurs.

---

[130] Die Vorsilbe *Inklusion* zielt darauf ab, dass es in der politischen Kultur einer *civil society* – dessen Existenz für Deutschland vorausgesetzt wird – typischerweise um die Lösung des Problems geht, das Partikulare im Allgemeinen zu realisieren (vgl. Schiffauer 1997, S. 35ff.). Der Begriff der Zivilgesellschaft – oder mit Hegel: der *„bürgerlichen Gesellschaft"* (Hegel 2013, S. 129) – beruht dabei auf der Idee der *volonté générale*, des gewollten Zusammenschlußes freier Individuen, die ihre Verantwortung einem Allgemeinwillen übertragen (vgl. Schiffauer 1997, S. 35). Die Idee der *civil society* kann als wesentlicher Gründungsmythos der politischen Systeme westeuropäischer Gesellschaften betrachtet werden.

6.3.2 Ausblick: Die Moschee als Transformationspotential der politischen Kultur?

Zeugten die vorausgegangenen Ausführungen von Relegitimierungen und Rekonfigurationen bekannter symbolischer Sinnwelten – die von der Fachliteratur bereits aus verschiedener Perspektive betrachtet wurden (vgl. Schiffauer 1997, Schiffauer 2007, Tezcan 2007, Halm 2008, Casanova 2009, Madeker 2007, Göle 2006, Dolezal u.a. 2010) – ließe sich zudem fragen, ob sich über das Ereignis Moscheebau auch ein struktureller Wandel der politischen Kultur andeutet. Vor dem Hintergrund der ausgewerteten soziologischen Literatur zur politischen Kultur können dabei folgende Aspekte symbolischer Sinnwelten erkannt werden, die als Neuerscheinungen oder zumindest bisher in der Literatur kaum beachtete Phänomene im Bereich der bundesdeutschen politischen Kultur erkannt werden können:

– Die Kulturalisierung muslimischer Praxis über verschiedene diskursive Positionen hinweg: Kultur wird im betrachteten Diskursfeld umfassend als Relgion operationalisiert mit der Konsequenz, das in dieser Verschmelzung von Kultur und Religion letztere in der Codierung als religiöses *Bekenntnis von Individuen* verschwindet. Es scheint denn auch in dieser Gleichsetzung von Kultur und Religion begründet zu sein, dass diskursive Subjektpositionierungen muslimischen Akteuren eine passive Rolle zuweisen, in denen diese als manipulierte Opfer ihrer eigenen Kultur oder Zivilisation erscheinen.

– Eine bemerkenswerte Diskrepanz zwischen den legitimierenden Wertbezügen und den formal-institutionellen Legitimationsverfahren: Wenn in den verschiedenen Diskursfragmenten zur Legitimation einer Diskursposition überhaupt auf positives Recht (bundesdeutsches oder europäisches) rekurriert wurde, dann zumeist als Markierung eines Bereich des *Könnens*, so z.B. als Möglichkeit der DITIB, den Bau einer repräsentativen Moschee zur Not rechtlich einzuklagen. Es kling darin negativ formuliert eine zunehmende Distanz zum politischen Institutionengefüge, positiv formuliert eine Forderung nach mehr direktdemokratischen und Lebenswelt orientierten Möglichkeiten politischer Partizipation. Diese Entfremdung den formalen Steuerungsmedien gegenüber zeigt sich auch als Kritik an der Verteilung von Rechten und damit Ansprüchen, die formalen Rechtsstatuten benutzen zu dürfen. Es ist in diesem Sinne denn auch die DITIB, der vom integrationspolitischen und zivilisatorischen Diskurs Paragraphenreiterei vorgeworfen wird, auf ihr Recht zu bestehen.

Auswertung

– Eine politische Lager übergreifende Konstruktion der politischen Kultur als „Problem der Allokation von Vertrauen" (Schiffauer 2007, S. 117): Der vielschichtige Gebrauch der diskursiven Strategie der Absprache von Wahrhaftigkeit verlagert die postulierte Bedrohung gesellschaftlicher oder symbolischer Ordnungen in das Innere von Individuen – als taqqiya (zivilisatorischer Diskurs), mangelnde Integrationsbereitschaft (integrationspolitischer Diskurs), Projektion und geistiger Substanzverlust (kulturrelativistischer Diskurs) oder Phantomschmerz (Säkularitätsdiskurs). Es ist hier nicht die bislang dominierende Metapher der Überfremdung oder des Kollapses, sondern diejenige der *Unterhöhlung*, die einen prominenten Stellenwert einnimmt.

– Eine im Säkularitätsdiskurs vollzogene Bewertung muslimischer Praktiken – hier des öffentlich sichtbaren Moscheebaus – als positive Praxis einer Aufwertung des Sakralen und der damit einhergehenden Identifizierung der Muslime als zugehöriges Kollektiv einer umfassenden Gemeinschaft der Gläubigen – vermittelt über Strategien des *Boundary Blurring*. Es zeigt sich hier – den angeführten Überlegungen von Monika Wohlab Sahr (2007), Kornelia Sammet (2007) und Tietze (2008) folgend –, dass bei der Codierung muslimischer Praxis als kollektive Religionsausübung (wie es nur im Säkularitätsdiskurs vollzogen wurde) die Tendenz, gemeinsame Bezüge und Identitäten zu konstruieren, vergleichsweise stark ausgeprägt ist.

7 Resümee

In der vorliegenden Arbeit wurde die Frage fokussiert, wie in einer ausdifferenzierten Gesellschaft *gültige* Wissensordnungen als Symbolische Ordnungen des Richtigen (das Normative) und des Wahren (das Faktische) durch ambivalente Wirklichkeiten, die sich nicht unvermittelt in die gegebenen Ordnungsvorstellungen einfügen lassen, irritiert werden können. Dabei wurde vor dem Hintergrund der Beobachtung, dass in Westeuropa symbolische Konflikte über gesamtgesellschaftliche Wert- und Identitätsvorstellungen zunehmend über islamische Präsenz im öffentlichen Raum aktualisiert werden, der Moscheebau in seiner Konstruktion als ambivalente Wirklichkeit betrachtet. Als Forschungsprämisse galt, dass dieser – in der vorliegende Studie der Bau der DITIB-Zentralmoschee in Köln – symbolische Ordnungen im Diskursfeld der politischen Kultur reflexiv werden läßt und damit zur Veränderung derselben beizutragen vermag. Um diese Vorannahme der Moschee als *Irritationsereignis* zu plausibilisieren, wurden Moscheebauten und andere öffentlich sichtbare muslimische Praktiken in ihren widersprüchlichen und ambivalenten Konsequenzen sowohl für die betroffene Lebenswelt als auch für die formal-institutionellen Arrangements der Regulierung religiöser Vielfalt charakterisiert.

Zeigten sich im lebensweltlichen Kontext Spannungen zwischen der Konfliktregulierung über das Steuerungsmedium Recht und der Koordination über lebensweltlich eingebettete Prinzipien, konnten im formal-institutionellen System unterschiedliche und sich zuweilen ausschließende Konstruktionen muslimischer Praxis dokumentiert werden. Die Ausgangsfrage nach dem Moscheebau als Irritationserfahrung der politischen Kultur zeigte sich im Auswertungsteil – der eigentlichen Diskursanalyse – als Frage nach den legitimierenden und legitimierten Wert- und Problembezügen, Subjektpositionierungen, zentralen Deutungsmustern und Diskursstrategien der analysierten Fragmente im diskursiven Feld. In Orientierung an diesen typischen Elementen diskursiver Interpretationsrepertoires konnten verschiedene Diskurse 'freigelegt' werden, in denen sich jeweils unterschiedliche symbolische Ordnungen manifestieren. Immer wurden dabei über das Ereignis Moscheebau Vorstellungen über das richtige Ordnungsverhältnis zwischen einem gesellschaftlichen Allgemeinen und einem gesellschaftlichen Partikularen (als Ethos oder Ethnos) – Ordnungen der Exklusion und Inklusion – Diskurs spezifisch aktualisiert und relegitimiert: Im Säkularitätsdiskurs ging es um eine Aufwertung des Prinzips der positiven Religionsfreiheit als Allgemeininteresse gegenüber der negativen Religionsfreiheit als Partikularinteresse mit der damit verbundenen Forderung nach einer neuen Grenzziehung zwischen dem öffentlichen und privaten Raum.

Der *kulturrelativistische* Diskurs legitimierte das Allgemeine der kulturellen Gleichwertigkeit gegenüber dem Partikularen der Etabliertenvorrechte in der Forderung nach einem gleichen Recht auf symbolische Repräsentation für die Angehörigen der verschiedenen Kongregationen. Im *integrationspolitischen* Diskurs wurde dagegen die Vorstellung, die muslimische Kultur habe sich als gesellschaftlicher Partikularismus dem Allgemeinen der mehrheitsgesellschaftlichen Moral – der Leitkultur mit ihren christlich abendländischen Insignien – symbolisch unterzuordnen, in der entsprechenden Forderung nach einer Norm der Unauffälligkeit muslimischer Praxis im öffentlichen Raum relegitimiert. Der *zivilisatorische* Diskurs forderte die radikalste Lösung für das Verhältnis zwischen dem Partikularen und Allgemeinen, indem er diese zum jeweils totalen Anderen erkärte und darin die Relationalität zwischen beiden auflöste: Es zeigte sich hier eine unteilbare Konfliktkonstellation, als dass den Symbolen der muslimischen Zivilisation hier kein Platz in der *public domain* zugestanden wurde.

Anders formuliert waren es Diskurs spezifische *Inklusionsmodi* als jeweils unterschiedliche Lösungen der Spannung zwischen dem gesellschaftlichen Allgemeinen und dem Partikularen: In einer *assimilatorischen* Ausrichtung im Zivilisationdiskurs, einer *gouvernementalistischen* Verankerung im Integrationsdiskurs, als Modus der *Akkulturation* im kulturrelativistischen Diskurs und einer *kommunitaristischen* Variante im Säkularitätsdiskurs. Auch wenn es in jedem Diskurs eine Mannigfaltigkeit an Erscheinungen des jeweiligen Inklusionsmodus gab – so in den unterschiedlichen Geschichtsbildern (z.B. dem teleologischen im Zivilisatorischen Diskurs) oder Ethiken (z.B. die Tugendethik im Säkularitätsdiksurs) – schienen die Diskurs spezifischen Forderungen v.a. in der *normativen Kraft des Faktischen (Georg Jellinek)* zu gründen, der Konstruktion des Moscheebaus als jeweils unterschiedliche Wirklichkeit: Als Ort der Religionsausübung (Säkularitätsdiskurs), als politischer Raum (zivilisatorischer Diskurs), als Selbstwert bezogene Praxis (kulturrelativistischer Diskurs) oder als orthodoxe Sozialisationsagentur (integrationspolitischer Diskurs).

Kann über diese Befunde die Ausgangsfrage nach der Rolle von Moscheebauten als Irritationsereignis der politischen Kultur positiv beantwortet und zugleich als für den Konflikt um die DITIB-Moschee zu Köln Ehrenfeld dokumentiert betrachtet werden, stellen die im Diskursfeld aktualisierten Wissensordnungen in der überwiegenden Mehrheit dabei keine soziologische Neuerscheinung.

Was könnte die Arbeit dann außer ihrer spezifischen Art der Wissensdokumentation an neues oder zumindest bisher wenig beachtetes Wissen in die Soziologie einspeisen, wo liegt ihr erfrischendes Moment?

– Als bemerkenswert an dem freigelegten Wissen erscheint mir *positiv* formuliert zunächst die Diskurs übergreifende Kulturalisierung des Moscheebaus, einer formal als Religionsausübung oder Ausdruck von Religionsfreiheit betrachteten Praxis. Dementsprechend zeigten sich im diskursiven Feld keine bedeutende Rekurse auf europäische oder nationale Rechtsstatuten, diese Diskrepanz zwischen Legitimität und Legalität, politischer Kultur und politischem System, stimmt erstaunlich: Islamische Praxis als Ausübung eines religiösen Bekenntnisses scheint hier zu verschwinden – es ist lediglich der Säkularitätsdiskurs, der Moscheen als Glaubenspraxis fokussiert.

– Als weiterer Ausdruck der Diskrepanz zwischen System- und Sozialintegration kann der Befund betrachtet werden, dass die Freiheitsgrade legitimer Forderungen muslimischer Akteure hinter der Anzahl legaler Möglichkeiten zurückbleiben. Dies zeigte die Selbstbeschränkung muslimischer Akteure und die bundesdeutsche Vielfalt in der Regulierung muslimischer Praktiken, beide Aspekte sprechen stark gegen die These einer korporatistischen Ausrichtung der deutschen Religionspolitik.

– Während fomal-rechtliche Konstruktionen im diskursiven Feld des Moscheebaus kaum Spuren hinterlassen, erscheinen die Diskurse der Judikativen vom diskursiven Feld der politischen Kultur durchdrungen. Die Judikative fungiert nur bedingt als Korrektiv öffentlicher Diskurse, eher als Ort der Reproduktion derselbigen.

– Im Spannungsfeld zwischen System- und Sozialintegration ist es auch zu verorten, wenn die Diskurs übergreifende postulierte Bedrohung symbolischer Ordnungen in das *Innere* von Individuen verlagert wird: Als taqqiya (zivilisatorischer Diskurs), mangelnde Integrationsbereitschaft (integrationspolitischer Diskurs), Projektion (kulturrelativistischer Diskurs) oder Phantomschmerz (Säkularitätsdiskurs). In der daran geknüpften Metapher der Unterhöhlung wird deutlich, dass die Legitimität des Anspruches legaler Möglichkeiten an unterstellte Wahrhaftigkeit gekoppelt ist, gerade diese aber in den diskursiven Subjektpositionierungen insbesondere muslimischen Akteuren abgesprochen wird.

In einer negativen Wendung erscheinen die Unsagbarkeitsfelder der konstruierten Diskurse interessant: In *keinem*[131] der Diskurse wird das Verhältnis zwischen gesellschaftlichem Partikular- und Allgemeininteresse prozedual zu lösen versucht, Rekurse auf das Konzept der Partizipation bleiben komplett aus.

---

[131] Der Kulturrelativistische Diskurs mit dem Deutungsmuster des gleichberechtigten Citoyen deutet zwar in diese Richtung, doch auch hier wird mit identitären Festschreibungen (so dem Postulat einer Etablierten-Aussenseiter-Konfiguration) operiert.

Resümee

Wenn Ordnungsverhältnisse und Identitäten im Sinne einer prozedualen Ausrichtung nicht mehr festzuschreiben versucht werden und Uneindeutigkeit zur Konstituante der politischen Kultur wird, könnten ambivalente Wirklichkeiten – so der Moscheebau – ihr Irritationspotential verlieren.[132] Auch das Problem der Allokation von Vertrauen – wie es sich im untersuchten Diskursfeld in der gegenseitigen Absprache von Wahrhaftigkeit zeigte – erscheint obsolet, wenn Fragen des Vertrauens nicht mehr über Kontrolle oder Lakmusteste der Integrationsbereitschaft in eindeutiges Wissen transformiert werden.

---

[132] In eine solche Richtung – das Konzept der Partizipation im Rahmen einer diskursiven Ethik fokussierend – geht das normative Modell der deliberativen Demokratie. Dies kann hier nicht weiter ausgeführt werden, es sei aber auf folgende Literatur zum Einstieg und zur Vertiefung verwiesen: Habermas 1996, S. 277-292; Lösch 2005.

8 Quellenverzeichnis

Literaturverzeichnis

Abels, Heinz (2009): Wirklichkeit. Über Wissen und andere Definitionen der Wirklichkeit, über uns und Andere, Fremde und Vorurteile. 1. Aufl. Wiesbaden: VS Verl. für Sozialwiss. (Hagener Studientexte zur Soziologie).

Allievi, Stefano (2009): Conflicts over Mosques in Europe. Policy issues and trends - NEF Initiative on Religion and Democracy in Europe, London: Alliance Publishing Trust.

Ammann, Ludwig (2006): Private and Public in Muslim Civilization. In: Göle, Nilüfer (Hg.): Islam in public: Turkey, Iran, and Europe. 1. ed. Istanbul: Istanbul Bilgi Üniversitesi Yayınları, S. 77–125.

Amir-Moazami, Schirin (2007): Politisierte Religion. Der Kopftuchstreit in Deutschland und Frankreich. Bielefeld: Transcript-Verl.

Austin, John Langshaw (1972): Zur Theorie der Sprechakte. Deutsche Bearbeitung von Eike von Savigny. Stuttgart: Reclam.

Bader, Veit (2007): The Governance of Islam in Europe: The Perils of Modelling. In: Journal of Ethnic and Migration Studies, Jg. 6, H. 33, S. 871–886.

Bader, Veit (2009): The Governance of Religious Diversity: Theory, Research, and Practice. In: Bramadat, Paul; Koenig, Matthias (Hg.): International migration and the governance of religious diversity. Kingston, ON: School of Policy Studies Queen's University [u.a.] (Migration and diversity, 1), S. 43–71.

Barth, Fredrik (1998): Ethnic groups and boundaries. The social organization of cultural difference. Long Grove, Ill.: Waveland Press.

Bastenier, Alber; Dassetto, Felice (1984): L'Islam transplanté: vie et organisation des minorités musulmanes de Belgique. Anvers: Epo.

Bauman, Zygmunt (2005): Moderne und Ambivalenz. Das Ende der Eindeutigkeit. Neuausg., 1. Aufl. Hamburg: Hamburger Ed.

Baur, Nina (Hg.) (2008): Handbuch Soziologie. 1. Aufl. Wiesbaden: VS Verl. für Sozialwiss.

Beck, Ulrich (2007): Weltrisikogesellschaft. Auf der Suche nach der verlorenen Sicherheit. 1. Aufl. Frankfurt am Main: Suhrkamp (Edition Zweite Moderne).

Berger, Peter L; Luckmann, Thomas (2004): Die gesellschaftliche Konstruktion der Wirklichkeit. Eine Theorie der Wissenssoziologie. 20. Aufl. Frankfurt am Main: Fischer-Taschenbuch-Verl.

Bielefeldt, Heiner (2003): Muslime im säkularen Rechtsstaat. Integrationschancen durch Religionsfreiheit. Bielefeld: Transcript-Verl. (global, local Islam).

Blum, Nikolaus (1990): Die Gedanken-, Gewissens- und Religionsfreiheit nach Art. 9 der Europäischen Menschenrechtskonvention. Univ., Diss.-1990--Freiburg (Breisgau), 1989. Berlin: Duncker & Humblot (Staatskirchenrechtliche Abhandlungen, 19).

Bonacker, Thorsten (2009): Konflikttheorien. In: Kneer, Georg; Schroer, Markus (Hg.): Handbuch soziologische Theorien. 1. Aufl. Wiesbaden: VS Verl. für Sozialwiss. , S. 179–197.

Bonacker, Thorsten; Imbusch, Peter (2006): Zentrale Begriffe der Friedens- und Konfliktforschung: Konflikt, Gewalt, Krieg, Frieden. In: Imbusch, Peter; Zoll, Ralf (Hg.): Friedens- und Konfliktforschung. Eine Einführung. 4., überarb. Aufl. Wiesbaden: VS Verl. für Sozialwiss. (Friedens- und Konfliktforschung, 1), S. 67–142.

Bonacker, Thorsten; Römer, Oliver (2008): (Post)Moderne. In: Baur, Nina (Hg.): Handbuch Soziologie. 1. Aufl. Wiesbaden: VS Verl. für Sozialwiss., S. 355–372.

Bramadat, Paul; Koenig, Matthias (Hg.) (2009): International migration and the governance of religious diversity. Kingston, ON: School of Policy Studies Queen's University [u.a.] (Migration and diversity, 1).

Brand, Karl-Werner; Eder, Klaus; Poferl, Angelika (Hg.): Ökologische Kommunikation in Deutschland. Opladen: Westdt. Verl. , S. 106–154.

Brettfeld, K.; Wetzels, P. (2007). Muslime in Deutschland. Integration, Integrationsbarrieren, Religion und Einstellungen zu Demokratie, Rechtsstaat und politisch-religiös motivierter Gewalt. Ergebnisse von Befragungen im Rahmen einer multizentrischen Studie in städtischen Lebensräumen. Berlin: Bundesministerium des Inneren.

Bublitz, Hannelore (2001): Differenz und Integration. Zur diskursanalytischen Rekonstruktion der Regelstrukturen sozialer Wirklichkeit. In: Keller, Reiner; Hirseland, Andreas; Schneider, Werner; Viehöver, Willy (Hg.): Handbuch Sozialwissenschaftliche Diskursanalyse. Theorien und Methoden. Opladen: Leske + Budrich (1), S. 225–258.

Casanova, José (2006): Aggiornamenti? Katholische und muslimische Politik im Vergleich. In: Leviathan, Jg. 3, H. 34, S. 305–320.

Casanova, José; Schieder, Rolf (2009): Europas Angst vor der Religion. 1. Aufl. Berlin: Berlin Univ. Press (Berliner Reden zur Religionspolitik).

Ceylan, Rauf (2006): Ethnische Kolonien. Entstehung, Funktion und Wandel am Beispiel türkischer Moscheen und Cafés. Univ., Diss.--Bochum, 2006. 1. Aufl. Wiesbaden: VS Verl. für Sozialwiss.

Dassetto, Felice; Bastenier, Albert: L'islam transplanté: vie et organisation des minorités musulmanes de Belgique. Antwerpen: EPO.

Eisenstadt, Shmuel N. (1992): Kulturen der Achsenzeit. 1. Aufl. Frankfurt/M.: Suhrkamp (Suhrkamp-Taschenbuch Wissenschaft, 930).

Eisenstadt, Shmuel N. (2006): The Public Sphere in Muslim Societies. In: Göle, Nilüfer (Hg.): Islam in public: Turkey, Iran, and Europe. 1. ed. Istanbul: Istanbul Bilgi Üniversitesi Yayınları, S. 443–460.

Endruweit, Günter (Hg.) (1993): Moderne Theorien der Soziologie. Stuttgart.

Escudier, Alexandre (Hg.) (2003): Der Islam in Europa. Der Umgang mit dem Islam in Frankreich und Deutschland. Göttingen: Wallstein (Genshagener Gespräche, 5).

Fach, Wolfgang (1974): Diskurs und Herrschaft - Überlegungen zu Habermas' Legitimationslogik. In: Zeitschrift für Soziologie, Jg. 3, H. 3, S. 221–228.
Faist, Thomas; Kivisto, Peter (2008): Citizenship. Discourse, Theory, and Transnational Prospects. 2. Aufl.
Fetzer, Joel S; Soper, J Christopher (2006): Muslims and the state in Britain, France, and Germany. Reprinted. Cambridge, UK: Cambridge Univ. Press (Cambridge studies in social theory, religion, and politics).
Feuchte, P. (1983): Verfassungsgeschichte von Baden-Württemberg. Stuttgart: Kohlhammer.
Flick, U. (Hg.) (1995): Psychologie des Sozialen. Repräsentationen in Wissen und Sprache. Reinbek: Rowohlt, S.177-199.
Flick, Uwe (Hg.) (2000): Qualitative Forschung. Ein Handbuch. Orig.-Ausg. Reinbek bei Hamburg: Rowohlt-Taschenbuch-Verl. (Rororo Rowohlts Enzyklopädie, 55628).
Flick, Uwe (2005): Qualitative Sozialforschung. Eine Einführung. Orig.-Ausg., vollst. überarb. und erw. Neuausg., 3. Aufl. Reinbek bei Hamburg: RowohltTaschenbuch-Verl.
Foucault, Michel (1974): Die Ordnung der Dinge. Eine Archäologie der Humanwissenschaften. Frankfurt a. Main: Suhrkamp.
Foucault, Michel (1981): Archäologie des Wissens. Frankfurt a. Main: Suhrkamp.
Foucault, Michel; Seitter, Walter; Konsermann, Ralf (2010): Die Ordnung des Diskurses. Erw. Ausg., 11. Aufl. Frankfurt am Main: Fischer-Taschenbuch-Verl.
Franzmann, Manuel u. a. (Hg.) (2006): Religiosität in der säkularisierten Welt. Theoretische und empirische Beiträge zur Säkularisierungsdebatte in der Religionssoziologie. 1. Aufl. Wiesbaden: VS Verlag für Sozialwissenschaften.
Freeman, Gary P. (2004): Immigrant Incorporation in Western Democracies. In: International Migration Review, Jg. 3, H. 38, S. 945–969.
Gadamer, H-G; Boehm, G. (Hg.) (1978): Seminar: Die Hermeneutik und die Wissenschaften. Frankfurt/Main.
Galembert, Claire (2003): Die öffentliche Islampolitik in Frankreich und Deutschland: Divergenzen und Konvergenzen. In: Escudier, Alexandre (Hg.): Der Islam in Europa. Der Umgang mit dem Islam in Frankreich und Deutschland. Göttingen: Wallstein (Genshagener Gespräche, 5), S. 46–66.
Galembert, Claire (2008): Die Stadt Mantes-la-Jolie und ihre Moschee: zur Genese einer neuen lokalen religiös-politischen Ordnung - The town of Mantes-la-Jolie and its mosque : origins of a new local religious and political system. In: Koenig, Matthias; Willaime, Jean-Paul (Hg.): Religionskontroversen in Frankreich und Deutschland. 1. Aufl. Hamburg: Hamburger Ed.
Gerhards, Jürgen; Neidhardt, Friedhelm (1991): Strukturen und Funktionen moderner Öffentlichkeit: Fragestellungen und Ansätze. In: Müller-Doohm, Stefan; Neumann-Braun, Klaus (Hg.): Öffentlichkeit, Kultur, Massenkommunikation. Beiträge zur Medien- und Kommunikationssoziologie. Oldenburg: Bis (Studien zur Soziologie und Politikwissenschaft), S. 31–90.
Giddens, Anthony (1996): Konsequenzen der Moderne. 1. Aufl. Frankfurt am Main: Suhrkamp (Suhrkamp-Taschenbuch Wissenschaft, 1295).

Giesen, Bernhard (1993): Die Konflikttheorie. In: Endruweit, Günter (Hg.): Moderne Theorien der Soziologie. Stuttgart, S. 87–134.
Giesen, Bernhard; Suber, Daniel (Hg.) (2005): Religion and politics. Cultural perspectives. Leiden, Boston: Brill (International studies in religion and society, 3).
Glaser, Barney G; Strauss, Anselm L; Paul, Axel T; Kaufmann, Stefan; Hildenbrand, Bruno (2010): Grounded theory. Strategien qualitativer Forschung. 3., unveränd. Aufl. Bern: Huber (Programmbereich Gesundheit).
Göle, Nilüfer (Hg.) (2006): Islam in public: Turkey, Iran, and Europe. 1. ed. Istanbul: Istanbul Bilgi Üniversitesi Yayınları.
Gusfield, J. (1981): The Culture of Public Problems: Drinking-Driving and the Symbolic Order. Chicago: University of Chicago Press.
Habermas, Jürgen (1995): Theorie des kommunikativen Handelns. [Taschenbuchausg.]. Frankfurt/Main: Suhrkamp.
Habermas, Jürgen (1996): Drei normative Modelle der Demokratie. In: Ders.: Die Einbeziehung des Anderen. Frankfurt/Main: Suhrkamp, S. 277-292.
Habermas, Jürgen (2009): Anerkennungskämpfe im demokratischen Rechtsstaat. In: Taylor, Charles; Gutmann, Amy; Habermas, Jürgen; Kaiser, Reinhard (Hg.): Multikulturalismus und die Politik der Anerkennung. 1. Aufl. Frankfurt am Main: Suhrkamp (Suhrkamp Taschenbuch Wissenschaft, 1929), S. 123–163.
Hafez, Farid (2009): Islamophober Populismus. Wien.
Halm, Dirk (2008): Der Islam als Diskursfeld. Bilder des Islams in Deutschland. 2. Aufl. Wiesbaden: VS Verl. für Sozialwiss.
Hasse, Raimund; Krücken, Georg (2009): Neo-institutionalistische Theorie. In: Kneer, Georg; Schroer, Markus (Hg.): Handbuch soziologische Theorien. 1. Aufl. Wiesbaden: VS Verl. für Sozialwiss., S. 237–251.
Häusler, Alexander (Hg.) (2008): Rechtspopulismus als Bürgerbewegung. Kampagnen gegen Islam und Moscheebau und kommunale Gegenstrategien. Wiesbaden.
Hegel, G.W.F. (2013): Grundlinien der Philosophie des Rechts. Berlin: Holzinger.
Heitmeyer, Wilhelm (2000): Bedrohte Stadtgesellschaft. Soziale Desintegrationsprozesse und ethnisch-kulturelle Konfliktkonstellationen. Weinheim: Juventa-Verl. (Konflikt- und Gewaltforschung).
Heitmeyer, Wilhelm; Bielefeldt Heiner (2000): Konflikte um religiöse Symbole. Moscheebau und Muezzinruf in deutschen Städten. In: Journal für Konflikt- und Gewaltforschung, Jg. 2, S. 250–265.
Hitzler, Ronald; Honer, A. (Hg.) (1997): Sozialwissenschaftliche Hermeneutik. Eine Einführung. Opladen.
Hitzler, Ronald; Reichertz, Jo; Schröer, Norbert (Hg.) (1999): Hermeneutische Wissenssoziologie. Standpunkte zur Theorie der Interpretation. Konstanz: UVK Univ.-Verl. Konstanz.
Hodgson, Marshall G. S (1974): The venture of Islam.: Conscience and history in a world civilization. Chicago, London: University of Chicago Press.
Hofhansel, Claus (2010): Accomodating Islam and The Utility of National Models: The German Case. In: West European Politics, Jg. 2, H. 33.
Hütterman, Jörg (2006): Das Minarett. Zur politischen Kultur des Konflikts um islamische Symbole. Weinheim und München.

Imbusch, Peter; Zoll, Ralf (Hg.) (2006): Friedens- und Konfliktforschung. Eine Einführung. 4., überarb. Aufl. Wiesbaden: VS Verl. für Sozialwiss.
Imbusch, Peter (2010): Sozialwissenschaftliche Konflikttheorien - ein Überblick. In: Ders. (Hg.): Friedens- und Konfliktforschung. Eine Einführung. 5. Aufl. Wiesbaden: VS Verl. für Sozialwiss., S. 143–178.
Jäger, Margarete (2004): Die Kritik am Patriarchat im Einwanderungsdiskurs. Analyse einer Diskursverschränkung. In: Keller, Reiner (Hg.): Handbuch sozialwissenschaftliche Diskursanalyse. 2. Aufl. Wiesbaden: VS Verl. für Sozialwiss., S. 421–456.
Jäger, Siegfried (1999): Kritische Diskursanalyse. Eine Einführung. Duisburg: DISS-Studien.
Jäger, Siegfried (2001): Diskurs und Wissen. Theoretische und methodische Aspekte einer Kritischen Diskurs- und Dispositivanalyse. In: Keller, Reiner; Hirseland, Andreas; Schneider, Werner; Viehöver, Willy (Hg.): Handbuch Sozialwissenschaftliche Diskursanalyse. Theorien und Methoden. Opladen: Leske + Budrich (1).
Kälin, Walter (2000): Grundrechte im Kulturkonflikt. Freiheit und Gleichheit in der Einwanderungsgesellschaft. Zürich: Neue Züricher Zeitung Verlag.
Kälin, Walter; Wyttenbach, Judith (2009): Religiöse Freiheit und ihre Grenzen in der Einwanderungsgesellschaft. In: Tanner, Mathias (Hg.): Streit um das Minarett. Zusammenleben in der religiös pluralistischen Gesellschaft. Zürich: TVZ Theol. Verl. (Beiträge zu einer Theologie der Religionen, 8), S. 260–286.
Kapphan, Andreas (2004): Symbolische Repräsentation von Zuwanderergruppen im Raum: Zur Analyse von Konflikten um den Bau und die Nutzung von Moscheen. In: Siebel, Walter (Hg.): Die europäische Stadt. Frankfurt a. Main: Suhrkamp, S. 244-252
Kastoryano, Riva (2003): Frankreich, Deutschland und der Islam. Die Aushandlung der Identitätsfrage. In: Escudier, Alexandre (Hg.): Der Islam in Europa. Der Umgang mit dem Islam in Frankreich und Deutschland. Göttingen: Wallstein (Genshagener Gespräche, 5), S. 67–87.
Keller, Reiner; Hirseland, Andreas; Schneider, Werner, et al. (Hg.) (2001): Handbuch Sozialwissenschaftliche Diskursanalyse. Theorien und Methoden. Opladen: Leske + Budrich (1).
Keller, Reiner (2001): Wissenssoziologische Diskursanalyse. In: Keller, Reiner; Hirseland, Andreas; Schneider, Werner; Viehöver, Willy (Hg.): Handbuch Sozialwissenschaftliche Diskursanalyse. Theorien und Methoden. Opladen: Leske + Budrich (1), Bd. 1, S. 113–143.
Keller, Reiner (Hg.) (2004): Handbuch sozialwissenschaftliche Diskursanalyse. 2. Aufl. Wiesbaden: VS Verl. für Sozialwiss.
Keller, Reiner (2004): Wissenssoziologische Diskursanalyse - Der Müll der Gesellschaft. In: Keller, Reiner (Hg.): Handbuch sozialwissenschaftliche Diskursanalyse. 2. Aufl. Wiesbaden: VS Verl. für Sozialwiss. , S. 197–232.
Keller, Reiner (2007a): Diskursforschung. Eine Einführung für SozialwissenschaftlerInnen. Wiesbaden: VS Verlag für Sozialwiss.
Keller, Reiner (2007b): Diskurse und Dispositive analysieren. Die Wissenssoziologische Diskursanalyse als Beitrag zu einer wissensanalytischen Profilierung der Diskursforschung. In: Forum Qualitative Sozialforschung, Jg. 8, H. 2.

Keller, Reiner (2008): Wissenssoziologische Diskursanalyse. Grundlegung eines Forschungsprogramms. 2. Aufl.

Keller, Reiner (2009): Müll - die gesellschaftliche Konstruktion des Wertvollen. Die öffentliche Diskussion über Abfall in Deutschland und Frankreich. Techn. Univ., Diss.--München, 1997. Opladen: Westdt. Verl.

Kneer, Georg; Schroer, Markus (Hg.) (2009): Handbuch soziologische Theorien. 1. Aufl. Wiesbaden: VS Verl. für Sozialwiss.

Knoblauch, Hubert (2005): Wissenssoziologie. Konstanz: UVK-Verl.-Ges. (UTB Soziologie, 2719).

Koch, Matthias (2008): Selbstmordterrorismus im Diskurs. Eine wissenssoziologische Diskursanalyse deutscher Presseberichterstattung seit dem 11.9. 2001. Diplomarbeit. Universität Bielefeld.

Koenig, Matthias (2005): Politics and Religion in European Nation-States: Institutional Varieties and Contemporary Transformations. In: Giesen, Bernhard; Suber, Daniel (Hg.): Religion and politics. Cultural perspectives. Leiden, Boston: Brill (International studies in religion and society, 3), S. 291–315.

Koenig, Matthias (2007): Europäisierung von Religionspolitik. Zur institutionellen Umwelt der Anerkennungskämpfe muslimischer Migranten. In: Wohlrab-Sahr, Monika; Tezcan, Levent (Hg.): Konfliktfeld Islam in Europa. 1. Aufl. Baden-Baden: Nomos-Verl.-Ges (Soziale Welt Sonderband, 17), S. 347–368.

Koenig, Matthias (2007): Religious Claims-Making in the Legal Sphere - Path Dependency of Motor of Institutional Change. Abstract presented at the conference Accomodating Religious Diversity, St. Petersburg, Russia.

Koenig, Matthias; Willaime, Jean-Paul (Hg.) (2008): Religionskontroversen in Frankreich und Deutschland. 1. Aufl. Hamburg: Hamburger Ed.

Koenig, Matthias (2009): How Nation-States Respond to Religious Diversity. In: Bramadat, Paul; Koenig, Matthias (Hg.): International migration and the governance of religious diversity. Kingston, ON: School of Policy Studies Queen's University [u.a.] (Migration and diversity, 1), S. 293–321.

Kuckartz, Udo (2010): Einführung in die computergestütze Analyse qualitativer Daten. 3. Aufl. Wiesbaden: VS Verl. für Sozialwiss.

Küçükcan, Talip (2006): Symbolic Religiosity among the Turkish Youth in Britain. In: Franzmann, Manuel u. a. (Hg.): Religiosität in der säkularisierten Welt. Theoretische und empirische Beiträge zur Säkularisierungsdebatte in der Religionssoziologie. 1. Aufl. Wiesbaden: VS Verlag für Sozialwissenschaften, S. 333–356.

Leggewie, Claus; Joost, Angela; Rech, Stefan (2002): Der Weg zur Moschee. Eine Handreichung für die Praxis; ein Projekt der Herbert-Quandt-Stiftung. Bad Homburg v. d. Höhe: Herbert-Quandt-Stiftung.

Leggewie, Claus; Beinhauer-Köhler, Bärbel (2009): Moscheen in Deutschland. Religiöse Heimat und gesellschaftliche Herausforderung. München: C.H. Beck oHG.

Lepsius, Oliver (2006): Die Religionsfreiheit als Minderheitenrecht in Deutschland, Frankreich und den USA., Jg. 3, H. 34, S. 321–349.

Lösch, Bettina (2005): Deliberative Politik. Moderne Konzeptionen von Öffentlichkeit, Demokratie und politischer Partizipation. Münster: Westfälisches Dampfboot.

Lüders, C.; Meuser, M. (1997): Deutungsmusteranalyse. In: Hitzler, Ronald; Honer,A. (Hg.): Sozialwissenschaftliche Hermeneutik. Eine Einführung. Opladen, S. 57–80.
Luhmann, Niklas; Horster, Detlef (Hg.) (2008): Die Moral der Gesellschaft. Orig.-Ausg., 1. Aufl. Frankfurt am Main: Suhrkamp.
Madeker, Ellen (2007): Türkei und europäische Identität. Eine wissenssoziologische Analyse der Debatte um den EU-Beitritt.
Maussen, Marcel (2007): The governance of Islam in Western Europe. A state of the art report. In: IMISCOE Working Paper, H. 16.
Maussen, Marcel (2009): Constructing Mosques. The Governance of Islam in France and the Netherlands. Amsterdam: ASSR Papers.
Meuser, Michael; Sackmann, Reinhold (1992): Zur Einführung: Deutungsmusteransatz und empirische Wissenssoziologie. In: Meuser, Michael; Sackmann, Reinhold (Hg.): Analyse sozialer Deutungsmuster. Beiträge zur empirischen Wissenssoziologie. Pfaffenweiler: Centaurus-Verl.-Ges., S. 9–37.
Moebius, Stephan; Quadflieg, Dirk (Hg.) (2006): Kultur: Theorien der Gegenwart. Wiesbaden: VS Verlag für Sozialwissenschaften.
Muckel, Stefan (1998): Streit um den muslimischen Gebetsruf. In: Nordrhein-Westfälische Verwaltungsblätter, Jg. 1, S. 1–6.
Muckel, Stefan (2010): Zur christlich-abendländischen Tradition als Problem für den Islam in deutschen Verfassungen und Gesetzen. In: Schneiders, Thorsten Gerald (Hg.): Islamfeindlichkeit. Wenn die Grenzen der Kritik verschwimmen. 2.Aufl. Wiesbaden: VS Verl. für Sozialwiss., S. 239–257.
Müller-Doohm, Stefan; Neumann-Braun, Klaus (Hg.) (1991): Öffentlichkeit, Kultur, Massenkommunikation. Beiträge zur Medien- und Kommunikationssoziologie. Oldenburg: Bis (Studien zur Soziologie und Politikwissenschaft).
Oevermann, Ulrich (2006): Modernisierungspotentiale im Monotheismus und Modernisierungsblockaden im fundamentalistischen Islam. In: Franzmann, Manuel u. a. (Hg.): Religiosität in der säkularisierten Welt. Theoretische und empirische Beiträge zur Säkularisierungsdebatte in der Religionssoziologie. 1. Aufl. Wiesbaden: VS Verlag für Sozialwissenschaften, S. 395 – 427.
Pareto, Vilfredo (1964): Trattato di sociologica generale. 2 Bände. Mailand.
Peter, Frank (2006): Islamic sermons, religious authority and the individualization of Islam in France. In: Franzmann, Manuel u. a. (Hg.): Religiosität in der säkularisierten Welt. Theoretische und empirische Beiträge zur Säkularisierungsdebatte in der Religionssoziologie. 1. Aufl. Wiesbaden: VS Verlag für Sozialwissenschaften, S. 303–320.
Pfaff, Ulrich (2000): Islamische Unterweisung an den Schulen in Nordrhein-Westfalen. In: Evangelischer Pressedienst Dokumentation, H. 2, S. 42–44.
Pfaff-Czarnecka, Joanna (2009): Accomodating Religious Diversity in Switzerland. In: Bramadat, Paul; Koenig, Matthias (Hg.): International migration and the governance of religious diversity. Kingston, ON: School of Policy Studies Queen's University [u.a.] (Migration and diversity, 1), S. 225–257.
Poferl, Angelika (1997): Der strukturkonservative Risikodiskurs. Eine Analyse der Tschernobyl 'media story' in der Frankfurter Allgemeinen Zeitung. In: Brand, Karl-

Werner; Eder, Klaus; Poferl, Angelika (Hg.): Ökologische Kommunikation in Deutschland. Opladen: Westdt. Verl. , S. 106–154.

Potter, J.; Wetherell, M. (1995): Soziale Repräsentationen, Diskursanalyse und Rassismus. In: Flick, U. (Hg.): Psychologie des Sozialen. Repräsentationen in Wissen und Sprache. Reinbek: Rowohlt, S.177-199.

Reckwitz, Andreas (2006): Ernesto Laclau: Diskurse, Hegemonien, Antagonismen. In: Moebius, Stephan; Quadflieg, Dirk (Hrsg). (Hg.): Kultur: Theorien der Gegenwart. Wiesbaden: VS Verlag für Sozialwissenschaften, S. 339–349.

Reichertz, Jo (1999): Über das Problem der Gültigkeit von Qualitativer Sozialforschung. In: Hitzler, Ronald; Reichertz, Jo; Schröer, Norbert (Hg.): Hermeneutische Wissenssoziologie. Standpunkte zur Theorie der Interpretation. Konstanz: UVK Univ.-Verl. Konstanz , S. 319–346.

Reichertz, Jo (2000a): Abduktion, Deduktion und Induktion in der qualitativen Forschung. In: Flick, Uwe (Hg.): Qualitative Forschung. Ein Handbuch. Orig.-Ausg. Reinbek bei Hamburg: Rowohlt-Taschenbuch-Verl. (Rororo Rowohlts Enzyklopädie, 55628), S. 276–286.

Reichertz, Jo (2000b): Zur Gültigkeit von qualitativer Sozialforschung. In: Forum Qualitative Sozialforschung, Jg. 1, H. 2, S. 76 Absätze. Online verfügbar unter http://www.qualitative-research.net/index.php/fqs/article/view/1101/2427, Abruf zuletzt am 12.09.2011

Reuter, Astrid (2008): Kreuz und Kopftuch - Religionskontroversen in der säkularen Ordnung der Freiheit und Gleichheit. In: Koenig, Matthias; Willaime, Jean-Paul (Hg.): Religionskontroversen in Frankreich und Deutschland. 1. Aufl. Hamburg: Hamburger Ed. , S. 271–313.

Ricoeur, P. (1978): Der Text als Modell: hermeneutisches Verstehen. In: Gadamer, HG; Boehm, G. (Hg.): Seminar: Die Hermeneutik und die Wissenschaften. Frankfurt a. Main , S. 83–117.

Sahlins, Marshall (1986): Der Tod des Kapitän Cook. Geschichte als Metapher und Mythos als Wirklichkeit in der Frühgeschichte des Königreiches Hawai. Berlin.

Salmon, Wesley C. (2009): Logik. Stuttgart: Reclam.

Sammet, Kornelia (2007): Religion oder Kultur? Positionierungen zum Islam in Gruppendiskussionen über Moscheebauten. In: Wohlrab-Sahr, Monika; Tezcan, Levent (Hg.): Konfliktfeld Islam in Europa. 1. Aufl. Baden-Baden: Nomos-Verl.-Ges (Soziale Welt Sonderband, 17), S. 179–198.

Schatzki, Theodore R (1996): Social practices. A Wittgensteinian approach to human activity and the social. Cambridge: Cambridge Univ. Press.

Schatzki, Theodore R; Knorr-Cetina, Karin; Savigny, Elke von (Hg.) (2001): The practice turn in contemporary theory. [anthology originated in a conference, "Practices and Social Order", that was held at the Center for Interdisciplinary Studies (ZiF) at the University of Bielefeld, Germany, on january 4-6,1996]. London: Routledge.

Schatzki, Theodore R. (2001): Introduction: Practice Theory. In: Schatzki, Theodore R; Knorr-Cetina, Karin; Savigny, Elke von (Hg.): The practice turn in contemporary theory. [anthology originated in a conference, "Practices and Social Order", that was held at the Center for Interdisciplinary Studies (ZiF) at the University of Bielefeld, Germany, on january 4-6,1996]. London: Routledge , S. 1–14.

Schetsche, Michael (1996): Die Karriere sozialer Probleme. Eine soziologische Einführung. München.

Schetsche, Michael; Schmied-Knittel, Ina (2008): Empirische Analyse sozialer Probleme. Das wissenssoziologische Programm. 1. Aufl. Wiesbaden: VS Verl. für Sozialwiss.

Schiffauer, Werner (1997): Fremde in der Stadt. Zehn Essays über Kultur und Differenz. 1. Aufl. Frankfurt am Main: Suhrkamp.

Schiffauer, Werner (2003): Muslimische Organisationen und ihr Anspruch auf Repräsentativität: Dogmatisch bedingte Konkurrenz und Streit um Institutionalisierung. In: Escudier, Alexandre (Hg.): Der Islam in Europa. Der Umgang mit dem Islam in Frankreich und Deutschland. Göttingen: Wallstein (Genshagener Gespräche, 5), S. 143–158.

Schiffauer, Werner (2007): Der unheimliche Muslim. Staatsbürgerschaft und zivilgesellschaftliche Ängste. In: Wohlrab-Sahr, Monika; Tezcan, Levent (Hg.): Konfliktfeld Islam in Europa. 1. Aufl. Baden-Baden: Nomos-Verl.-Ges (Soziale WeltSonderband, 17), S. 111-133.

Schmitt, Thomas (2003a): Moscheen in Deutschland. Konflikte um ihre Errichtung und Nutzung. Techn. Univ., Diss.--München, 2001. Flensburg: Dt. Akad. für Landeskunde (Forschungen zur deutschen Landeskunde, 252).

Schmitt, Thomas (2003b): Der Muezzin-Ruf in der juristischen Debatte in Deutschland.

Schmitter, Philippe C. (1974): 'Still the Century of Corporatism?'. In: The Review of Politics, Jg. 36, H. 1, S. 85–131.

Schneiders, Thorsten Gerald (Hg.) (2010): Islamfeindlichkeit. Wenn die Grenzen der Kritik verschwimmen. 2. Aufl. Wiesbaden: VS Verl. für Sozialwiss.

Schnell, Rainer; Hill, Paul B; Esser, Elke (2008): Methoden der empirischen Sozialforschung. 8., unveränd. Aufl. München: Oldenbourg (Lehrbuch).

Schoppengerd, Johanna (2008): Moscheebauten in Deutschland. Rahmenbedingungen, Fallbeispielanalyse, Empfehlungen für die kommunale Ebene. Univ., Diplomarbeit--Dortmund, 2005. Dortmund: IRPUD Inst. für Raumplanung (Dortmunder Beiträge zur Raumplanung Blaue Reihe, 131).

Schütz, Alfred; Luckmann, Thomas (2003): Strukturen der Lebenswelt. 1. Aufl. Stuttgart: UVK Verl.-Ges. (UTB, 2412).

Schwab-Trapp (2004): Diskurs als soziologisches Konzept. Bausteine für eine soziologisch orientierte Diskursanalyse. In: Keller, Reiner (Hg.): Handbuch sozialwissenschaftliche Diskursanalyse. 2. Aufl. Wiesbaden: VS Verl. für Sozialwiss., S. 261–283.

Schwinn, Thomas (Hg.) (2006): Die Vielfalt und Einheit der Moderne. Kultur- und strukturvergleichende Analysen. 1. Aufl. Wiesbaden: VS Verl. für Sozialwiss.

Siebel, Walter (2004) (Hg.): Die europäische Stadt. Frankfurt a. Main: Suhrkamp.

Soeffner, Hans-Georg (1979): Interpretative Verfahren in den Sozial- und Textwissenschaften. Stuttgart: Metzler.

Soeffner, Hans-Georg (2004): Auslegung des Alltags - der Alltag der Auslegung. Zur wissenssoziologischen Konzeption einer sozialwissenschaftlichen Hermeneutik. 2. Aufl. Konstanz: UVK-Verl.-Ges. (UTB Sozialwissenschaften, 2519).

Sommerfeld, Franz (Hg.) (2008): Der Moschee-Streit. Eine exemplarische Debatte über Einwanderung und Integration. Kiwi-Paperback 1051.

Sprondel, Walter Michael; Luckmann, Thomas (1994): Die Objektivität der Ordnungen und ihre kommunikative Konstruktion. Für Thomas Luckmann. 1. Aufl. Frankfurt am Main: Suhrkamp.

Starck, Christian (2005): Kommentar zu Artikel 4 GG: Kommentar zum Grundgesetz. [in drei Bänden]. [5. Aufl. ff.]. Begründet von Christian Starck; Hermann von Mangoldt; Friedrich Klein; von Mangoldt Klein-Starck. München: Vahlen.

Stolz, Jörg (2005): Explaining Islamophobia. A Test of four Theories Based on The Case of a Swiss City. In: Swiss Journal of Sociology, Jg. 3, H. 31, S. 547–566.

Strauss, Anselm L; Corbin, Juliet (1996): Grounded theory. Grundlagen qualitativer Sozialforschung. Unveränd. Nachdr. Weinheim: Beltz.

Strübing, Jörg (2008): Grounded Theory. Zur sozialtheoretischen und epistemologischen Fundierung des Verfahrens der empirisch begründeten Theoriebildung. Reihe Qualitative Sozialforschung. Band 15. VS-Verlag für Sozialwissenschaften.

Tanner, Mathias (Hg.) (2009): Streit um das Minarett. Zusammenleben in der religiös pluralistischen Gesellschaft. Zürich: TVZ Theol. Verl. (Beiträge zu einer Theologie der Religionen, 8).

Taylor, Charles; Gutmann, Amy; Habermas, Jürgen, et al. (Hg.) (2009): Multikulturalismus und die Politik der Anerkennung. 1. Aufl. Frankfurt am Main: Suhrkamp (Suhrkamp Taschenbuch Wissenschaft, 1929).

Tezcan, Levent (2007): Kultur, Gouvernementalität der Religion und der Integrationsdiskurs. In: Wohlrab-Sahr, Monika; Tezcan, Levent (Hg.): Konfliktfeld Islam in Europa. 1. Aufl. Baden-Baden: Nomos-Verl.-Ges (Soziale WeltSonderband, 17), S. 51–74.

Tietze, Nikola (2003): Islamische Identitäten: Muslimische Religiösität als Auseinandersetzungsformen mit der französischen und der deutschen Gesellschaft. In: Escudier, Alexandre (Hg.): Der Islam in Europa. Der Umgang mit dem Islam in Frankreich und Deutschland. Göttingen: Wallstein (Genshagener Gespräche, 5), S. 121–142.

Tietze, Nikola (2008): Religionssemantiken in europäischen Institutionen - politische Dynamiken einer semantischen Topographie. In: Koenig, Matthias; Willaime, Jean-Paul (Hg.): Religionskontroversen in Frankreich und Deutschland. 1. Aufl. Hamburg: Hamburger Ed., S. 400–443.

Viehöver, Willy (2001): Diskurse als Narrationen. In: Keller, Reiner; Hirseland, Andreas; Schneider, Werner; Viehöver, Willy (Hg.): Handbuch Sozialwissenschaftliche Diskursanalyse. Theorien und Methoden. Opladen: Leske + Budrich (1).

Wimmer, Andreas (2008): The Making and Unmaking of Ethnic Boundaries: A Multilevel Process Theory. In: The American Journal of Sociology, Jg. 4, H. 113, S. 970–1022.

Wohlrab-Sahr, Monika (2007): Die Sinnstruktur von Weltsichten und die Haltung gegenüber muslimischen Migranten. In: Wohlrab-Sahr, Monika; Tezcan, Levent (Hg.): Konfliktfeld Islam in Europa. 1. Aufl. Baden-Baden: NomosVerl.-Ges (Soziale Welt Sonderband, 17), S. 155–178.

Wohlrab-Sahr, Monika; Tezcan, Levent (Hg.) (2007): Konfliktfeld Islam in Europa. 1. Aufl. Baden-Baden: Nomos-Verl.-Ges (Soziale Welt Sonderband, 17).

Wolf, Jean-Claude; Schaber, Peter (1998): Analytische Moralphilosophie: Alber (Reihe praktische Philosophie, 54).

Zehetmair, Hans (2005): Der Islam. Im Spannungsfeld von Konflikt und Dialog. 1. Aufl. Wiesbaden: VS Verl. für Sozialwiss.

Zolberg, Aristide (1999): Why Islam is Like Spanish: Cultural Incorporation in Europe and the United States. In: Politics & Society, Vol. 27 No.1, March 1999, 5-38.

Verzeichnis der Internetquellen

Bundesverwaltungsgericht (2000): Gesetz zum Islamischen Religionsunterricht in Berlin: Geltung der Berliner Klausel in Berlin (Aktenzeichen 6 C 5.99). Online verfügbar unter:
http://dejure.org/dienste/vernetzung/rechtsprechung?Gericht=BVerwG&Datum=23. 02.2000&Aktenzeichen=6%20C%205.99, Abruf zuletzt am 07.06.2011.

Council of Europe/ Committee on Culture and Education (1998): Report on Religion and Democracy (Document 8270). Online verfügbar unter:
http://assemb-ly.coe.int/Main.asplink=/Documents/WorkingDocs/Doc98/EDOC 8270.htm, Abruf zuletzt am 10.08.2011.

Council of Europe (1995): Framework Convention for the Protection of national minorities/ European Treaty Series 157. Online verfügbar unter:
http://conventions.coe.int/Treaty/Commun/QueVoulezVous.asp?NT=157&CL=EN G, Abruf zuletzt am 12.06.2011.

Eidgenössisch-Demokratische Union (EDU) (2009): JA zur Volksinitiative "Gegen den Bau von Minaretten". Online verfügbar unter:
http://www.eduschweiz.ch/cms/in-dex.php?id=1222, Abruf zuletzt am 08.09.2011.

Europäischer Gerichtshof für Menschenrechte (2011): Urteil der großen Kammer des EGMR vom 18. November 2011 in Sachen Soile Lautsi / Italien - AZ 30814/06. Online verfügbar unter:
http://www.kostenloseurteile.de/EuropGMR_3081406_EG-MR-Kruzifixe-in Klassenzimmern-staatlicher-Schulen-in-Italien-zulaessig.news11330.htm, Abruf zuletzt am 10.Juli 2011.

Europäischer Gerichtshof für Menschenrechte (2011): Urteil der kleinen Kammer des EGMR vom 03.November 2009 in Sachen Soile Lautsi/Italien; AZ 30814/06. Online verfügbar unter:
http://www.strasbourgconsortium.org/document.php?DocumentID=4266, Abruf zuletzt am 10.Juli 2011.

Europäischer Gerichtshof für Menschenrechte (2011): Urteil im Fall Siebenhaar gegen Deutschland vom 03.02.2011. Online verfügbar unter:
http://echr.coe.int/echr/rss.aspx EGMR (AZ 18136/02), Abruf zuletzt am 05.06. 2011.

European Monitoring Center on Racism and Xenophobia (EUMC) (2003): The Fight against Antisemitism and Islamophobia: Bringing communities together. Online verfügbar unter:
http://fra.europa.eu/fraWebsite/research/publications/publications_per_year/previous_publications/pub_tr_fight_antisemitism_islamophobia_03_en.htm, Abruf zuletzt am 6.07.2011.

Parliamentary Assembly of the Council of Europe (PACE) (1991): Recommendation 1162 on the Contribution of the Islamic civilization to European culture. Online verfügbar unter:
http://assembly.coe.int/main.asp?Link=/documents/adoptedtext/ta91/erec1162.htm, Abruf zuletzt am 06.08. 2011.

Parliamentary Assembly of the Council of Europe (PACE) (1993): Recommendation 1202 on religious tolerance in a democratic society. Online verfügbar unter: http://assembly.coe.int/Main.asp?link=/Documents/AdoptedText/ta93/EREC1202.htm, Abruf zuletzt am Abruf am 03.08.2011.

Parliamentary Assembly of the Council of Europe (PACE) (1999): Recommendation 1396 on Religion and Democracy. Online verfügbar unter: http://assembly.coe.int/Mainf.asp?link=/Documents/AdoptedText/ta99/EREC1396.htm, Abruf zuletzt am Abruf am 06.08.2011.

Schulministerium NRW: Pressemitteilung vom 22.02.2011: Landesregierung und Muslime erzielen Durchbruch auf dem Weg zum islamischen Religionsunterricht. Online verfügbar unter: http://www.schulministerium.nrw.de/BP/Presse/Meldungen/Pressemitteilungen/pm_22_02_2011.html, Abruf zuletzt am 10.06.2011.

Schulministerium NRW (2011): Information zur Islamkunde in NRW. Online verfügbar unter: http://www.schulministerium.nrw.de/BP/Unterricht/Faecher/Islamkunde/index.html, Abruf zuletzt am Abruf am 06.07.2011.

Schulministerium NRW (2011): Schulgesetz NRW. Online verfügbar unter: http://www.schulministerium.nrw.de/BP/Schulrecht/Gesetze/ .../Schulgesetz.pdf, Abruf zuletzt am 10.07.2011.

SVP (Schweizerische Volkspartei) (2009): Argumentarium zum Minarettverbot. Online verfügbar unter: http://www.minarette.ch/downloads/argumentarium_minarettverbot.pdf.

Verfassungsschutz Berlin (2011): Verfassungsschutzbericht 2010. Online verfügbar unter: http://www.berlin.de/sen/inneres/verfassungsschutz/aktuellemeldungen/am_jb2010_19.04.2011.html, Abruf zuletzt am 10.06.2011.

Verzeichnis der im Text angeführten Zeitungsartikel

DF1 .... Necla Kelek: Das Minarett ist ein Herrschafts-Symbol; Frankfurter Allgemeine Zeitung; 05.06. 2007

DF2 .... CDU/Köln: Beschluß des Mitgliederparteitages vom 14.08.2007 zum geplanten Neubau der Moschee in Ehrenfeld; http://www.cdu-koeln.de/news.131.html, Abruf zuletzt am 04.03.2011.

DF3 .... Helmut Frangenberg: Moschee wird Bauherrn zu teuer; Kölner Stadtanzeiger; 15.01.2008.

DF4 .... Hubert Spiegel: Wallraffs Moschee-Lesung: Das ist ein echter Test; Frankfurter Allgemeine Zeitung; 12.07.2007.

DF5 .... Unbekannter Autor: Präses gegen triumphierende Architektur; Kölner Stadtanzeiger; 30.08.2007.

DF6 .... Alexander Kissler: Dezenz im Konflikt. Können Formen Frieden stiften? Eine Essener Debatte über den Moscheenstreit; Süddeutsche Zeitung; 09.08.2008.

DF7 .... Helmut Frangenberg, Franz Sommerfeld: „Stoppt den Bau dieser Moschee", Aufgezeichnetes Interview mit Bekir Alboğa und Ralph Giordano; Kölner Stadtanzeiger; 16.05.2007

DF8 .... Franz Sommerfeld: Lehrreicher Streit um die Moschee; Kölner Stadtanzeiger; 31.08.2007.

DF9 .... Kristian Frigelj: Morddrohung gegen Islam-Kritiker Ralph Giordano; Die Welt (Onlineausgabe); 31.05.2007.

Quellenverzeichnis

DF10................................. Jörg Uckermann: Leserbrief zum Artikel von Necla Kelek: „Das Minarett ist ein Herrschaftssymbol" ; Frankfurter Allgemeine Zeitung; 15.06.2007

DF11................................. Dieter Wellershoff: Wofür steht die Kölner Moschee? Frankfurter Allgemeine Zeitung; 14.06.2007.

DF12................................. Tobias Kaufmann im Interview mit Henryk M. Broder: Eine Moschee für eine Kirche; Kölner Stadtanzeiger; 04.07.2007.

DF13................................. Hiltrud Liebenow: Moscheen bedeuten Abschottung (Leserbrief); Bildzeitung (Online-Archiv); 07.09.2008.

DF14................................. Wilfried Bergmann: Purer Hohn (Leserbrief); Bildzeitung (Online-Archiv); 07.09.2008.

DF15................................. Ralph Giordano und Wolfgang Schäuble im Streitgespräch, aufgezeichnet von Oliver Hoischen und Markus Wehner: Verständnis macht Angst; Frankfurter Allgemeine Sonntagszeitung; 02.03.2008.

DF16................................. Christian Schlüter: Raus aus dem Gebetskeller; Frankfurter Rundschau (Online-Ausgabe); 30.08.2008.

DF17................................. Lothar Schiel: Leserbrief ohne Titel; Frankfurter Rundschau; 27.09.2007.

DF18................................. Mariam Lau: Nie wieder Hinterhof; Die Welt (Online-Ausgabe); 08.06.2007.

DF19................................. Azra Halepovic-Czycholl und Dietmar Czycholl: Gleiches Recht für das Minarett; Kölner Stadtanzeiger; 01.09.2008.

Quellenverzeichnis 177

DF20 .... Claus Leggewie: Nützliche Moscheekonflikte und ihre Lösung; Frankfurter Rundschau (Online-Ausgabe); 07.11.2007.

DF21 .... Necati Doğan: Leserbrief zu Necla Kelek „Das Minarett ist ein Herrschaftssymbol"; Frankfurter Allg. Zeitung;16.06.2007.

DF22 .... Ismail Kul: Camiler uzaklaştırmamalı, buluşturmalı; Zaman Avrupa; 06.07.2007.

DF23 .... Marc Felix Serrao: Der perfekte Feind; Süddeutsche Zeitung; 19.09.2008.

DF24 .... Dankwart, Guratzsch: Die Macht der Bilder; Die Welt (Online-Ausgabe); 22.05.2008

DF25 .... Anita Strecker, Canan Topçu: Säkular in vitaler Religion. Moscheebau löst Grundsatzdebatte aus; Frankfurter Rundschau (Online-Ausgabe); 04.09.2007.

DF26 .... Wolfgang Günter Lerch: Islam unter säkularen Christen; FAZ; 23.06.2007.

DF27 .... Manfred Kock: Indifferenz ist schädlich für das Miteinander; Kölner Stadtanzeiger; 29.12.2007.

DF28 .... Lisa Nienhaus; Karin Feuerstein-Praßer: Die Angst vor dem Nachbarn; Frankfurter Allgemeine Zeitung; 03.07.2007.

DF29 .... Erwin Chudaska: Falsche Toleranz (Leserbrief); Bild-Zeitung (Online-Archiv); 07.09.2008.

DF30 .... Navid Kermani: Die Kölner Botschaft; Süddeutsche Zeitung; 04.06.2007.

MIX
Papier aus verantwortungsvollen Quellen
Paper from responsible sources
FSC® C105338

If you have any concerns about our products,
you can contact us on
ProductSafety@springernature.com

In case Publisher is established outside the EU,
the EU authorized representative is:
**Springer Nature Customer Service Center GmbH
Europaplatz 3, 69115 Heidelberg, Germany**

Printed by Libri Plureos GmbH
in Hamburg, Germany